弗布克工厂精细化管理手册系列

工厂采购
精细化管理手册
（第2版）

成毅　编著

人民邮电出版社

北京

图书在版编目（CIP）数据

工厂采购精细化管理手册／成毅编著．—2版．—
北京：人民邮电出版社，2014.1
（弗布克工厂精细化管理手册系列）
ISBN 978-7-115-33922-5

Ⅰ. ①工…　Ⅱ. ①成…　Ⅲ. ①工业企业管理—采购管理—手册　Ⅳ. ①F405－62

中国版本图书馆 CIP 数据核字（2013）第 285757 号

内 容 提 要

　　这是一本细化工厂采购管理的指导性图书，作者从职责、要点、制度、流程、方案、工具六大维度出发，详细介绍了采购计划与预算管理、供应商管理、采购招标管理、采购价格管理、采购谈判管理、采购合同管理、采购质量控制、采购交期控制、采购作业绩效管理、采购成本控制工具、采购稽核管理、采购方式管理等多个方面的内容，形成了一整套切实可行的工厂采购精细化管理体系。本书所提供的内容可以帮助读者有效提升工厂采购管理的水平。

　　本书适合在工厂从事采购工作的管理人员、企业培训师、咨询师以及高校相关专业的师生阅读和使用。

◆ 编　著　成　毅
　　责任编辑　庞卫军
　　责任印制　杨林杰

◆ 人民邮电出版社出版发行　　北京市丰台区成寿寺路 11 号
　　邮编 100164　电子邮件 315@ ptpress. com. cn
　　网址 http://www. ptpress. com. cn
　　北京天宇星印刷厂印刷

◆ 开本：787×1092　1/16
　　印张：20.5　　　　　　　　　　2014 年 1 月第 2 版
　　字数：200 千字　　　　　　　　2025 年 11 月北京第 32 次印刷

定　价：49.00 元
读者服务热线：(010) 81055656　印装质量热线：(010) 81055316
反盗版热线：(010) 81055315

"弗布克工厂精细化管理手册系列" 再版序

工厂是制造型企业的中心，工厂管理水平的高低直接影响企业的经济效益。随着微利时代的到来，精细化管理在企业中将扮演更加重要的角色，这就要求工厂管理者必须对加工制造的各个环节进行更为**细致**、**规范**的管理和控制。

为方便读者"拿来即用"、"改了能用"，我们对工厂管理 10 大模块的职能事项都进行了"模板化"设计，以便读者根据本企业的实际需求进行修改或套用。

"弗布克工厂精细化管理手册系列"于三年前应此需求而面世。本系列图书自上市以来，赢得了广大读者的关注，特别是在工厂工作的读者朋友们对本系列图书内容的全面性、精细性、实操性给予了高度评价，同时针对书中存在的问题也提出了有益的改进建议。在本次改版的过程中，我们对这些问题进行了修正，对第 1 版图书的部分内容做了相应的修改、删除和增补。希望通过本次改版，这套图书能够为广大读者带来更多工作上的便利。

改版后的"弗布克工厂精细化管理手册系列"图书旨在通过对岗位职责、事项要点、管理制度、管理流程、执行方案、操作工具的重新整合，以及书中所提供的大量具体的操作方案和执行流程，帮助企业将执行工作落实到具体岗位和具体人员，进一步提高执行效率。

同时，改版后的"弗布克工厂精细化管理手册系列"图书的特色更加鲜明，大量实用性、指导性的内容将进一步帮助企业把"**工作事项精细化、管理工作规范化、执行作业流程化、操作方法工具化**"。

1. 精细化

本系列图书涵盖了工厂生产计划、采购、物料、技术、现场、安全、设备、质量、成本、人力资源共 10 项内容；针对每个事项内容，作者都给出了细化、可执行的制度、流程、方案，并提供了标准化的模板。

2. 工具化

本系列图书提供的各种参照范本都可以作为企业设计精细化管理体系的参照范例和工具，内容均从工厂的角度出发，针对性强，制造企业可以拿来即用，也可因需而变。

3. 图表化

图表化主要体现在制度、流程、方案、文案的模板设计上。本系列图书给出了具体的业务管理流程图以及表格形式的制度、方案和文案，为工厂推行精细化管理提供了参照范本。

本系列图书可以作为工厂各个部门实施精细化管理的操作手册，也可作为企业各个部门和各岗位人员进行自我管理及自我改善的工具书。

再版前言

《工厂采购精细化管理手册（第 2 版）》是"弗布克工厂精细化管理手册系列"图书中的一本。本书将"精细化、工具化、图表化"的思路贯穿于每章内容的写作过程中，既能帮助读者系统地把握内容，又能针对读者某一方面的阅读需求提供解决方案。

本书以工厂采购精细化管理为中心，立足于工厂采购部门的管理实践，针对某一岗位、某一类事件的管理问题，提供了规范化运作的系统工具，提出了"职责＋要点＋制度＋流程＋方案＋工具"的六位一体的解决方案，将执行工作落实到具体的岗位和人员，并给出了可操作的方案。

这是一本能够指导具体工作的精细化管理手册，是一本能够提高工厂各级人员工作效率的实务性工具书。在《工厂采购精细化管理手册》第 1 版的基础上，本书做了如下修订和补充。

1. 进一步完善了工作事项体系

本书详细叙述了采购计划与预算管理、供应商管理、采购招标管理、采购价格管理、采购谈判管理、采购合同管理、采购质量控制、采购交期控制、采购作业绩效管理、采购成本控制工具、采购稽核管理、采购方式管理共 12 个方面、46 个采购工作事项的实施要点，几乎涵盖了工厂采购管理的全部工作。通过对这些要点的剖析，本书明确了要点的实施步骤和注意事项，能有效指引读者熟练开展采购管理的各项工作。

2. 完善了工厂采购稽核管理机制

本书在第 1 版的基础上，增加了采购人员稽核，完善了工厂采购稽核管理机制，并明确了采购稽核管理工作的执行要点，增强了采购稽核管理工作的全面性、规范性与实用性。

3. 明确了工厂采购方式

本书明确了常用的工厂采购方式，对五类常见的采购方式的优缺点、实施条件、风险控制等进行了阐述。

4. 构建了工厂采购精细化管理体系

本书共设计了 46 个工厂采购管理工作实施要点、28 个工厂采购管理方案、30 个工厂采购管理制度、40个工厂采购管理流程，以及若干日常工作所需的文案、文本。通过对这些内容的设计，本书不但构建了工厂采购管理的内容框架，而且为工厂采购管理人员的日常工作提供了可参考的模板。

在本书编写的过程中，孙立宏、孙宗坤、程富建、刘井学、刘伟、王建霞、郑超荣负责资料的收集和整理以及数字图表的编排，韩燕参与编写了本书的第一章，李京斌、匡晓蕾参与编写了本书的第二章，刘华、孟庆华参与编写了本书的第三章，李文龙参与编写了本书的第四章，王琴参与编写了本书的第五章，卢田锡参与编写了本书的第六章，李育蔚参与编写了本书的第七章，王佳锐参与编写了本书的第八章，余雪杰参与编写了本书的第九章，周轩参与编写了本书的第十章，王景峰参与编写了本书的第十一章，姚小风参与编写了本书的第十二章，齐艳霞参与编写了本书的第十三章，全书由成毅统撰定稿。

目　录

采购管理组织
设计与岗位职责

第一章

第一节　工厂采购组织结构设计

一、大型工厂采购组织结构

（一）按工作事项设置的大型工厂的采购组织结构

按工作事项设置的大型工厂的采购组织结构设计示例如图 1-1 所示。

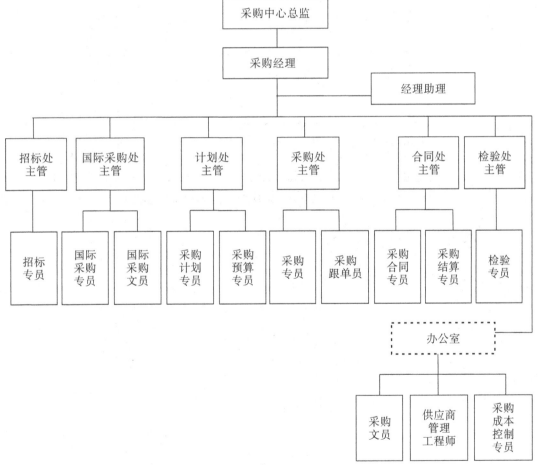

图 1-1　按工作事项设置的大型工厂的采购组织结构示例

（二）按职能分工设置的大型工厂的采购组织结构

大型工厂的采购职能分工较细，各个模块多设专人负责，按职能分工设置的大型工厂的采购组织结构设计示例如图 1-2 所示。

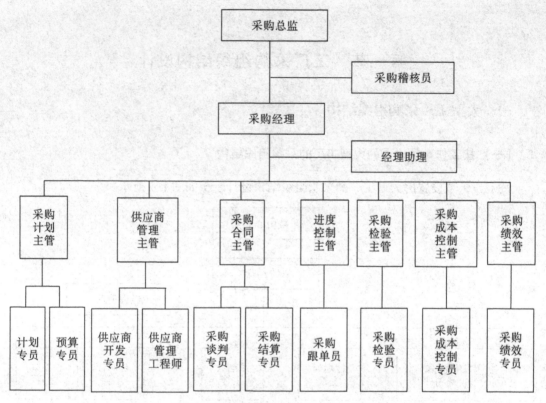

图1-2　按职能分工设置的大型工厂的采购组织结构示例

二、中型工厂采购组织结构

中型工厂采购组织结构设计示例如图1-3所示。

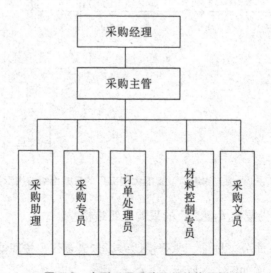

图1-3　中型工厂采购组织结构示例

三、小型工厂采购组织结构

小型工厂采购组织结构设计示例如图1-4所示。

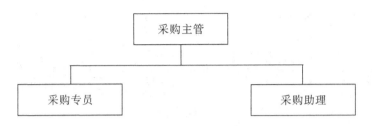

图1-4　小型工厂采购组织结构示例

四、工厂国际采购组织结构

工厂国际采购组织结构设计示例如图1-5所示。

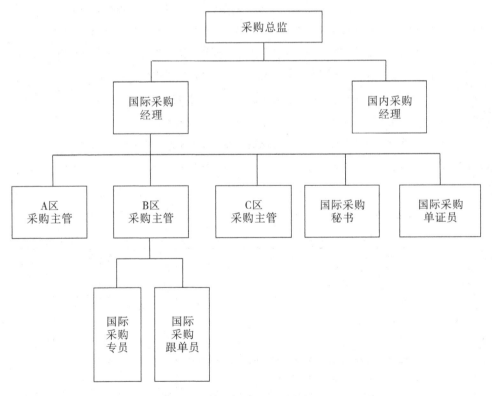

图1-5　工厂国际采购组织结构示例

第二节　工厂采购岗位职责说明

一、采购总监岗位职责

基本要求	相关说明
任职资格 1. 学历 大学本科及以上学历，具有物资管理、采购管理、生产管理、企业管理等相关知识 2. 专业经验 五年以上采购工作经验，三年以上采购管理经验 3. 个人能力要求 具备组织协调能力、问题解决能力、成本意识	1. 认同企业文化，忠诚度高 2. 有国际视野 3. 有良好的决策能力 4. 严谨求实、廉洁自律 5. 有学习意识和创新精神 6. 注重内部管理

职责内容

1. 参与工厂规划目标、规章制度、重点工作计划的制订，并组织贯彻执行

2. 根据工厂经营目标制定采购战略规划，为重大采购决策提供建议和信息支持

3. 组织制订采购部相关规章制度、工作规范和工作计划，并监督、检查执行情况

4. 审核采购工作计划的制订、分解、实施及考核，并准确传达和执行工厂的指导精神

5. 汇总、审核下级上报的月度预算，参加工厂月度预算分析和平衡会议

6. 审查部门预算外的临时采购需求，审核临时采购计划

7. 组织建立物资采购供应系统，多方面开拓供应渠道，并进行供应商管理

8. 指导、监督、考核下属人员，根据工作需要提出人事调整建议，控制部门人事费用和人员编制

9. 完成领导交办的其他任务

考核说明	结果运用
考核指引 1. 考核频率 年度考核 2. 考核主体 总经理 3. 考核指标 采购成本控制情况、采购计划完成情况、采购物资合格率、供应商开发计划完成率、供应商合同履约率、采购部门管理费用预算控制情况	1. 考核结果作为薪酬、福利、奖金发放依据 2. 考核结果作为岗位调动的依据

二、采购经理岗位职责

基本要求	相关说明

<table>
<tr><td rowspan="1">任职资格</td><td>1. 学历
大学本科及以上学历，具备采购管理、生产管理、企业管理、法律等相关知识
2. 专业经验
五年以上行业采购工作经验，两年以上管理经验
3. 个人能力要求
具备督导能力、沟通能力、问题解决能力和成本意识</td><td>1. 认同企业文化，忠诚度高
2. 有决策能力和预期应变能力
3. 有合同执行能力
4. 注重内部管理
5. 有学习意识和创新精神
6. 严谨求实、廉洁自律</td></tr>
</table>

职责内容

1. 制定并完善采购部门的规章制度，经采购总监审批后执行
2. 根据工厂经营计划制订采购计划与采购预算，保证满足经营活动需要，降低成本
3. 监督并参与大批量订货业务的洽谈工作，监督采购合同的执行和落实情况
4. 参与开发、选择与考核供应商，建立供应商档案管理制度
5. 跟踪采购物资国内外市场行情，控制采购价格，并预测价格变化趋势
6. 主持采购招标、合同评审工作，签订采购合同并监督其执行情况，建立合同台账
7. 负责采购进度控制，指导监督跟单、催货工作，进行采购交期管理，确保采购及时
8. 审核年度、季度、月度需求计划，统一采购，减少开支，提高资金运营效率
9. 负责采购废料、质量事故的预防与处理，并定期编制采购报告呈上级领导审阅
10. 负责紧急采购，参与采购物资验收，出现问题时及时与供应商联系，协商处理办法
11. 负责采购人员的绩效、培训等方面的管理工作
12. 完成上级领导交办的其他任务

考核指引	
1. 考核频率 半年度考核、年度考核、项目考核 2. 考核主体 采购总监、人力资源部 3. 考核指标 采购成本控制、采购计划完成率、采购物资合格率、供应商合同履约率、部门管理费用预算控制情况、核心员工保有率、部门协作满意度	1. 考核结果作为薪酬发放依据 2. 考核结果作为培训实施及职位晋升的参考依据 3. 对于考核得分低于___分者，予以口头警告处分
考核说明	**结果运用**

三、采购主管岗位职责

	基本要求	相关说明
任职资格	1. 学历 大学本科及以上学历，具备采购管理、生产管理、企业管理等相关知识 2. 专业经验 三年以上采购工作经验，一年以上采购管理经验 3. 个人能力要求 具备协作能力、沟通能力、团队建设能力	1. 认同企业文化，忠诚度高 2. 有询价能力和谈判能力 3. 有信息收集及处理能力 4. 注重内部协调与培养 5. 有学习意识和创新精神 6. 有责任心、主动性，自律意识强
职责内容	1. 全面协助采购经理开展采购及部门管理等工作 2. 参与编制采购物资计划和采购预算，并控制采购费用 3. 编制单项物资的采购计划，并监督实施 4. 按时、按量、按质完成采购任务，积极开拓采购渠道市场，选择物美价廉的物资，降低采购成本 5. 收集、整理、分析供应商信息，及时更新供应商档案，参与供应商的选择与评估 6. 负责收集整理采购价格，跟踪市场价格变动，及时把握市场动态并上报领导 7. 制作物资入库相关单据，积极配合仓储部保质、保量、及时完成采购物资的入库 8. 分派、指导、监督采购人员的日常工作 9. 完成上级领导交办的其他任务	
考核指引	1. 考核频率 月度考核、年度考核、项目考核 2. 考核主体 采购经理、人力资源部 3. 考核指标 采购物资合格率、采购物资价格降低率、采购费用控制、采购订单按时完成率、供应商开发计划完成率	1. 考核结果作为薪酬发放依据 2. 考核结果作为培训实施及职位晋升的参考依据 3. 对于考核得分低于___分者，予以口头警告处分
	考核说明	结果运用

四、招标采购主管岗位职责

基本要求	相关说明

任职资格

基本要求	相关说明
1. 学历 大学本科及以上学历，具备采购管理、企业管理等相关知识 2. 专业经验 三年以上采购招标工作经验 3. 个人能力要求 具备沟通能力、谈判能力、国际视野、成本意识	1. 认同企业文化，忠诚度高 2. 有信息收集及处理能力 3. 有学习意识和创新精神 4. 客观、公正、自律

职责内容

1. 参与编制并严格执行招（议）标采购管理制度和流程

2. 制订采购招标工作计划并及时组织落实

3. 负责邀标、资格预审、考察、标书编制、选型封样、发标、答疑、回标、评标、清标、议标、定标等组织管理工作

4. 组织招标后合同的谈判、起草、评审和签订工作，跟踪、监督合同的执行情况

5. 协助进口物资采购手续的办理、报关报验工作

6. 参与采购物资验收工作，协助办理入库等工作

7. 严格执行招标采购预算，控制采购成本

8. 收集、整理、审查供应商有关资料，参与供应商及年度合格供应商的评价，保持与供应商的良好关系

9. 完成上级领导交办的其他任务

考核指引

考核说明	结果运用
1. 考核频率 项目考核、年度考核 2. 考核主体 采购经理、人力资源部 3. 考核指标 招标任务完成情况、招标采购合同执行情况、招标采购费用控制、投标商满意度、招标采购物资合格率	1. 考核结果作为薪酬发放依据 2. 考核结果作为培训实施及职位晋升的参考依据 3. 对于考核得分低于___分者，予以口头警告处分

五、采购专员岗位职责

基本要求	相关说明

任职资格

基本要求：
1. 学历
大学专科及以上学历，具备采购管理、生产管理、市场营销管理等相关知识
2. 专业经验
一年以上采购工作经验
3. 个人能力要求
协作能力、沟通能力、询价能力、谈判能力

相关说明：
1. 认同企业文化，忠诚度高
2. 有信息收集及处理能力
3. 注重内部协作
4. 有学习意识和创新精神
5. 责任心、主动性和自律意识强

职责内容

1. 编制各项目采购计划，保证采购进度与采购物资的质量
2. 严格按流程执行并货比三家，降低采购成本
3. 对供应商进行管理及考评，每年按一定比例更新供应商
4. 严格审核合同条款，拟订和送审小额采购合同
5. 协助采购主管处理日常业务，编制采购订单
6. 控制采购质量，坚决拒收不合格品，并与供应商协商处理办法
7. 严格遵守财务制度，遵纪守法，确保单证齐全、报账及时
8. 编制并上交单项采购活动的分析总结报告
9. 完成上级领导交办的其他任务

考核指引

考核说明：
1. 考核频率
月度考核、年度考核、项目考核
2. 考核主体
采购经理、人力资源部
3. 考核指标
采购任务完成率、采购费用节约率、采购订单按时完成率、采购质量合格率、采购订单出错率、供应商满意度

结果运用：
1. 考核结果作为薪酬发放依据
2. 考核结果作为培训实施及职位晋升的参考依据
3. 对于考核得分低于___分者，予以口头警告处分

六、采购跟单员岗位职责

	基本要求	相关说明
任职资格	1. 学历 　大学专科及以上学历，具备采购管理、企业管理等相关知识 2. 专业经验 　一年以上采购工作经验 3. 个人能力要求 　具备协作能力、沟通能力	1. 认同企业文化，忠诚度高 2. 有信息收集及处理能力 3. 有学习意识和创新精神 4. 耐心、细心，有责任感，主动性强

	职责内容
职责内容	1. 掌握所负责物资的规格、型号及相关标准，掌控采购订单的要求、交期 2. 及时跟进与确认每日应到物资，记录并核查物资账目 3. 采购员不在时，能代替其回答供应商的一些基本问题 4. 针对已经有过合作的供应商，负责处理后续订单电话或传真，并转交给相关责任人 5. 根据采购合同或订单，负责催促供应商发货，追踪货物运输情况 6. 跟催相关部门对样品的检验结果，并在规定期限内反馈给供应商 7. 出现质量问题时，协助采购专员与供应商进行沟通，填报交货异常信息反馈日报表 8. 追踪外发加工产品全部回仓及跟进外发余料库存情况 9. 每日做好日清、对账工作，定期汇报采购情况 10. 完成上级领导交办的其他任务

考核说明	结果运用
1. 考核频率 　月度考核、年度考核 2. 考核主体 　采购主管、人力资源部 3. 考核指标 　采购订单按时完成率、采购到货及时率、供应商满意度、部门协作满意度、报告上交及时率	1. 考核结果作为薪酬发放依据 2. 考核结果作为培训实施及职位晋升的参考依据 3. 对于考核得分低于___分以下者，予以口头警告处分

考核指引

七、采购稽核员岗位职责

基本要求	相关说明

任职资格

基本要求：
1. 学历
   大学本科及以上学历，具备采购管理、生产管理、企业管理等相关知识
2. 专业经验
   两年以上相关工作经验
3. 个人能力要求
   具备责任心、严谨、公正、细心

相关说明：
1. 认同企业文化，忠诚度高
2. 客观、公平、律己
3. 有学习意识和创新精神

职责内容

1. 负责采购管理制度、采购人员行为规范及采购流程等内控制度的稽核
2. 负责对采购需求的合理性进行稽核
3. 负责供应商选择与评审、采购价格谈判的稽核
4. 检查招标、比价、议价等是否根据相关规定办理
5. 审核采购合同，检查合同内容是否合法，监督合同的执行情况
6. 稽核采购物资的质量与数量
7. 审核奖惩办法是否完善、相关奖惩是否合理
8. 完成上级领导交办的其他任务

考核指引

考核说明：
1. 考核频率
   月度考核、年度考核
2. 考核主体
   采购经理、人力资源部
3. 考核指标
   工作任务完成率、人员满意度、提出意见与建议的数量、工作质量与态度

结果运用：
1. 考核结果作为薪酬发放依据
2. 考核结果作为培训实施及职位晋升的参考依据
3. 对于考核得分低于___分者，予以口头警告处分

考核说明	结果运用

八、国际采购专员岗位职责

基本要求	相关说明

任职资格

基本要求	相关说明
1. 学历 大学本科及以上学历，具备采购管理、国际贸易、物流等相关知识 2. 专业经验 一年以上国际采购工作经验 3. 个人能力要求 具备沟通能力、询价能力、信息收集与处理能力	1. 认同企业文化，忠诚度高 2. 有国际视野 3. 有谈判能力与成本意识 4. 有应变能力 5. 有学习意识和创新精神 6. 有责任心，主动性和自律意识强

职责内容

1. 参与编制国际采购计划，制定采购方案并执行

2. 收集、分析和汇总国际供应商信息，筛选评审供应商

3. 负责与一般国际采购物资供应商谈判，拟订并报审采购合同，制作国际采购订单

4. 与供应商安排、确认发货时间及跟踪到货日期

5. 协调进口货物运输和报关、检验、索赔事宜，并及时反馈异常的供应问题

6. 编制国际采购报表、汇总国际采购数据并及时上报领导

7. 定期与财务部门完成责任范围内的账务核对工作

8. 建立和更新国际供应商档案，与供应商保持良好的关系

9. 关注新技术、新产品的发展，不断开发新的供应商

10. 完成上级领导交办的其他任务

考核指引

考核说明	结果运用
1. 考核频率 月度考核、年度考核、项目考核 2. 考核主体 采购经理、人力资源部 3. 考核指标 国际采购计划完成率、异常问题处理及时率、采购物资合格率、采购报告质量、新开发的国际供应商数量	1. 考核结果作为薪酬发放依据 2. 考核结果作为培训实施及职位晋升的参考依据 3. 对于考核得分低于___分者，予以口头警告处分

九、供应商管理工程师岗位职责

基本要求	相关说明

任职资格

1. 学历
   大学本科及以上学历，具备采购管理、企业管理等相关知识
2. 专业经验
   两年以上同行业供应商管理或采购工作经验
3. 个人能力要求
   具备谈判能力、合同执行能力、沟通能力

相关说明：
1. 认同企业文化，忠诚度高
2. 有信息收集及处理能力
3. 具备应变能力
4. 有解决问题能力
5. 有责任心，主动性强

职责内容

1. 负责建立健全供应商评价体系及标准，对供应商进行考核
2. 了解供应商生产流程和关键控制点，协助解决生产过程或质量控制方面的问题，避免出现质量问题
3. 与供应商紧密配合，迅速解决供应商产品的质量、交期问题，并不断提高采购质量
4. 对各供应商进行准确记录，定期分析并及时提出相关问题和改进建议
5. 负责考核评估供应商，并根据供应商考核结果进行等级管理
6. 负责向本部门或其他部门人员提供相关的培训支持
7. 完成上级领导交办的其他任务

考核指引

1. 考核频率
   月度考核、年度考核
2. 考核主体
   采购经理、人力资源部
3. 考核指标
   供应商评估计划完成率、采购物资质量合格率、供应商交货质量问题发生与解决情况、供应商满意度

结果运用：
1. 考核结果作为薪酬发放依据
2. 考核结果作为培训实施及职位晋升的参考依据
3. 对于考核得分低于___分者，予以口头警告处分

考核说明	结果运用

采购计划与预算管理

第二章

第一节 采购需求分析

一、采购需求分析要点

(一)统计物资需求

采购专员负责收集工厂各部门的采购需求，统计需求物资的规格、数量和需求时间等信息，将其汇总后提交给采购主管。一般而言，工厂的采购物资需求主要包括如图 2-1 所示的三个方面。

物料需求		办公用品需求
主要包括工厂生产经营过程中所需要的各类原料、辅料、零件、半成品等物料	设备需求	主要包括工厂日常工作中需要用到的办公用品，一般由人事行政部统一核算后向采购部提出采购申请
	主要包括生产设备、质量监测仪器、技术仪器等	

图 2-1 采购物资需求的主要内容

(二)采购需求预测

采购需求预测的目的在于分析市场调查结果、工厂采购历史记录等信息资料，预测下一时期工厂的采购物资数量、价格等因素，为采购需求的制定和修正提供参考依据。其主要实施步骤如图 2-2 所示。

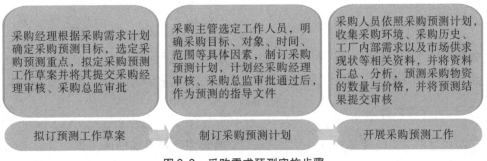

采购经理根据采购需求计划确定采购预测目标，选定采购预测重点，拟定采购预测工作草案并将其提交采购经理审核、采购总监审批	采购主管选定工作人员，明确采购目标、对象、时间、范围等具体因素，制订采购预测计划，计划经采购经理审核、采购总监审批通过后，作为预测的指导文件	采购人员依照采购预测计划，收集采购环境、采购历史、工厂内部需求以及市场供求现状等相关资料，并将资料汇总、分析，预测采购物资的数量与价格，并将预测结果提交审核
拟订预测工作草案	制订采购预测计划	开展采购预测工作

图 2-2 采购需求预测实施步骤

（三）编制需求计划

1. 采购主管对比上期的物资使用状况和下段时期的生产计划、经营计划要求，对各部门提请的物资需求进行适当调整，并将调整结果与原因反馈给相应部门。若需求部门对调整结果存在异议，可说明理由，要求按原需求申请采购。

2. 各部门无异议后，采购主管根据详细需求情况和实际库存状况，对各类物料的需求项目进行核实与计算（见图2-3），初步编制需求计划并将其提交采购经理审核。需求物资的类别、数量、金额等都应详细、明确。

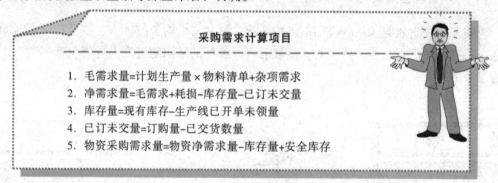

采购需求计算项目

1. 毛需求量＝计划生产量×物料清单+杂项需求
2. 净需求量＝毛需求+耗损-库存量-已订未交量
3. 库存量＝现有库存-生产线已开单未领量
4. 已订未交量＝订购量-已交货数量
5. 物资采购需求量＝物资净需求量-库存量+安全库存

图2-3　采购需求计算项目

3. 在现在按订单生产的模式驱动下，工厂各部门在采购需求计算过程中，可以采取物资需求计划（MRP）法。

MRP是由主生产进度计划和主产品层次结构逐层、逐个地求出主产品所需零部件的出厂时间和出厂数量。MRP的逻辑原理如图2-4所示。

库存文件

主产品结构文件（BOM）

主生产进度计划（MPS）

输入文件

物资需求计划（MRP）

输出文件

计划发出订单量文件

计划接收订货量文件

净需求量文件

图2-4　MRP逻辑原理图

（四）需求对比分析

采购主管将审核通过的需求预测结果与初步制订的需求计划进行比较，统计各项差异，并对差异原因进行分析，组织编制采购预测分析报告，并将其提交采购经理、采购总监审批。

（五）调整需求计划

采购总监、采购经理对分析报告进行审批，并将审批结果反馈给采购主管，采购主管依据审批意见，对初步制订的需求计划进行合理调整，确定最终的需求计划方案。

二、采购预测分析流程

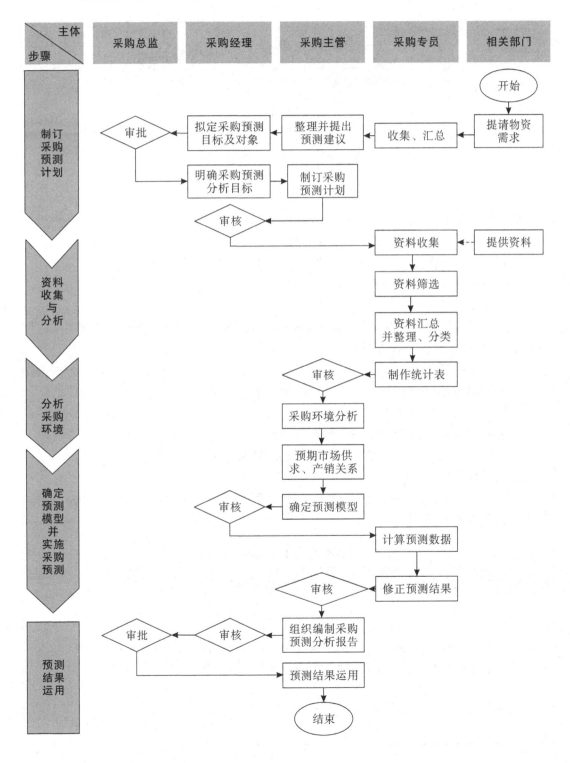

主体 步骤	采购总监	采购经理	采购主管	采购专员	相关部门

三、采购预测管控规定

制度名称	采购预测管控规定		受控状态	
			编　号	
执行部门		监督部门	编修部门	

第1章　总则

第1条　目的

为了更好地掌握采购市场变化趋势，降低采购成本，提高采购管理水平，特制定本规定。

第2条　适用范围

本规定适用于工厂采购活动中的采购预测管理工作。

第3条　职责划分

1. 采购总监负责采购预测工作的审批、监督与评价。

2. 工厂采购部为采购预测工作的归口管理部门，负责采购预测的组织与实施。

3. 其他相关部门负责提供相关资料及信息。

第4条　定义

本规定中采购预测是指通过相关资料的搜索和分析，运用科学的方法来测算未来一定时期内工厂主要需求物资的采购价格与采购数量。

第5条　确定采购预测目标

1. 采购总监负责确定采购预测目标，并选定预测重点。

2. 预测目标应具体，确定预测的时间范围。

3. 预测结果应满足为采购计划的编制提供依据的要求。

第2章　采购预测资料收集与分析

第6条　收集相关资料

确定采购预测目标后，采购人员应收集相关资料，并按照调查内容、类别进行汇总、分类，具体应收集的资料如下表所示。

采购预测资料的收集与分类

资料分类	具体内容
采购环境相关资料	1. 国家出台的相关政策措施及法律、法规 2. 各类经济数据，包括国民生产总值、商品价格指数、通货膨胀率等 3. 影响市场环境的其他因素的相关数据

（续）

资料分类	具体内容
采购历史相关资料	1. 各级统计机构发布的或以报刊、会议文件等其他途径发布的各种与需求物资相关的历史统计数据 2. 工厂内已存档的历史采购数据，如采购底价等 3. 工厂经营过程中的相关财务指标，如采购预算执行相关数据 4. 供应商的产品质量、规格、包装、服务等方面的历史资料
现状资料	1. 各统计机构发布的或现阶段物资市场供应与需求量的相关数据 2. 现阶段市场上供应商的分布情况 3. 现阶段工厂内的物资需求状况等

第 7 条　汇总与整理资料

采购人员在收集到相关资料后，应进行资料的汇总与整理，具体操作要求如下。

1. 采购人员应剔除不可靠、不准确以及与调查目的无关的资料，并对剩余资料进行整理，使其排列有序、可靠、有参考价值。

2. 采购人员将调查资料按照大类别进行分类汇总后，再根据调查内容进行更详尽的分类。

3. 采购人员对分类后的资料进行统计，并制作调查统计表提交采购经理审核。

第 8 条　分析调查资料

采购人员对采购预测相关资料进行分析，分析的主要内容如下图所示。

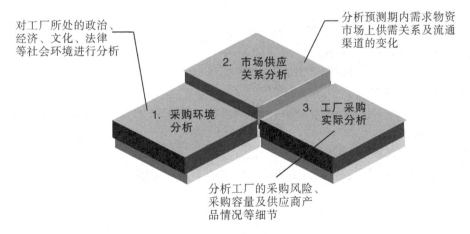

采购预测分析内容示意图

第 3 章　采购预测实施

第 9 条　采购价格预测

采购人员应根据物资市场现象的不同特征、采购底价、预测人员的经验，选择或制定具体的采购价格预测方法，经采购经理审批后实施，得出采购价格初步预测结果。

（续）

第10条 采购价格预测方法

采购价格预测方法分类如下表所示。

采购价格预测方法比较说明表

预测方法	操作说明	优点	缺点
定性分析预测法	预测者依靠自身知识、经验和综合判断能力，根据历史记录和现实资料，对市场现象的实质特点和变化情况进行分析、判断，得出物资价格走势及未来采购价格区间	使用简便、省时，费用较低，可预测难以量化的现象	容易受到预测者主观意识影响
定量分析预测法	通过对市场现象的性质、特点、关系进行分析，建立数据模型，进行数量变化分析，得出预测结果	分析客观，对预测者的经验、判断力要求较低	分析过程复杂、费时

第11条 执行数量预测

采购人员应根据生产需求量、物资特性及市场变化情况，进行采购数量的预测计算，得出采购数量预测结果，具体方法可参照工厂的物资采购数量计算方案。

第12条 修正预测结果

得出初步预测结果后，采购人员应对结果进行修正，具体操作步骤如下。

1. 利用已选定的采购预测方法、计算模型或公式，对工厂采购历史情况或数据进行分析预测，得出预测结果。

2. 将预测结果与实际结果进行比较，得出修正幅度。

3. 确认修正幅度在允许范围内。

4. 根据修正幅度，对采购初步预测结果进行修正。

第13条 重新预测

对于修正幅度大于允许值且不存在资料记录、计算笔误的情况，采购人员应将初步预测结果推倒后重新进行预测。

第14条 预测结果的汇报及应用

采购人员修正预测结果后，编制采购预测报告并将其提交采购经理审核确认，以此作为编制采购计划的依据。

第4章 附则

第15条 本规定由采购部负责制定、修订与解释。

第16条 本规定经总经理批准后生效。

修订记录	修订标记	修订处数	修订日期	修订执行人	审批签字

第二节　采购计划编制

一、采购计划编制要点

（一）明确编制依据

采购经理在编制年度采购计划时，首先要仔细解读如图 2-5 所示的各项文件和数据。

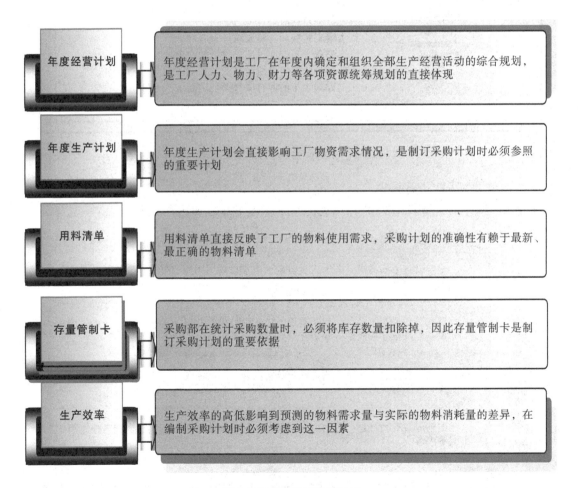

年度经营计划	年度经营计划是工厂在年度内确定和组织全部生产经营活动的综合规划，是工厂人力、物力、财力等各项资源统筹规划的直接体现
年度生产计划	年度生产计划会直接影响工厂物资需求情况，是制订采购计划时必须参照的重要计划
用料清单	用料清单直接反映了工厂的物料使用需求，采购计划的准确性有赖于最新、最正确的物料清单
存量管制卡	采购部在统计采购数量时，必须将库存数量扣除掉，因此存量管制卡是制订采购计划的重要依据
生产效率	生产效率的高低影响到预测的物料需求量与实际的物料消耗量的差异，在编制采购计划时必须考虑到这一因素

图 2-5　采购计划编制依据

（二）制订采购计划

1. 制订一般采购计划

采购经理依据各项相关文件的要求，比照需求计划的详细情况，汇总各种需求物资的采购数量、时间、规格、价格、方式等因素，协助采购总监编制下一年度的采购计划并将其提交总经理审核。采购计划的编制一定要准确、合理，避免出现差错而导致后续执行计划受到影响。总经理在审核采购计划时，一定要确保采购计划满足如图2-6所示的各项要求。

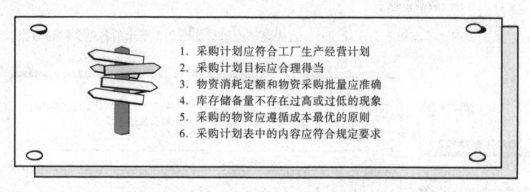

1. 采购计划应符合工厂生产经营计划
2. 采购计划目标应合理得当
3. 物资消耗定额和物资采购批量应准确
4. 库存储备量不存在过高或过低的现象
5. 采购的物资应遵循成本最优的原则
6. 采购计划表中的内容应符合规定要求

图2-6　采购计划应满足的主要要求

2. 制订设备采购计划

设备采购计划不同于一般的物资采购计划，其编制步骤如图2-7所示。

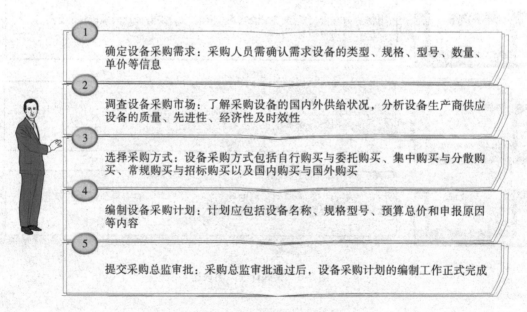

1　确定设备采购需求：采购人员需确认需求设备的类型、规格、型号、数量、单价等信息

2　调查设备采购市场：了解采购设备的国内外供给状况，分析设备生产商供应设备的质量、先进性、经济性及时效性

3　选择采购方式：设备采购方式包括自行购买与委托购买、集中购买与分散购买、常规购买与招标购买以及国内购买与国外购买

4　编制设备采购计划：计划应包括设备名称、规格型号、预算总价和申报原因等内容

5　提交采购总监审批：采购总监审批通过后，设备采购计划的编制工作正式完成

图2-7　设备采购计划编制步骤

（三）采购计划分解

1. 采购主管比照各部门每月的实际经营计划进程和上个月的物资消耗与库存状况，确定下个月的采购数量、采购方式、交货期等，将总经理审核通过的年度采购计划分解为月度采购计划。

2. 采购经理审核月度采购计划的进程安排，财务部审核月度采购计划的费用预算，两者审核通过后，采购计划正式发布生效。

3. 采购主管根据物资采购方式和库存成本控制的要求，按照各部门的实际情况，按需要制定日采购任务。

（四）采购计划变更

实际经营过程中，各部门在物资需求发生变化或出现问题时，应及时向采购计划专员提出需求变更申请，采购计划专员以此编制"月度增补采购计划"，经采购经理、采购总监审批通过后，提交至财务部核准。财务部将核准后的采购计划分发至各相关部门，采购部负责执行新的采购计划。

二、采购计划编制流程

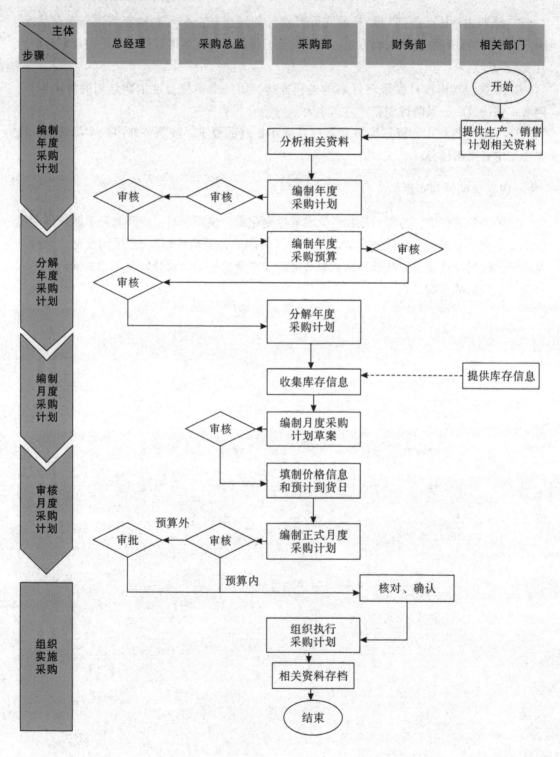

三、采购计划变更流程

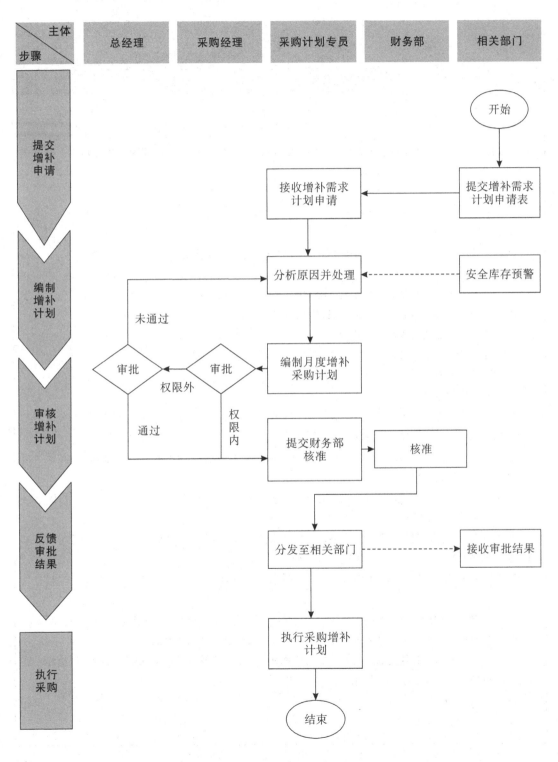

步骤\主体	总经理	采购经理	采购计划专员	财务部	相关部门
提交增补申请			接收增补需求计划申请		提交增补需求计划申请表 / 开始
编制增补计划	未通过	审批 权限外	分析原因并处理 ← 安全库存预警		
审核增补计划	通过	审批 权限内 / 编制月度增补采购计划	提交财务部核准	核准	
反馈审批结果			分发至相关部门		接收审批结果
执行采购			执行采购增补计划 / 结束		

四、采购计划编制规范

制度名称	采购计划编制规范		受控状态	
			编　　号	
执行部门		监督部门	编修部门	

第 1 章　总则

第 1 条　目的

为加强对采购计划的管理，规范采购计划编制工作，确保工厂生产活动顺利、有序进行，特制定本规范。

第 2 条　适用范围

本厂采购计划编制工作，除另有规定外，均应按照本规范执行。

第 3 条　职责分工

采购部负责编制年度、季度、月度采购计划，并严格按计划执行。

第 4 条　采购计划的运用

1. 预估用料数量、交期，防止断料，确保生产经营活动的正常进行。

2. 避免库存过多、资金积压、空间浪费。

3. 配合生产、销售计划的顺利达成。

4. 配合资金运用、周转。

5. 指导采购作业。

第 5 条　采购计划分类

1. 年度采购计划。根据本厂年度经营计划，在收集市场信息和需求信息并对其进行充分分析的基础上，依据往年历史数据对比预测制订年度采购计划。

2. 月度采购计划。在对年度采购计划进行分解的基础上，依据上月实际采购情况、库存情况、市场行情等制订当月月度采购计划。

3. 日采购任务。对月度采购计划进行分解，依据各部门每日经营所需物资确定日采购工作任务。

第 6 条　采购计划编制原则

1. 市场导向原则。物资采购计划必须以市场需求为依据，按照实际需要和资源供给的可能和"以销定购"的原则编制采购计划，防止库存积压等情形的出现。

2. 系统性原则。采购计划的编制必须贯彻统筹安排、瞻前顾后的系统性原则，做到生产与节约并重。

3. 质量适宜性原则。需要采购的物资必须符合质量标准要求，确保满足生产质量要求。

4. 价格适宜性原则。采购计划中的采购物资必须按质论价，做到合理比价。

5. 严格经济核算、择优选购原则。保证经济核算，讲求经济效益，相同条件下应挑选质量好、价格低、进货环节少、费用省的供应商。

（续）

第2章　年度采购计划编制

第7条　年度采购计划的编制步骤

1. 本厂于每年年底制定次年度经营目标，销售部根据年度目标、客户订单意向、市场预测等资料，做出销售预测，并制订次年度的销售计划。

2. 生产部根据销售预测计划，制订次年度的生产计划。

3. 生产部采购人员根据生产计划、库存状况，制订次年度的物资需求计划。

4. 各部门根据年度目标、生产计划预估次年度各种消耗物资的需求量，编制预估计划。

5. 采购部汇总各种物料、物资的需求计划，编制次年度采购计划。

第8条　年度采购计划的具体编制要求

1. 采购计划要避免过于乐观或保守。

2. 应考虑本厂年度目标达成的可能性。

3. 应保证销售计划、生产计划的可行性并预见可能发生的问题。

4. 采购计划的编制应参考物料标准成本。

5. 应实现保障生产与降低库存的平衡。

6. 采购计划应对采购价格和市场供需的变化作出预估，并考虑工厂现在/以往的采购状况。

第3章　月度采购计划编制

第9条　月度采购计划的编制依据

采购计划人员每月1日编制月度采购计划，具体编制依据如下。

1. 年度采购计划。

2. 各需求部门递交的物料需求计划。

3. 仓储部门递交的库存报表。

4. 安全库存量。

5. 采购提前期。

第10条　提交正式月度采购计划

采购计划人员根据历史交易价格和供应商价格信息库，在"月度采购计划表"上填制价格信息和预计到货日，提交正式的月度采购计划。

第11条　月度采购计划的审批程序

1. 每月2日，采购经理审批采购计划人员上报的月度采购计划，审批未通过的则返回采购计划专员重新编制，审批通过的即签署肯定意见。

2. 如计划总金额在预算内直接递送财务部，否则报采购总监审批，采购总监根据实际情况审核月度采购计划，同意后由采购计划人员递送财务部审核。

3. 每月4日，财务部核对月度采购计划是否在预算内进行审核，在预算内则签署意见并递回采购部，否则报总经理审批，总经理拥有对采购计划的最终决策权。

第12条　国际物资采购计划的审批

国际物资采购计划应于每月3日前报采购经理、采购总监、财务部、总经理审批。

（续）

第4章　其他注意事项

第13条　采购计划人员应审查各部门的申请采购物资是否能由现有库存满足或有无可替代的物资，只有现有库存不能满足的采购物资申请才能列入采购计划中。

第14条　如果"采购申请表"中所列的物资为工厂内其他部门车间所生产的产品，在质量、性能、交货期、价格相同的情况下，应采用内部产品。

第15条　对于已申请的采购物资，请购部门若需要变更规格、数量或撤销采购申请时，应立即通知采购部，以便采购部及时根据实际情况更改采购计划。

第16条　需求部门如遇急需物资的情况，应填写"紧急采购申请表"，经部门负责人审核签字后，报总经理核准后列入采购范围。

第5章　附则

第17条　采购部负责本规范的制定、解释、修改、废止等工作。

第18条　本规范经总经理审批通过后，自公布之日起执行。

修订记录	修订标记	修订处数	修订日期	修订执行人	审批签字

五、采购数量计算方案

文书名称	采购数量计算方案	编　号	
		受控状态	

一、背景

为加强采购规范化管理，指导采购人员确定合适的采购数量、制订科学的采购计划与编制合理的采购预算，在保障生产、经营活动顺利进行的同时节约采购成本，特制定本方案。

二、适用范围

本方案适用于工厂采购部采购数量计算相关工作事项。

三、职责

采购数量计算工作由采购部归口管理。

四、实施采购数量计算的目的

1. 预估物资需求的数量与时间，防止因供应中断而影响产销活动。

2. 避免物资储存过多，占用流动资金和仓储空间，增加仓储成本。

3. 配合本厂销售、生产计划与资金调度。

4. 使采购人员事先准备，做到适时、适量地采购物资。

5. 确立物资耗用标准，以便控制物资使用成本。

（续）

五、分析影响采购数量的因素

1. 生产的需求量。生产的需求直接决定采购数量。

2. 采购批量大小与价格的关系。一般来说，采购的数量越多，价格越低，反之则价格越高。

3. 库存情况。采购数量应参照工厂库存量的大小以及库存成本的多少来确定。

4. 采购物资的特性。对于保存时间较长、运输条件较高、仓储条件要求较低的物资，采购数量应相对较大。

5. 采购支出承受能力。物资采购的支出必须在工厂财务状况可承受的范围之内，即物资的采购费用、仓储费用等必须合理。

6. 市场动态。物资采购数量应根据市场价格的波动进行调整。

六、选择计算采购数量的方法

采购预测人员需根据采购物资的各种要素，选择计算采购数量的方法，具体如下表所示。

计算采购数量的方法

方法名称	特点说明
经济采购数量法	指存货总成本最低情况下所订的采购数量
固定数量法	1. 每次订购的数量相同 2. 根据过去的经验决定
固定期间法	1. 每次采购的期间是固定的 2. 每次采购的数量因剩余库存的不同而不同 3. 采购期间的长短由经验决定
需求计划法	采购数量＝生产需求量－现有库存量

七、通过订货方式确定采购数量

通过订货方式确定采购数量的方式主要有两种，具体如下表所示。

通过订货方式确定采购数量的方式

方式	详细说明
定期订货	1. 确定采购的周期，一般为1周或1个月 2. 预测下一周期的销售量 3. 计算采购数量，公式如下 　采购数量＝（订货周期＋调度周期）×消费预定量－现有库存量－已订货但还未到库的数量＋安全库存量
定量采购	1. 计算经济采购数量 2. 决定订货点，公式如下 　订货点＝（年生产数量/12）×调度周期＋安全库存量（以月为时间单位）

（续）

八、采购数量预测的汇报与应用

1. 经过计算确定采购数量预测结果后，采购人员编制"物资采购数量预测报告"并将其提交采购经理审核。

2. 经采购经理审核无误、采购总监批准后，采购计划人员依照预测结果编制物资采购计划。

编制人员		审核人员		审批人员	
编制时间		审核时间		审批时间	

六、MRP 采购计划编制方案

文书名称	MRP 采购计划编制方案	编 号	
		受控状态	

一、目的

为了控制工厂物料的库存水平，确定物料采购顺序及采购量，更有效地满足生产经营的要求，使生产运行的效率达到最高，特制定本方案。

二、适用范围

本方案适用于工厂主要物料的采购计划编制工作。

三、相关说明

1. MRP 即物资需求计划，是指根据工厂产品结构各层次需求物资的从属和数量关系，以物资需求单位为计划对象，以生产结束为时间基准进行物资需求量倒排的计划模式。

2. 本方案中的 MRP 采购计划是指基于 MRP 模式的物资采购计划。

四、职责

1. 采购总监负责 MRP 采购计划的审批与决策。

2. 采购部负责 MRP 采购计划的编制与执行。

3. 生产部、仓储部等相关部门负责提供 MRP 相关资料与信息。

五、MRP 采购计划编制原则

1. 相关性原则。MRP 采购是针对具有相关性需求物资的采购方法，不但需求本身之间相关，需求和资源也相关，需求的品种数量也相关，需求时间也相关。

2. 确定性原则。MRP 采购计划是根据生产进度计划、主产品结构文件、库存文件和各种零部件的生产时间或订货进货时间精确计算出来的，其需要的时间、数量都是确切规定好了的，且不可改变。

3. 精确性原则。MRP 采购计划应有充分的根据，从主产品到零部件、从需求数量到需求时间、从产出先后到装配关系都应进行明确规定，无一遗漏或偏差。

4. 执行性原则。对于制订完成的 MRP 采购计划，应不折不扣地加以执行，只有这样才能保证生产计划的如期实现。

（续）

5. 效率原则。MRP 采购计划计算量大且复杂，应借助计算机进行编制，以提高采购计划编制工作的效率。

六、MRP 采购计划实施条件

1. 实施 MRP 系统。运用 MRP 系统进行复杂的物料相关性需求分析，从而生成采购计划。

2. 具有良好的供应商关系。MRP 采购计划对采购时间要求严格，一旦采购时间出现误差，则 MRP 采购计划的准确性就无法保障。

3. 相关数据更新及时。采购的物料到达后，应及时更新相关数据库，作为下次 MRP 采购计划生成的基础，保证输出数据的正确性。

七、MRP 采购计划生成

（一）MRP 输入

1. 主生产进度计划，即工厂主产品的产出时间进度表。

2. 主产品结构文件。文件内容应包括采购物料清单、主产品结构层次及各层次零部件的品种、数量和装配关系。

3. 库存文件及库存状态文件。文件主要提供并记录了以下参数。

（1）主产品及其零部件的总需求量。

（2）计划在规定时间到达的货物数量。

（3）每周库存物资数量。

（二）MRP 输出

1. 净需求量的计算公式如下。

本周净需求量 = 本周总需求量 − 本周计划到货量 − 本周周初库存量

　　　　　　 = 本周总需求量 − 本周计划到货量 − 上周周末库存量

2. 计划接受订货即计划从外界接受订货的数量和时间，按照净需求量确认计划接受订货量，即

计划接受订货量 = 净需求量。

3. 计划发出订货是指发出采购订货单进行采购或发出生产任务单进行生产的数量和时间。

（1）计划发出订货量 = 计划接受订货量 = 净需求量。

（2）计划发出订货时间 = 计划接受订货时间 − 采购提前期 = 净需要量时间 − 采购提前期。

编制人员		审核人员		审批人员	
编制时间		审核时间		审批时间	

第三节　采购预算编制

一、采购预算编制要点

（一）建立预算决策机构

工厂首先应当设立采购预算管理委员会，将其作为专门履行全面预算管理职责的决策机构，其成员应当包括采购部负责预算编制的采购主管和其他相关人员，以及财务部负责协助预算编制的总会计师或分管会计工作的负责人。

采购预算管理委员会的主要职责如图2-8所示。

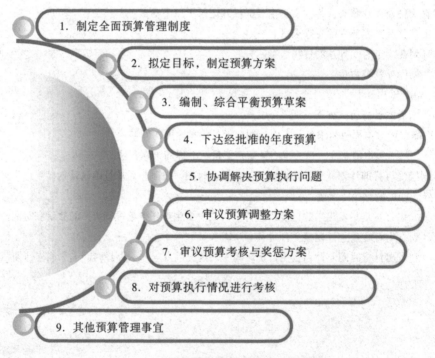

1. 制定全面预算管理制度
2. 拟定目标，制定预算方案
3. 编制、综合平衡预算草案
4. 下达经批准的年度预算
5. 协调解决预算执行问题
6. 审议预算调整方案
7. 审议预算考核与奖惩方案
8. 对预算执行情况进行考核
9. 其他预算管理事宜

图2-8　采购预算管理委员会的主要职责

（二）收集相关信息

采购预算管理委员会根据采购计划提供的采购物资详情，收集并整理如图2-9所示的相关信息资料，为采购预算的编制工作提供基础依据。

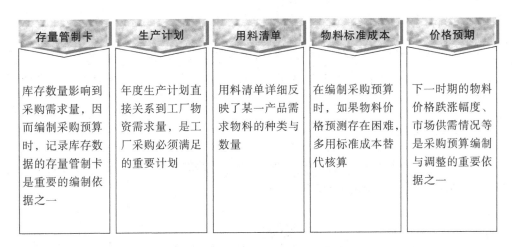

图 2-9　采购预算编制依据

（三）编制预算草案

采购预算管理委员会根据采集的数据信息，选择适当的预算编制方法（见图 2-10）初步编制采购预算草案，并在财务部相关人员的协助下，对预算草案进行试算平衡工作。试算无误后，将预算草案提交采购经理审核。

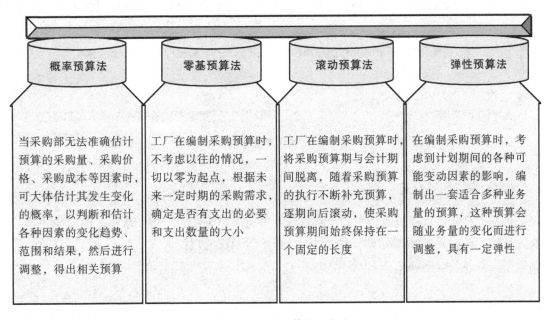

图 2-10　采购预算编制方法

（四）进行试算平衡

采购经理详细分析预算草案，并将审核结果与意见反馈给采购预算管理委员会。采购预算管理委员会依此对预算草案进行修正，编制正式采购预算，并逐级上交采购经理审核、采购总监审批。

（五）采购预算审批

采购总监、采购经理对正式采购预算进行审核，并将审核结果反馈给采购预算管理委员会。采购预算审批工作应满足的要求如图 2-11 所示。

1. 确保采购预算的真实性，采购项目的具体内容要有真实性，防止采购资金被任意截留与挪用
2. 确保采购预算的合法性，如是否合理安排采购项目、采购品种和价格是否合理合法
3. 确保采购预算的完整性，防止采购预算漏报和因项目模糊不清而产生各种舞弊行为
4. 确保采购预算各项费用的关联性，避免出现采购预算被拆分或整合的现象

图 2-11　采购预算审批要求

（六）采购预算分解

采购预算经审批通过后，采购预算管理委员会应当将预算分解、落实，明确相关部门及人员的责任，并监督其在实际采购作业过程中对预算的把控情况，以确保达到预期的控制效果。具体的措施如图 2-12 所示。

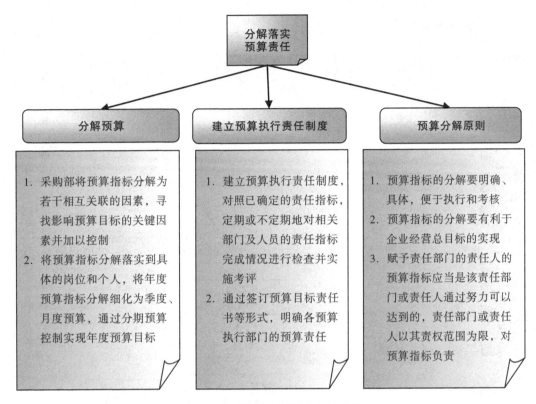

图2-12 分解落实预算责任的措施

（七）采购预算变更

1. 如发生特殊情况，需要对采购预算进行调整时，由事发部门提交采购预算变更申请表，采购预算管理委员会分析变更原因、编制采购预算变更计划表，并按变更幅度大小提交采购总监或采购经理进行核准和审批。

2. 财务部对审批通过的采购预算变更计划表进行详细解读、分析，对采购预算变更的资金额度进行核准，对需要增加的资金预先筹措，对多余的资金合理安排，并将调整后的预算明细反馈给采购预算管理委员会。

3. 采购预算管理委员会根据上级的审批意见和财务部的反馈信息修改采购预算，经财务部相关人员试算平衡后，提交采购总监或采购经理审批。

4. 采购总监或采购经理审批通过后，将新的采购预算反馈给采购部和财务部，并监督新预算在实际采购过程中的执行和控制情况。

工厂在进行预算变更时，所遵循的程序与预算编制程序基本相同，相关部门应加强管控措施，防止出现预算频繁变更的现象。

二、采购预算编制流程

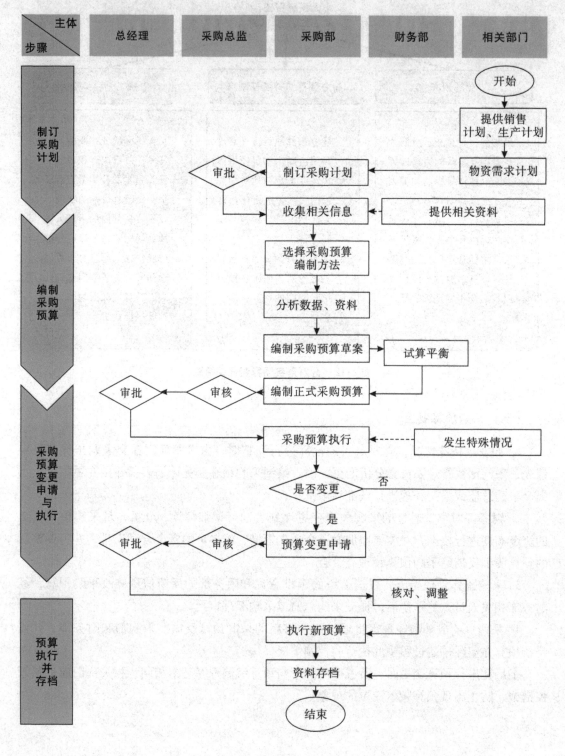

主体 步骤	总经理	采购总监	采购部	财务部	相关部门
制订采购计划	审批		制订采购计划		开始 → 提供销售计划、生产计划 → 物资需求计划
编制采购预算			收集相关信息 ← 选择采购预算编制方法 → 分析数据、资料 → 编制采购预算草案 → 试算平衡		提供相关资料
采购预算变更申请与执行	审批	审核	编制正式采购预算 → 采购预算执行 → 是否变更 → 预算变更申请		发生特殊情况
预算执行并存档			核对、调整 → 执行新预算 → 资料存档 → 结束		

三、采购预算编制标准

制度名称	采购预算编制标准		受控状态	
			编　号	
执行部门		监督部门	编修部门	

第1章　总则

第1条　目的

为了规范采购预算的编制工作，提高资金使用效率，确保采购工作顺利进行，特制定本标准。

第2条　适用范围

本标准适用于工厂采购预算的编制工作。

第3条　职责

1. 采购部负责根据采购计划编制采购预算，并严格执行。

2. 财务部协助采购部制定采购预算，整合本厂整体预算，监督采购预算的执行。

3. 工厂总经理负责审批采购预算。

第2章　采购预算的编制

第4条　编制采购预算的目标

1. 采购部根据采购预算进行采购，控制采购费用支出。

2. 方便财务部门筹措和安排采购所需的资金，保证资金支付的准确性与及时性。

第5条　影响采购预算编制的因素

1. 采购环境。

2. 产品销售计划、生产计划。

3. 物资使用清单。

4. 存量管制卡。

5. 物料标准成本的设定。

第6条　采购预算的编制依据

1. 生产经营所需的物资数量。

2. 预计的物资在期末的库存量。

3. 本期计划末结转库存量。结转库存量由仓储部和采购部根据各种物资的安全库存量和采购提前期予以确认。

4. 物资计划价格。物资计划价格由采购部门根据物资的当前价格，结合可能影响物资价格变化的因素予以确定。

第7条　采购预算编制方法

采购部需根据物资采购的具体内容，选择合适的采购预算方法，具体包括固定预算、弹性预算、滚动预算、增量预算、零基预算、定期预算等。

第8条　采购预算编制的注意事项

在编制采购预算时，采购部必须对预算留有适当的余量，以应对可能出现的紧急采购状况。

（续）

第3章　采购预算审批与执行管理

第9条　采购预算的审批

1. 采购部应采用目标数据与历史数据相结合的方法确定预算数，据此编制采购预算草案并将其递交财务部进行审核。

2. 采购部与财务部进行协商，在充分考虑本厂的现实状况、市场状况和本厂整体预算的基础上，对采购预算草案进行综合平衡。

3. 预算草案经采购部审核后，采购部根据平衡过的采购计划草案编制正式的采购预算，并报主管副总与总经理进行审批。

第10条　预算外采购审批

预算外的采购行为必须经采购经理、主管副总、总经理逐级审批后方可执行，否则必须按采购预算相关内容进行采购。

第11条　采购预算的执行

1. 经核定的分期采购预算，在当期未动用者，不得保留；确有需要者，下期补办相关手续。

2. 未列入预算的紧急采购，由使用部门领用后，补办追加相关的预算。

3. 采购预算除由使用部门严格执行外，采购部、仓储部应予以配合和控制。

第4章　采购预算的调整

第12条　遇有下列情况之一者，采购预算需要进行调整。

1. 工厂经营方向发生变更。

2. 重大自然灾害的影响。

3. 工厂内部重大政策调整。

4. 外界发生重大事件，如政治经济事件、宏观政策的调整等。

5. 市场经济形势发生重大变化，导致工厂经营目标发生重大调整。

第13条　采购预算的调整审批程序同编制审批程序保持一致，不得进行更改。

第5章　附则

第14条　本标准由采购部负责制定与解释。

第15条　本标准自公布之日起执行。

修订记录	修订标记	修订处数	修订日期	修订执行人	审批签字

四、采购预算变更控制办法

制度名称	采购预算变更控制办法		受控状态	
			编　号	
执行部门		监督部门	编修部门	

第1条　目的

为了更好地贯彻、执行工厂采购预算，规范采购预算变更工作，特制定本办法。

第2条　适用范围

本办法适用于工厂采购预算的变更工作，具体包括采购预算变更的申请、审批、执行等事项。

第3条　职责划分

1. 采购主管负责接受各部门提交的"采购预算变更申请表"，并编制和修改"采购预算变更计划表"。

2. 财务部负责协助采购主管核准采购预算变更计划的可执行性。

3. 采购经理负责审批采购预算变更计划表，并给出修改意见，指导采购主管对其进行修改和调整。

第4条　采购预算变更条件

1. 当出现以下五种情况时，相关部门人员可提出变更采购预算的要求。

（1）物资使用部门出现临时订单。

（2）因不可预测事件而导致设备损坏。

（3）因生产、经营需要而增加的临时需求。

（4）月度需求预算已执行完毕，又接到预警单。

（5）出现其他影响采购的突发情况。

2. 请购人员提交"采购预算变更申请表"时，应注意填写以下事项。

（1）请购部门名称、部门联系人电话、请购日期及原请购单编号。

（2）请购物资名称、规格和变更数量。

（3）物资变更原因。

（4）部门经理签字、盖章。

第5条　分析采购预算变更原因

采购主管根据相关部门提交的"采购预算变更申请表"，分析采购预算变更原因。只有满足以下四项条件，采购预算变更才能得到批准。

1. 采购预算变更有利于保障工厂采购战略计划和采购作业计划的执行，确保工厂组织目标的一致性。

2. 采购预算变更有利于协调工厂各部门之间的合作经营。

（续）

3. 采购预算变更更有利于工厂各部门之间合理安排有限资源，保证资源分配的效率性。

4. 采购预算变更能够有效地对工厂物流成本进行控制、监督。

第6条　编制"采购预算变更计划表"

采购主管根据变更原因的分析结果，在整体掌控采购预算的前提下，编制"采购预算变更计划表"。

第7条　采购预算变更审批权限

采购主管将"采购预算变更计划表"上报采购总监或采购经理审批。

1. ＿＿＿元以下的采购预算变更，由采购经理负责审批。

2. ＿＿＿元以上的采购预算变更，由采购总监负责审批。

第8条　采购预算的变更

采购主管依据上级的审批意见修改采购预算。

第9条　执行变更后的采购预算

1. 采购人员应根据变更后的预算开展采购工作。

2. 采购主管应及时登记采购预算变更情况，为以后的相关工作提供依据。

第10条　采购部负责本办法的制定、解释及修订工作。

第11条　本办法自公布之日起执行。

修订记录	修订标记	修订处数	修订日期	修订执行人	审批签字

第四节　采购计划执行

一、采购计划执行要点

（一）选择采购方式

采购部根据采购物资的实际情况、采购计划的作业要求等，选择最为合适的采购方式，保证采购工作的顺利进行。常用采购方式如图 2-13 所示。

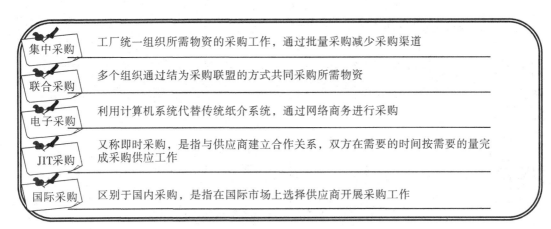

图2-13 五种常用的采购方式

（二）计划具体执行

采购人员依照采购计划的要求，根据采购物资的性质和种类，及时联络供应商开展评选、谈判议价等程序，向签订合同的供应商发送订单，通过订单跟催、交期预警等多种方式，督促其保质、保量、按时完成供应。

此外，采购计划的执行一定要符合采购预算的控制前提。

（三）评价与改进

采购计划完成后，采购部对当期的采购计划执行工作进行分析和总结，并作出评价，针对不足之处制定相应的改进方案，经采购总监、采购经理审批通过后，执行改进工作，改善下一时期的采购工作。

二、采购计划执行流程

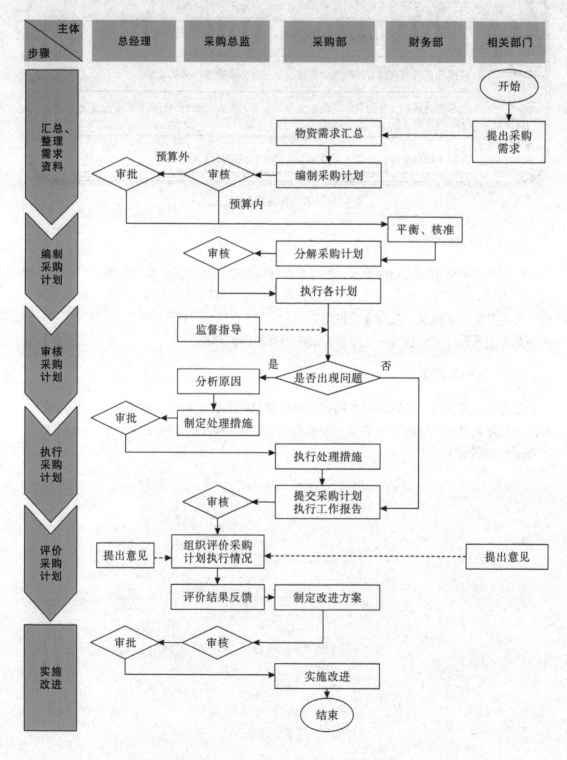

三、采购计划执行控制方案

文书名称	采购计划执行控制方案	编　号	
		受控状态	

一、目的

为了规范采购计划的执行作业，提高采购管理水平，有效降低采购成本，满足生产经营需求，结合本厂实际情况，特制定本方案。

二、适用范围

本方案适用于采购计划的执行与控制工作。

三、职责

1. 采购部负责编制采购计划、选择采购方式并组织实施采购工作。

2. 财务部负责对预算外采购计划进行审核。

3. 各相关部门配合采购部执行采购计划，并提供所需资料。

四、采购计划的制订

1. 采购计划专员每月1日根据各需求部门递交的年度采购计划调整申请和月材料、备件、固定资产需求计划，以及仓储部门递交的收发存报表、物料需求计划和年度采购计划等，结合采购预测结果、月底物资库存量、安全库存量和采购提前期等编制月度采购计划。

2. 采购计划专员根据历史交易价格和供应商信息库，在"月度采购计划表"上填制价格信息和预计到货日后提交正式的月度采购计划。

五、采购计划的审批

1. 采购计划经采购经理审核确认后，提交采购总监审批。

2. 对于预算内的计划，经采购总监批准后，交财务部进行审核并划拨相应款项，由采购部实施采购。

3. 对于超出预算的采购计划，采购总监应将其提交总经理审批后，送财务部进行核准并实施。

六、采购计划的增补

（一）采购计划增补条件

1. 当出现以下情况之一时，相关部门人员可提出增补需求。

（1）相关部门出现临时订单。

（2）不可预期的设备损坏。

（3）生产、经营临时需求。

（4）月需求计划已执行完毕又接到预警单。

（5）其他突发情况。

2. 请购人应提交"增补需求计划审批表"，其格式如下表所示。

（续）

增补需求计划审批表					
申请部门信息					
请购部门		请购日期		原请购单编号	
品名		规格		增补量	
增补原因					
联系电话			部门经理（签字）		
审批意见					
采购部意见	采购计划专员				＿＿＿年＿月＿日
	采购经理				（盖章）＿＿＿年＿月＿日
财务部核准意见	经办人				＿＿＿年＿月＿日
	负责人				（盖章）＿＿＿年＿月＿日
采购总监					（盖章）＿＿＿年＿月＿日
总经理					（盖章）＿＿＿年＿月＿日
备注	1. 随附资料：原采购请购书复印件、已采购合同复印件 2. 本表一式四份，请购部门、采购部、财务部、仓储部各一份				

（二）采购计划增补申请与审批

1. 需求部门相关人员根据需要编制"增补需求计划申请表"。

2. 需求部门经理根据实际需要审批本部门的"增补需求计划申请表"。

3. 部门经理审批同意后，申请部门应准备必要的说明和支持文件。

4. 申请部门将"增补需求计划申请表"及必要的说明和支持文件提交给采购部计划人员，由采购计划人员制定增补计划方案，并提交采购总监进行审核。

（续）

5. 采购总监审核确认后，交总经理、财务部经理进行审批，经批准后采购增补计划正式生效。

七、采购方式的选择

采购部应根据采购物资的使用状况、需求数量、采购频率、价格稳定性等选择最佳采购方式。主要采购方式及其适用条件如下表所示。

采购方式说明表

采购方式	具体说明	适用条件
谈判采购	通过谈判就采购物资的质量、数量、价格水平、运输条件、结算方式等项目达成一致，并确定采购合同形式	适用于生产过程中不可或缺的或经常使用的、价格稳定的物资
询价采购	向不少于三家的供应商发出询价单，从中选择供应商	适用于小金额的标准物资的采购
招标采购	以公开招标的方式选择供应商，并与其签订采购合同	适用于金额较大的成套设备或工程的采购
直接采购	直接向指定供应商发送订单，进行采购	适用于配套续购或具有特殊要求的关键部件采购

八、采购计划执行要求

1. 采购对象要求：采购必须对供应商的产品质量、性能、报价、交货期限、售后服务等作出评价，以供选择时参考。

2. 价格质量要求：以合理的价格购取较高质量的商品。

3. 采购期限要求：按照使用部门的需要日期及需要数量，联络供应商及时供应。

九、采购计划执行评价与改进

采购计划执行结束后，采购总监负责组织相关人员对采购计划的执行情况进行评价与改进，具体操作标准如下。

1. 采购经理对采购计划执行工作进行总结，并将工作总结提交采购总监审核。

2. 采购总监通过对采购计划工作总结的分析、研究，结合对采购过程的监督和检查情况，并参考总经理和其他相关部门的意见，对采购计划的执行情况作出评价。

3. 采购部根据采购总监反馈的评价结果制定相应的采购执行改进方案并将其递交采购总监、总经理进行审批，经批准后实施改进。

编制人员		审核人员		审批人员	
编制时间		审核时间		审批时间	

供应商管理

第三章

第一节　供应商开发选择

一、供应商开发要点

（一）市场调查

工厂在开展供应商开发工作前，应对供应商市场进行调查，以明确了解如图 3-1 所示的基本内容。

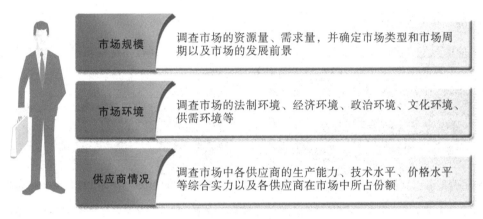

市场规模	调查市场的资源量、需求量，并确定市场类型和市场周期以及市场的发展前景
市场环境	调查市场的法制环境、经济环境、政治环境、文化环境、供需环境等
供应商情况	调查市场中各供应商的生产能力、技术水平、价格水平等综合实力以及各供应商在市场中所占份额

图 3-1　供应商市场调查的基本内容

（二）编制开发计划

1. 采购总监根据物资需求情况和年度采购计划的要求，以及通过市场调查所获得的初步资料，确定本时期的供应商开发目标。

2. 采购经理指导供应商主管按照开发目标明确供应商筛选标准，制订供应商开发计划。开发计划经采购经理审核、采购总监审批通过后，将作为供应商开发工作的指导文件。

（三）收集供应商资料

供应商开发人员根据开发要求，通过各种渠道收集符合要求的供应商的基本信息，并向有合作意向的供应商发送"供应商调查表"，以收集供应商的具体资料。

"供应商调查表"主要包括基本信息、财务信息、采用的材料零件信息、质量验收与管理办法、采购合同信息、付款方式要求等内容，工厂在设计"供应商调查表"时应当注意如图 3-2 所示的五项要求。

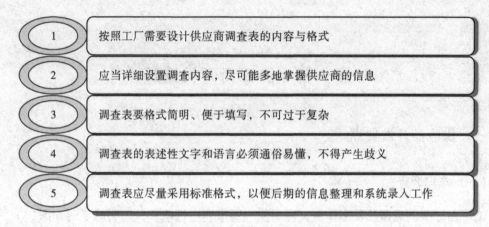

图 3-2 "供应商调查表"设计要求

（四）供应商调查

供应商开发人员对反馈回来的供应商资料进行初步筛选，并在质量管理部、工艺技术部等部门相关人员的协助下，对供应商进行如图 3-3 所示的初步调查，全面了解供应商的综合能力。

现场考察	样品测试
组织相关人员对供应商进行实地考察，了解供应商的实际生产状况	通知供应商提供产品样品，并组织相关人员对样品进行质量分析

通过以上两项初步调查，结合收集到的供应商资料，全面、综合考察供应商的经营管理、设备管理、人力资源开发、质量控制、成本控制、用户满意度和交货协议等各方面的实力，并对供应商作出具体、客观的评价

图 3-3 供应商初步调查的内容

（五）筛选合格供应商

供应商主管根据调查结果和"供应商调查表"的信息资料，进行全面比较、分析，对照供应商开发计划中的合格标准，客观、公正地筛选出合格供应商，并将筛选结果提交采购经理审核、采购总监审批。

（六）编写开发报告

供应商主管依据资料收集和初步调查的结果充实供应商信息后，将审批通过的合格供应商名单进行归档整理，并更新原有的"合格供应商列表"，编写供应商开发报告，对新供应商开发情况进行总结，并分别针对优秀供应商、普通供应商、特殊供应商制定采购策略，经采购总监、采购经理审批通过后，作为后续供应商管理工作的依据。

二、供应商开发流程

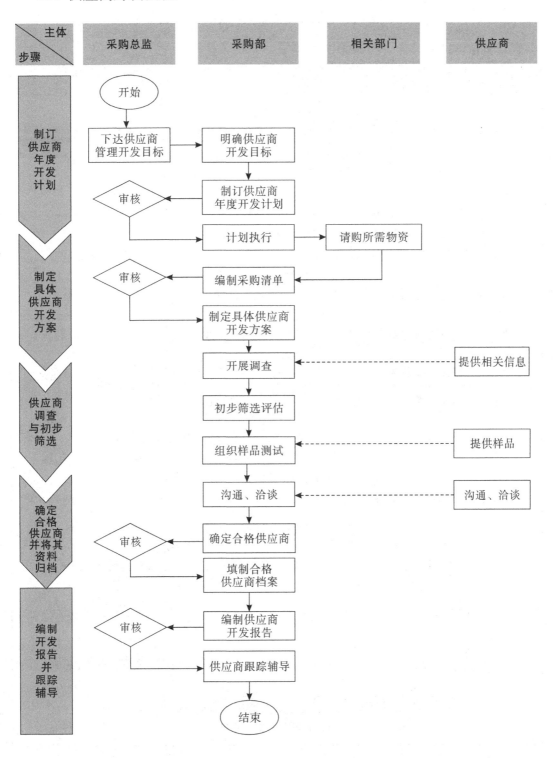

三、供应商开发规范

制度名称	供应商开发规范		受控状态	
			编　　号	
执行部门		监督部门		编修部门

第1章　总则

第1条　为规范供应商开发流程，使之有章可循，提高供应商的质量，结合工厂的实际情况，特制定本规范。

第2条　本工厂新供应商的开发工作，除另有规定外，悉依本规范执行。

第3条　各部门的权责具体如下。

1. 采购部是供应商开发的归口管理部门，负责供应商开发、评估等各项工作。

2. 工艺技术部、质量管理部负责供应商样品的测试与评估工作。

3. 采购部、质量管理部、工艺技术部、生产部等组成供应商调查小组，负责供应商的调查评核工作。

第2章　供应商资料搜集

第4条　工厂采集新供应商信息时一般有下图所示的八种途径。

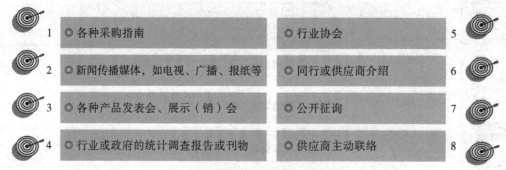

1	◎ 各种采购指南	◎ 行业协会	5
2	◎ 新闻传播媒体，如电视、广播、报纸等	◎ 同行或供应商介绍	6
3	◎ 各种产品发表会、展示（销）会	◎ 公开征询	7
4	◎ 行业或政府的统计调查报告或刊物	◎ 供应商主动联络	8

供应商信息采集途径示意图

第5条　工厂通过采集与分析供应商信息对供应商进行调查，主要调查内容包括如下图所示的九个方面。

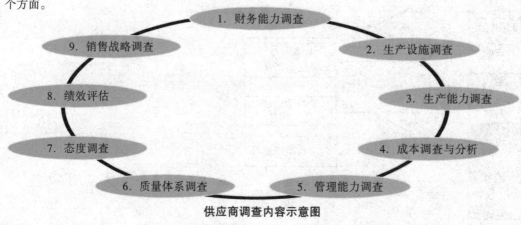

1. 财务能力调查
2. 生产设施调查
3. 生产能力调查
4. 成本调查与分析
5. 管理能力调查
6. 质量体系调查
7. 态度调查
8. 绩效评估
9. 销售战略调查

供应商调查内容示意图

（续）

第6条　采购专员向供应商发出"供应商调查表"，由供应商填写后收回并进行分析，"供应商调查表"的格式如下表所示。

供应商调查表

公司名称	中文			
	英文			
电话		传真		
E-mail		网址		
公司地址				
工厂地址				
营业执照号码		注册资金		
年营业额		法人代表		
业务负责人		联系电话		
厂房面积		员工人数		
管理人员		技术人员		
先进管理方法				
材料来源		品管状况		
主要产品		主要客户		
备注				

第3章　供应商筛选评估

第7条　采购部在收到供应商提供的资料后，对其进行筛选、评估，初步筛选时应考虑的内容如下。

1. 供应商是否生产工厂所需采购的物资。

2. 供应商的质量水平是否满足工厂对采购物资的质量要求。

3. 供应商的生产能力、供货水平是符合工厂的要求。

（续）

4. 供应商的规模、财务能力等。

5. 供应商的销售策略、企业文化等。

第8条 采购部开始与初步筛选后的供应商进行接洽，详细了解供应商的实际情况，如质量、服务、交货期、价格等方面的信息。

第9条 根据所采购物资对产品质量的影响程度，工厂将采购的物资分为关键、重要、普通物资三个级别，不同级别物资实行不同的控制等级。

第10条 采购部组织建立供应商评审小组，对初步筛选后的供应商进行评审。小组成员包括质量管理部、工艺技术部、生产部等相关部门人员。

第11条 对于提供关键与重要材料的供应商，在采购部与供应商协商沟通后，供应商评审小组到供应商生产工厂进行实地考察，判断其是否符合工厂的采购需求，并由采购部填写"供应商现场评审表"，质量管理部、设计部签署意见。供应商现场评审的合格分数需达70分及以上。

第12条 对于提供普通物资的供应商，无需进行实地考察。

第13条 采购部负责与现场实地评审合格的关键、重要材料的供应商和普通物资供应商签订"供应商质量保证协议"，该协议一式两份，双方各执一份，作为供应商提供合格物资的一种契约。

第14条 必要时，工厂需向供应商提出样品需求，由采购部采购人员通知供应商送交样品，质量管理部相关人员需对样品提出详细的技术质量要求，如品名、规格、包装方式等。

第15条 样品应为供应商正常生产情况下的代表性产品，数量应多于两件。

第16条 样品的质检规定如下。

1. 样品在送达工厂后，工艺技术部、质量管理部对样品的材质、性能、尺寸、外观质量等方面进行检验，并填写"样品检验确认表"。

2. 经确认合格的样品，检验人员需在样品上贴"样件"标签，并注明合格，标识检验状态。

3. 合格的样品至少为两件，一件返还供应商，作为供应商进行生产的依据，一件留在质量管理部，作为今后检验的依据。

第4章 合格供应商管理

第17条 在填制完"供应商基本资料表"、"供应商现场评审表"、"供应商质量保证协议"和"样件检验确认表"四份资料后，采购部将供应商列入"合格供应商名单"，交工厂总经理批准。

第18条 采购一种材料时需寻找两家或两家以上的合格供应商，以供采购时选择。

第19条 对于唯一供应商或独占市场的供应商，可直接将其列入"合格供应商名单"。

第20条 工厂接单生产时，如果客户指定供应商，采购部采购人员需按客户提供的供应商名单进行采购，如需从非客户提供的供应商处采购时，必须事先得到客户的书面批准。

（续）

第21条　"合格供应商名单"在每次的供应商考核结果得出后进行修订，删除不合格供应商，修订后的"合格供应商名单"由总经理批准生效。

第22条　合格供应商的标准如下。

1. 供应商应有合法的经营许可证，并有必要的资金能力。

2. 优先选择按国家（国际）标准建立质量体系并已通过认证的供应商。

3. 对于关键物资，供应商的生产能力与质量保证体系应满足下列五个方面的要求。

（1）进料检验严格。

（2）生产过程质量保证体系完善。

（3）出厂检验符合我厂要求。

（4）生产配套设施、生产环境、生产设备完好。

（5）考察供应商的历史业绩及主要客户，其产品质量应长期稳定、合格、信誉较高，主要客户最好是知名的大型企业。

4. 具有足够的生产能力，能满足连续供应的需求及进一步扩大产量的需要。

5. 能有效处理紧急订单。

6. 有令人满意的售后服务措施。

7. 同等价格择其优，同等质量择其廉，同价同质择其近。

8. 样品通过试用且合格。

第5章　附则

第23条　本规范由采购部制定，解释权、修改权归采购部所有。

第24条　本规范经总经理审批通过后，自发布之日起执行。

修订记录	修订标记	修订处数	修订日期	修订执行人	审批签字

四、供应商调查方案

文书名称	供应商调查方案	编　号	
		受控状态	

一、目的

为了解供应商的生产能力、质量管理水平等，确认其是否符合工厂成本、交期、质量等方面的要求，特制定本方案。

（续）

二、适用范围

本方案适用于工厂对拟开发的供应商进行调查的相关工作事项。

三、管理职责

采购部负责供应商调查的各相关事项，包括供应商调查表的编制、发放和收集以及供应商评估等工作。

四、供应商调查方式选择

（一）各类信息收集渠道

供应商调查渠道包括新闻传播媒体、刊物、发表会、展销会、行业协会、同行或供应商介绍、供应商主动联络等。

（二）供应商直接接洽方式

1. 电子邮件、QQ、MSN等网络沟通方式。

2. 电话沟通方式。

3. 面谈方式。

4. 实地（现场）考察方式。

五、供应商初步调查与评估

采购部编制"供应商调查表"并发送给有合作意向的供应商，对供应商的财务、质量、价格、交期等方面的能力进行审核，初步筛选供应商。

（一）编制人员

"供应商调查表"由采购部负责编制，由质量管理部、工艺技术部等部门提出相关意见。

（二）编制原则

1. 依本工厂需要设计内容及格式。

2. 内容充分反映供应商的信息。

3. 易于填写、通俗易懂、便于整理。

（三）"供应商调查表"内容

1. 材料零件确认。

2. 质量验收与管制。

3. 价格与付款方式。

4. 售后服务。

5. 建议事项。

（四）"供应商调查表"范例

下表是"供应商调查表"的范例。

（续）

供应商调查表

供应商基本信息	公司名称				厂址		
	成立日期			占地面积		企业性质	
	负责人				联系人		
	电话			传真		E-mail	
	公司网址						
生产技术设备信息	主要产品及用途						
	检测仪器校对情况						
	主要生产线						
	正常生产能力	___/月			最大生产能力		___/月
	正常交货周期						
	最短交货期及说明						
产品信息	主要产品及原材料						
	产品介绍						
	产品遵守标准	□国际标准　　□国家标准　　□行业标准　　□企业标准					
	产品认证情况						
	产品销售区域						
人员信息	公司总体职工数				管理人员		
	技术人员数				质量管理部人数		
财务信息	固定资产净值				营运资金		
	资产负债率				短期负债		
	银行信用等级						
调查时间	___年__月__日				调查人		
部门主管签字							

六、实地现场调查

采购部组织质量管理部、工艺技术部等部门到供应商工厂现场进行调查，根据调查结果，编制并会签"供应商现场评审报告"。"供应商现场评审报告"包括但不限于下列 10 项内容。

1. 供应商基本资料、业务和产品资料、供应商组织架构。

2. 商务情况，如营业执照、税务登记证、财务报表等。

3. 技术情况，包括主要产品技术标准、可靠性保证、工艺技术路线、技术人员、技术专利等。

（续）

4. 质量方针及质量体系情况。

5. 环境管理体系、安全管理、保密及安全情况。

6. 合同评审管理情况。

7. 物流与服务。

8. 新产品研发与设计。

9. 原材料控制、产品工艺控制、设施设备控制、产品控制。

10. 社会责任与职业健康。

七、样品评估

采购部组织质量管理部、工艺技术部、生产部等对供应商提供的产品进行测试评估，填制"样品检测评估表"，其格式如下表所示。

样品检测评估表

供应商名称			联系人	
送样品名			联系电话	
样品规格			E-mail	
样品基本检测	外观			
	尺寸			
初步功能评判结果				
	质量管理部经理		检测员	日期
样品试生产结果				
	生产部经理		试验员	日期
判定结果				
	质量管理部经理		经办人	日期
采购部意见				
	采购经理		经办人	日期

八、综合评估

采购部编制"供应商综合评估表"，对供应商进行综合评审，将评审结果在70分及以上的供应商列为合格供应商。

（续）

<table>
<tr><th colspan="6">供应商综合评估表</th></tr>
<tr><td>供应商编号</td><td></td><td colspan="2">供应商名称</td><td colspan="2"></td></tr>
<tr><td>调查时间</td><td></td><td colspan="2">已接受调查次数</td><td colspan="2"></td></tr>
<tr><td colspan="2">调查评核项目</td><td>得分</td><td>评分说明</td><td>调查评核者</td><td>备注</td></tr>
<tr><td rowspan="5">价格
评核</td><td>1. 物资价格（5分）</td><td></td><td></td><td></td><td></td></tr>
<tr><td>2. 加工费用（5分）</td><td></td><td></td><td></td><td></td></tr>
<tr><td>3. 估价方法（5分）</td><td></td><td></td><td></td><td></td></tr>
<tr><td>4. 付款方式（5分）</td><td></td><td></td><td></td><td></td></tr>
<tr><td>5. 配套服务（5分）</td><td></td><td></td><td></td><td></td></tr>
<tr><td rowspan="5">技术
评核</td><td>1. 技术水准（5分）</td><td></td><td></td><td></td><td></td></tr>
<tr><td>2. 资料管理（5分）</td><td></td><td></td><td></td><td></td></tr>
<tr><td>3. 设备状况（5分）</td><td></td><td></td><td></td><td></td></tr>
<tr><td>4. 工艺流程（5分）</td><td></td><td></td><td></td><td></td></tr>
<tr><td>5. 作业标准（5分）</td><td></td><td></td><td></td><td></td></tr>
<tr><td rowspan="5">质量
评核</td><td>1. 质量管理体系（5分）</td><td></td><td></td><td></td><td></td></tr>
<tr><td>2. 品质规范标准（5分）</td><td></td><td></td><td></td><td></td></tr>
<tr><td>3. 样品检验（5分）</td><td></td><td></td><td></td><td></td></tr>
<tr><td>4. 原材料采购标准（5分）</td><td></td><td></td><td></td><td></td></tr>
<tr><td>5. 纠正/预防措施（5分）</td><td></td><td></td><td></td><td></td></tr>
<tr><td rowspan="5">生产
管理
评核</td><td>1. 生产计划能力（5分）</td><td></td><td></td><td></td><td></td></tr>
<tr><td>2. 交期控制能力（5分）</td><td></td><td></td><td></td><td></td></tr>
<tr><td>3. 进度控制能力（5分）</td><td></td><td></td><td></td><td></td></tr>
<tr><td>4. 异常排除能力（5分）</td><td></td><td></td><td></td><td></td></tr>
<tr><td>5. 环境与安全（5分）</td><td></td><td></td><td></td><td></td></tr>
<tr><td colspan="2">合计</td><td></td><td colspan="3"></td></tr>
</table>

注：未经调查评估的供应商，除总经理特准外，不得列为本工厂的合格供应商。

九、供应商复评

1. 经调查确认为合格的供应商，原则上每年需复评一次。

（续）

| 2. 复评流程类同首次调查评核流程。
3. 复查不合格的供应商，除经总经理特准外，不可列入次年的"合格供应商列表"。
4. 若供应商的交期、质量、价格或服务产生重大变异时，工厂可于本年度随时对供应商作必要的
复评。 |

编制人员		审核人员		审批人员	
编制时间		审核时间		审批时间	

第二节 供应商评选

一、供应商评选要点

（一）拟定候选名单

供应商主管通过分析更新后的"合格供应商列表"，根据采购物资性质，综合对比供应商的各项能力和实力，从中选择出候选供应商名单并将其提交采购总监、采购经理审核。

（二）组建评审小组

采购部协同工艺技术部、质量管理部等相关部门的人员组建供应商评审小组，负责供应商的评选工作。评审小组成员应当来自各个业务部门且熟悉产品或服务质量标准及相关事项，能够对供应商作出客观、真实、正确的评价。

（三）样品试制评估

评审小组根据采购总监审批通过的候选供应商名单，通知候选供应商提供采购物资样品，并对样品进行现场试制评估。评审小组根据试制结果，结合更新后的候选供应商的信息资料进行综合对比，并给出相应评分。同时修正候选供应商名单，将不合格的供应商剔除。

（四）沟通谈判

采购部与修正后的候选供应商进行沟通谈判，通过对物资详情、采购价格、交货条件等多方面因素的协商，对候选供应商的让步幅度、供应要求等信息进行统计分析。

（五）评选合作供应商

评审小组应根据样品试制评估和沟通谈判的结果，以及供应商的基本资料信息，进行最终的筛选评估，确定合作供应商。经采购总监审批通过后，与其就具体采购事项进行沟通谈判，并签订正式采购合同，完成供应商评选工作。评选过程中一般会用到如下两种评选方法。

1. 雷达图分析法。雷达图是分析经营状况的重要工具，通常是由一个中心点引出若干等距离放射线及其之间的连线组成，其中每个放射线代表一个指标，线上的点代表该项指标的得分，具体如图3-4所示。通过雷达图，可以将供应商的各项实力及整体比例清晰地表现出来。

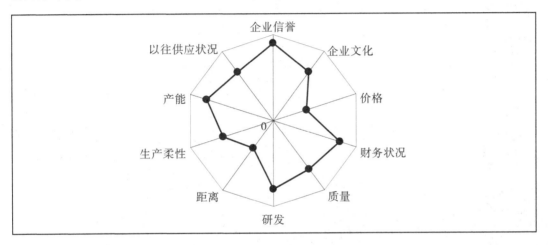

图3-4 雷达图分析法示意图

2. 指标评分法。指标评分法是指依据"供应商评分表"的评分项目对供应商的各项实力进行评分，分数最高者为最佳供应商。"供应商评分表"的格式如表3-1所示。

表3-1 供应商评分表

序号	项目	极差	差	较好	良好	优秀
		0分	1分	2分	3分	4分
1	产品质量					
2	技术服务能力					
3	交货速度					
4	对用户需求能否作出快速反应					
5	供应商的信誉					
6	产品价格					
7	延期付款期限					
8	产品说明书及使用手册的优劣					

二、供应商评选流程

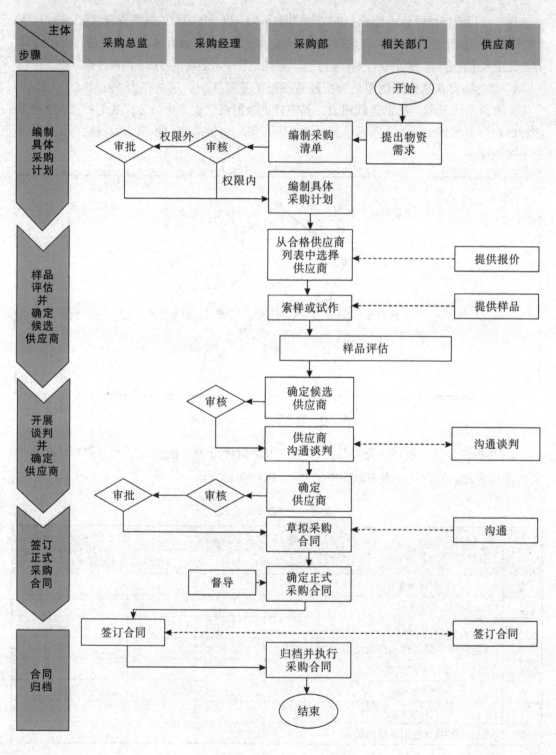

三、供应商评选办法

制度名称		供应商评选办法		受控状态	
				编　　号	
执行部门		监督部门		编修部门	

第1章　总则

第1条　制定本办法的目的有以下两点。

1. 通过评估筛选，寻求最佳供应商。

2. 降低采购成本，保证供应商提供的产品满足本工厂要求，确保本工厂产品的质量稳定并逐步提高。

第2条　本办法适用于工厂选择供应商、签订采购合同相关工作事项。

第3条　各部门的职责具体如下。

1. 采购总监负责对候选供应商进行审批，并组织人员与其签订采购合同等。

2. 采购部是供应商管理工作的归口管理部门，负责采购物资的计划和分类、供应商资料的收集和整理，以及供应商选择、供货价格谈判、采购合同签订等全过程的组织与管理工作。

3. 质量管理部、工艺技术部、生产部负责对供应商提供的样品进行试制、检测与评估等。

第2章　供应商初步调查

第4条　供应商信息收集与调查工作由采购部负责，其他相关部门予以配合。

第5条　供应商寻找途径包括以下五种。

1. 现有所有合格的供应商。

2. 网络全球电子采购。

3. 供应商主动接触。

4. 行业展览会。

5. 招聘熟悉业务、有实战经验的采购人员。

第6条　供应商调查的内容包括但不限于以下六个方面。

1. 材料供应状况。

2. 材料品质状况。

3. 专业技术能力。

4. 机器设备状况。

5. 管理水平。

6. 财务及信用状况。

第7条　采购部应组织相关人员定期调查合格供应商的动态及产品质量，以了解供应商的动态，同时依变动情况更新原有资料内容。

第3章　供应商深入调查

第8条　采购人员根据收集到的供应商各方面的资料，评估供应商的信誉、产品质量水平、供货价格等，对供应商进行初步筛选。

（续）

第9条 经初步调查评估后，采购部确定三家以上的候选供应商，对其进行深入调查。

第10条 候选供应商深入调查工作安排如下表所示。

供应商深入调查工作安排

序号	深入调查内容	具体操作	备注
1	送样检查	通知候选供应商送样，检查合格的进入第二阶段调查考核	样品应是供应商在正常生产条件下生产的
2	调查考核生产、质量、管理等方面内容	考核供应商的生产工艺、质量保障体系、管理水平、生产条件等是否合格	重要采购物资可进行现场考察
3	生产条件改进考察	愿意改进且限期内满足改进要求者为合格	重视供应商辅导工作

第11条 采购部负责组织采购样品的检验工作，配合质量管理部、生产部等进行样品检验。

第12条 采购部接到供应商样品及必要文件（如检验报告等）时，当日内转交质量检验人员进行检验。

第13条 质量检验人员接到供应商提供的样品后，检验负责人指派专员进行检验，在"样品检验评估报告"（见下表）中记录相关实测数据并得出结论，报质量管理部经理批示。

样品检验评估报告

编号：　　　　　　　　　　　　　　　　　　　　日期：___年__月__日

供应商		物资编号	
品名		规格	
待检物来源	□ 厂商送样	□ 取自第___批生产用料	
检验原因	□ 机械尺寸变更　□ 电气规格变更　□ 厂商更换　□ 材质变更 □ 制程变更　□ 新物资（第一次使用）　□ 其他		
判定	□ 合格通过　□ 有条件合格通过　□ 试产后再判定 □ 限时 ___年__月__日前，限量____ □ 规格不符，不予检验确认 □ 供应商已足，不予再考虑新供应商		
本次评估方式	□ 参数验证　□ 功能验证　□ 供应商测试报告评估		
序号	验证项目	规格描述	验证结果	备注
1				
2				
3				

（续）

备注	1. 该供应商第____次送来样品 2. 物资将使用于_____				
核准		审查		承办	

第 14 条　质量检验人员判定样品为不合格品时，将"样品检验评估报告"及不合格样品交采购部寄还供应商参考改进，并要求其重新送样或更换送样供货商。

第 15 条　凡同一供货商连续两次送样被判为不合格时，则取消该供货商的送样资格。

第 16 条　经检验样品合格的，采购部填制"样品合格通知书"并转交供应厂商，以此作为采购供应的依据。

第 17 条　供应商送交的样品、资料与工厂要求出现少许差异时，质量检验人员可以在检验合格书中修改或注明，作为"有条件检验通过"。

第 18 条　外观、颜色及某些结构在书面上很难明确注明者，采购部应留存样品，作为进料检验比对的标准，并作为工厂与供应商品质标准产生争议时的协调依据。

第 19 条　除紧急采购外，样品未经检验通过前，采购部不得向供应商下订单。

第 4 章　供应商谈判与合同签订

第 20 条　采购部与通过深入调查审核的供应商进行沟通谈判，进行比价议价，确定性价比最优的供应商。

第 21 条　采购谈判的内容包括但不限于下列五个项目。

1. 物资的种类与数量。

2. 物资的质量规格要求。

3. 物资的采购价格与优惠。

4. 物资的交货条件与物流。

5. 货款的支付条件。

第 22 条　采购人员与供应商就谈判内容达成一致意见后，采购人员草拟采购合同，报采购总监审批，由采购经理或采购总监组织签订正式的采购合同。

第 23 条　采购合同应包括但不限于以下九个方面的内容。

1. 合同名称及编号，双方的地址和联系方式。

2. 合同签订的时间和地点。

3. 物资全称、数量和规格型号。

4. 价格条款。

5. 运输方式、交货地点和履约期限。

6. 付款方式和期限。

7. 物资验收标准和方式。

8. 售后服务及其他优惠条款。

（续）

	9. 违约责任和解决争议的方法。				
	第5章　附则				
	第24条　本办法由采购部制定，解释权和修订权归采购部所有。				
	第25条　本办法报总经理审批后，自颁布之日起执行。				
修订记录	修订标记	修订处数	修订日期	修订执行人	审批签字

第三节　供应商考核评级

一、供应商考核评级要点

（一）考核准备工作

　　采购部首先应明确供应商考核的目的、原则、项目、频次和注意事项等，制定供应商考核评估规范，并提交采购总监、采购经理审核。供应商主管根据审批通过的供应商考核评估规范，详细设计考核指标和指标评分标准以及考核分级方法，制定具体的考核方案，提交采购经理审核、采购总监审批通过后，作为考核工作的指导文件。

　　供应商考核的准备工作应满足如图3-5所示的各项要求。

1. 确定合理的供应商考核指标以及各指标所占比例
2. 确定科学合理的评价标准
3. 确定供应商分级的相应奖惩措施
4. 明确考核工作的职责分工
5. 确定合理的考核频率和考核时段
6. 遵循全面性、科学性、稳定性、可比性、灵活性以及可操作性等原则

图3-5　考核准备工作应满足的要求

（二）组建考核小组

采购部派遣相关责任人员协同质量管理部、生产部、工艺技术部等相关部门代表组建考核小组，全面负责考核工作。各部门成员在考核工作中的职责如图3-6所示。

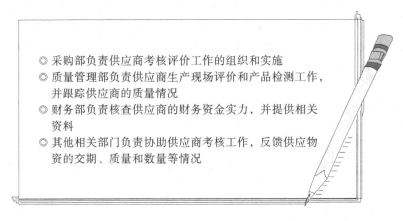

◎ 采购部负责供应商考核评价工作的组织和实施
◎ 质量管理部负责供应商生产现场评价和产品检测工作，并跟踪供应商的质量情况
◎ 财务部负责核查供应商的财务资金实力，并提供相关资料
◎ 其他相关部门负责协助供应商考核工作，反馈供应物资的交期、质量和数量等情况

图3-6 供应商考核小组成员职责

（三）考核内容设计

供应商考核的内容一般包括六个方面，具体如图3-7所示。

履约情况 质量
价格 供应商考核内容 服务
交期 生产技术、人员操作等其他方面

图3-7 供应商考核内容

（四）考核工作实施

供应商考核小组收集考核相关数据信息，依照评分标准和考核指标进行打分，并将考核结果汇总，计算最终得分。收集的数据信息一定要准确、真实、可信，考核人员在进行评分工作时要做到公正、客观，监督部门或领导要做好监控工作。

（五）供应商评级

采购部根据考核得分情况和评估规范中的分级方法，对供应商进行评级，并编制考核结果报告，将报告提交采购经理审核、采购总监审批通过后，把报告归入供应商档案中。

（六）评级结果运用

供应商主管将最终考核评级结果反馈给各供应商，指出其不足之处并提供相应改进方案，督促其完善、改进。

供应商主管根据定级信息，依照工厂关于供应商管理制度以及供应商评级制度的相关规定，针对各级供应商拟定相应的奖惩方案，经采购总监审批通过后正式实施。

1. 奖励的目的在于鼓励供应商保持其优秀之处，并为其改善水平提供正面激励，具体的奖励方式如图3-8所示。

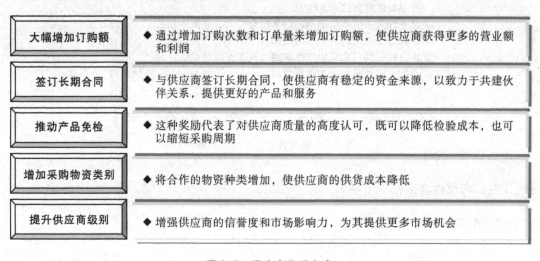

图3-8 供应商奖励方式

2. 惩罚的目的在于警戒供应商并督促其改进工作或加大管理力度，以保证供货质量，具体的惩罚方式如图3-9所示。

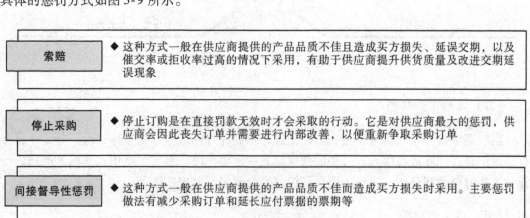

图3-9 供应商惩罚方式

二、供应商考核评级流程

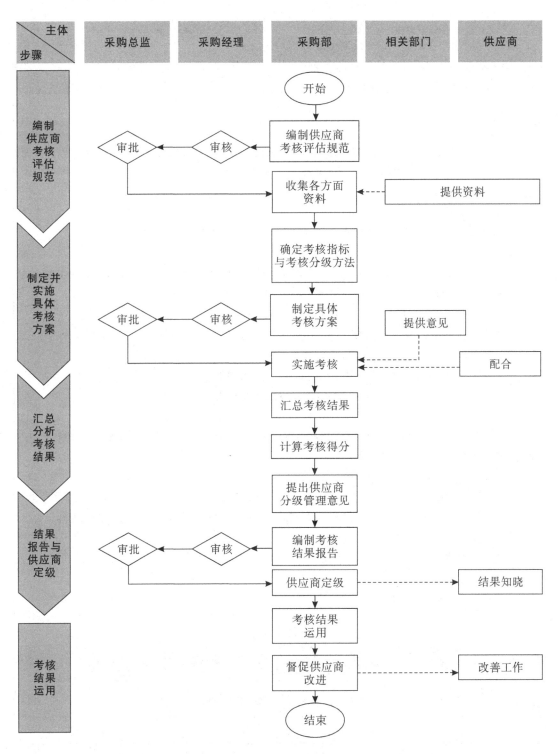

三、供应商考核评级制度

制度名称	供应商考核评级制度		受控状态	
			编　号	
执行部门		监督部门	编修部门	

第1章　总则

第1条　目的

为促进工厂与供应商之间的良好合作，鼓励供应商在品质、交货期、价格、优惠条件等多方面进行改善，提高工厂的采购质量，降低采购成本，对供应商进行阶段性的评估与考核，特制定本制度。

第2条　适用范围

本制度适用于对本工厂"合格供应商列表"中供应商的考核管理工作。

第3条　责权

1. 采购部负责制订供应商考核标准、考核文件与计划，组织开展供应商考核工作，并根据考核结果制定相应的评估报告，用于指导采购作业。

2. 质量管理部、生产部、工艺技术部参与供应商考核评级。

3. 采购总监负责审批考核评级结果。

第4条　考核原则

工厂根据公开、公平、公正的原则对供应商进行考核评估。

第2章　供应商考核实施

第5条　月度考核

工厂采购部每月对供应商提供的产品或物资的质量与交货情况进行检查、评估考核，填制"供应商月度考核表"并上交采购总监审核。

第6条　年度考核

1. 工厂每年根据供应商月度考核结果，统计分析供应商在考核年度内订货总次数、总交货金额、质量情况、退货率、交货延误率、数量差错率、各种原因未能及时履行交货及补救措施等内容，对供应商进行年度考核。

2. 将考核结果填入"供应商年度考核表"并列入"供应商档案"。

第7条　考核内容

供应商考核内容如下表所示。

供应商考核内容

序号	考核维度	具体内容
1	履约情况考核	即对供应商执行采购合同的情况进行考核评估

（续）

序号	考核维度	具体内容
2	价格考核	（1）是否按照采购合同规定的价格供货 （2）是否根据市场变化而调整价格并及时提供给工厂价格调整信息 （3）所提供的物资价格是否低于同品牌、同型号产品的一般价格 （4）价格是否有下降空间
3	交货情况考核	（1）是否根据采购合同内规定的日期按时交付产品或提供物资 （2）是否按照采购合同规定的交付方式交付货款
4	质量考核	（1）物资是否符合采购合同规定的质量标准 （2）是否存在因包装、工艺、材料的缺陷而产生的质量问题 （3）生产工艺质量是否能够保证产品或物资的质量
5	服务考核	（1）售前服务是否周到、全面 （2）售后服务是否及时、良好，出现问题是否能够及时解决
6	其他	对供应商管理水平、生产技术改进、人员操作等方面进行考核

第 8 条　考核评分

工厂一般采用评分法对供应商进行打分，具体评分表如下表所示。

供应商考核评分表

供应商编号：＿＿＿＿＿＿＿＿＿＿　　　　　　　　　　考核周期：＿＿＿天

供应商名称				联系人	
地址及邮编				电话	

考核项目	比例	考核指标	评分标准及指标计算方法	得分
价格	30%	平均价格比率（15%）	1. 平均价格比率＝供应商的供货价格/市场平均价格×100% 2. 比率≤＿＿＿%时本项得满分，每高＿＿＿%减＿＿＿分，高于＿＿＿%时，该项得分为0	
		最低价格比率（15%）	1. 最低价格比率＝供应商的供货价格/市场最低价格×100% 2. 比率≤＿＿＿%时本项得满分，每高＿＿＿%减＿＿＿分，高于＿＿＿%时，该项得分为0	

（续）

考核项目	比例	考核指标	评分标准及指标计算方法	得分
产品质量	30%	质量合格率（15%）	1. 质量合格率＝合格件数/抽样件数×100% 2. 比率≥____%时本项得满分，每低____%减____分，低于____%时，该项得分为0	
		退货率（15%）	1. 退货率＝退货数/交货数×100% 2. 比率≤____%时本项得满分，每高____%减____分，高于____%时，该项得分为0	
交货情况	20%	交货准时率（10%）	1. 交货准时率＝准时交货次数/总交货次数×100% 2. 比率≥____%时本项得满分，每低____%减____分，低于____%时，该项得分为0	
		按时交货率（10%）	1. 按时交货率＝期内实际交货量/期内应交货量×100% 2. 比率≥____%时本项得满分，每低____%减____分，低于____%时，该项得分为0	
服务情况	10%	配合度（5%）	出现问题时配合解决的速度	
		信用度（5%）	1. 失信度＝期内失信次数/期内合作总次数×100% 2. 比率≤____%时本项得满分，每高____%减____分，高于____%时，该项得分为0	
管理情况	10%		管理制度是否完善，质量手册是否完整、全面	
最后得分（总分100分）				
考核人名单				

考核人姓名	所属部门	考核项目	考核意见	签字确认

填表人：_____ 审核人：_____

第3章 供应商分级

第9条 供应商分级

对供应商进行考核评分后，采购部根据供应商得分情况对其进行分级，具体如下表所示。

（续）

考核结果及分级说明

等级	分数标准	相应措施
A	90~100分	◆ 可加大采购量或给予一定的奖励，质量、逾期率为满分，经管理小组进一步考察，认定特别优秀的供应商的物料可享受免检待遇
B	80~89分	◆ 合格供应商，可正常采购，要求其对不足进行改进
C	70~79分	◆ 要求其对不足部分进行整改，并将整改结果以书面形式提交，供应商评价小组对其提交的纠正措施和结果进行确认，并决定是否对其采购或减少采购量
D	70分以下	◆ 将其从"合格供应商名单"中删除，并终止对其采购

第10条　审批

采购部总监根据"供应商年度考核报告"对供应商等级评定进行审批。

第11条　处理

采购部根据审批结果修订"合格供应商名单"，对不符合标准的供应商限期改进以观后效或取消其供应资格。

第4章　附则

第12条　本制度由采购部制定，相关内容由采购部负责解释和修订。

第13条　本制度报总经理审批后，自颁布之日起执行。

	修订标记	修订处数	修订日期	修订执行人	审批签字
修订记录					

第四节　供应商关系维护

一、供应商关系维护要点

（一）定期有效沟通

供应商主管根据供应商考核分级结果，拟定相应级别的供应商沟通方案，确定沟通频次、沟通内容、沟通方式等，提交采购总监审批通过后，依照该方案针对不同级别的供应商，分别进行定期、有效沟通。沟通的主要内容如图3-10所示。

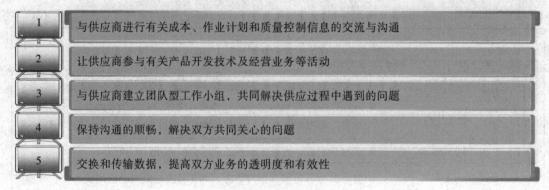

1	与供应商进行有关成本、作业计划和质量控制信息的交流与沟通
2	让供应商参与有关产品开发技术及经营业务等活动
3	与供应商建立团队型工作小组，共同解决供应过程中遇到的问题
4	保持沟通的顺畅，解决双方共同关心的问题
5	交换和传输数据，提高双方业务的透明度和有效性

图3-10　供应商沟通主要内容

（二）及时解决冲突

对于沟通中发现的冲突问题，供应商主管应及时组织相关人员进行调查分析，提出有效、合理的解决方案，经采购总监审批通过后，依照该方案及时处理、解决问题，同时总结原因，防范类似问题的再度出现。

（三）维护良好关系

除了发现并解决冲突外，采购部应积极开展供应商的培训工作，这样不仅可以提高供应商的供货质量，保障工厂的物资需求得到满足，还能与供应商建立共担风险、共享利益的长期合作伙伴关系。建立长期合作伙伴关系，对于工厂和供应商而言都有重要意义，具体如图3-11所示。

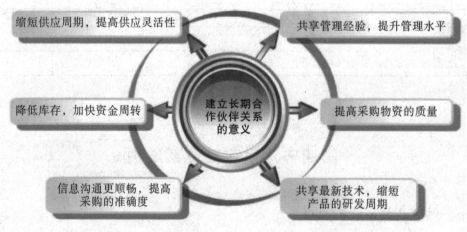

图3-11　与供应商建立长期合作伙伴关系的重要意义

（四）工作总结与改进

采购部对供应商关系维护工作进行定期的总结分析，从中发现不足之处，并制定具体的改进方案，以改善下一时期的供应商关系维护工作。

二、供应商关系维护流程

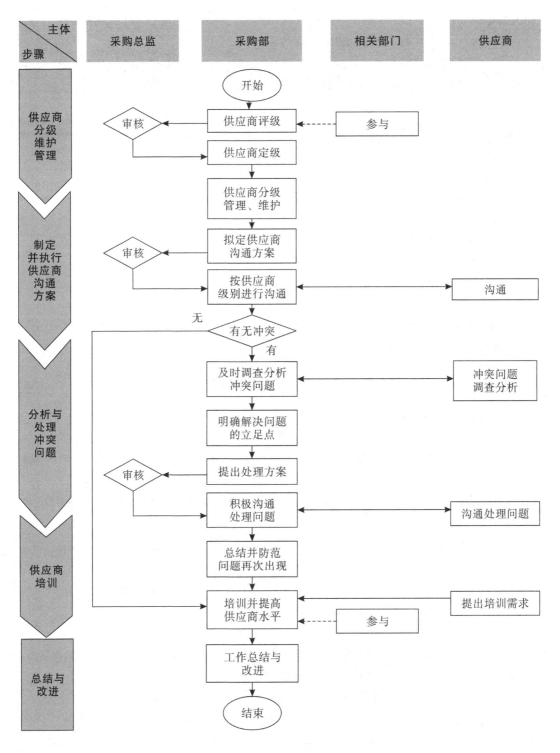

三、供应商关系管理制度

制度名称		供应商关系管理制度		受控状态	
				编　　号	
执行部门		监督部门		编修部门	

第1章　总则

第1条　为规范供应商管理，维护并与供应商建立稳固而互惠的合作关系，结合工厂的实际情况，特制定本制度。

第2条　本制度适用于工厂所有供应商的关系管理工作。

第3条　各部门的职责具体如下。

1. 采购经理负责采购决策、与供应商战略发展关系的决策、供应商评估的核实审批等工作。

2. 采购部的具体职责如下。

（1）负责拟定供应商分类标准，并组织进行供应商级别评定。

（2）根据战略发展关系决策组织执行供应商关系处理及维护工作。

（3）负责供应商谈判、绩效评估等工作的实施。

3. 相关部门协助采购部执行供应商管理工作。

第4条　供应商关系管理原则如下。

1. 公平、公正、客观原则。

2. 定期评估原则。

3. 维护合作关系原则。

第2章　供应商分级管理

第5条　采购部组织成立供应商评定小组，主要参与者为采购部、质量管理部、生产部相关人员。

第6条　供应商评定小组负责对供应商进行等级评定，评定内容包括合作配合度、产品质量、服务态度等。

第7条　每年1月1日至15日，工厂对供应商进行考核评估及等级评定，并按评定结果进行相应管理。

第8条　采购部组织评定小组根据实际具体情况确定供应商考核与等级评定标准，将最终评定标准与评定结果送交采购总监审批，经批准后生效。

第3章　沟通管理

第9条　采购部根据供应商等级制订供应商沟通计划，计划内容包括沟通时间、地点、内容等，经采购经理审核批准后，安排人员执行供应商沟通计划。

第10条　工厂根据供应商等级对供应商沟通频率进行安排，具体如下表所示。

（续）

供应商沟通频率安排

供应商级别	划分标准	沟通频率
A 级	◆ 保证按时、按量供货，供应产品质量优良，售后服务及时、有效	至少____次/月
B 级	◆ 保证按时、按量供货，供应产品质量合格，售后服务可达到标准要求	至少____次/月
C 级	◆ 无法保证按时、按量供货，产品质量不合格率高，售后服务不及时或服务质量无法达到标准要求	发生不合格情况时立即沟通协商处理办法

第11条 采购部人员主要采取以下四种方式与供应商进行沟通。

1. 电话方式。

2. 网络即时通信方式。

3. 传真方式。

4. 上门拜访方式。

第12条 供应商沟通具体内容如下。

1. 采购物资的数量、规格、标准要求的核实或变更。

2. 交期的跟催与物流方式选择。

3. 售后服务相关事项。

4. 供应服务改善方案。

5. 供应商管理相关支持活动。

6. 供应商企业相关人员培训。

第13条 与供应商沟通的注意事项如下。

1. 平等对待供应商，遵守商务礼仪中的语言、行为规范。

2. 与供应商沟通的问题应清晰、明了。

3. 对于供应商询问的问题，若属于商业秘密，可向其解释无法告知，但不可欺骗。

4. 跟供应商沟通时不可偏信一方，应多方求证。

第4章 培训管理

第14条 在遇到下列情况时，本工厂组织对相应的供应商企业人员进行培训，以确保其提供工厂所需的合格物资与服务。

1. 供应商产品质量不符合工厂要求时。

2. 详细规格解说或设计变更时。

3. 质量管理体系、验收标准建立或变更时。

4. 供应、生产量及价格协调时。

第15条 供应商培训工作在经过采购总监决策后，由采购部组织落实。

（续）

第16条　具体供应商培训办法及频次如下表所示。

供应商培训办法及频次

培训方式	具体办法	频次
参观实习	◆ 由采购部向供应商发出邀请，请供应商企业相关人员来本工厂参观、实习	每年定期两次
委派培训人员	◆ 采购部组织工艺技术部、质量管理部、生产部等相关部门人员直接到供应商企业进行相关技术、质量等培训	每年至少一次，根据供应商需求变化
委托第三方培训	◆ 采购部与供应商进行协商，委托第三方开展供应商培训，以提高供应商的产品、服务、技术水平	与供应商协商确定

第5章　奖励管理

第17条　供应商表彰工作应于供应商考核评定结果经采购经理核实、总经理审批后组织执行，并在每年____月____日前完成。

第18条　对于等级评定结果为 A 级的供应商，工厂给予其表彰和奖励。

第19条　采购部向最优供应商颁发奖状和相应的奖励金，具体奖励标准如下表所示。

优秀供应商奖励办法

奖项	说明	奖励办法
最优材料供应商	原材料类供应商考核得分最高者	颁发奖状，发放____元奖金
最优设备供应商	设备类供应商考核得分最高者	颁发奖状，发放____元奖金
最优辅料、耗材供应商	辅料、耗材类供应商考核得分最高者	颁发奖状，发放____元奖金
优质供应商	所有 A 级供应商	颁发奖状

第6章　附则

第20条　本制度由采购部制定，解释权、修改权归采购部所有。

第21条　本制度报总经理审批后，自颁布之日起执行。

修订记录	修订标记	修订处数	修订日期	修订执行人	审批签字

四、供应商关系维护方案

文书名称	供应商关系维护方案	编　号	
		受控状态	

一、目的

为加强与供应商的有效沟通，维护与供应商之间的良好关系，减少矛盾冲突，合理进行冲突处理，特制定本方案。

二、适用范围

本方案适用于供应商关系维护管理、冲突处理等相关工作事项。

三、职责划分

1. 采购总监负责供应商关系管理决策、冲突事件的处理等的审批与监督工作。

2. 采购部负责供应商沟关系维护、冲突处理等具体办法的制定及执行工作。

四、供应商关系维护原则

1. 系统全面性原则：建立、使用和维持全面系统的供应商评价体系。

2. 简明科学性原则：对供应商的选择、评价等各过程要透明化和制度化。

3. 稳定可比性原则：对待所有供应商应标准统一，减少主观因素。

4. 灵活性可操作性原则：对不同供应商应保持一定的灵活性。

5. 供应链战略原则：与关键供应商发展供应链战略合作伙伴关系。

6. 学习更新原则：不断更新供应商考评指标及评估工具与技术。

五、供应商分级维护

采购部根据供应商考核评估结果，将供应商划分为三个等级，具体如下表所示。

供应商等级划分结果说明表

级别 处理措施	A 级 90 分（含）以上	B 级 75 ~ 89 分	C 级 75 分以下
关系发展方向	加强合作，互相支持，巩固工序关系	通知供应商讨论整顿方案	提出警告，并通知供应商迅速作出调整
优先等级	优先选择	价格优惠超过 10% 时备选	无其他等级供应商时备选
接触频度	____次/周	____次/月	____次/月
订购量	增加	根据需要确定	降低
检验频度	每月抽检____次	不定期随时抽检	每批次均需检验
财务结算	准时结算	____天期票	____天期票

（续）

六、供应商冲突预防

（一）及时掌握市场及供应商信息

采购人员在采购过程中，尽量做到及时掌握第一手产品、服务资料，时刻了解市场行情和价格动向，以便为更好地开展与供应商的谈判工作。

（二）采购过程优化控制

工厂对采购方式选择、采购程序执行、合同履约和验收等采购重要作业环节进行优化、控制，以求降低采购成本，维护供应商的合法权益。

（三）加强内部控制与监察机制

工厂严格规范采购作业，加强内部控制和监察稽核机制，制止和杜绝采购活动中一切程序不规范和方式不合理的现象。

（四）通过多种方式进行沟通和联络

采购人员可利用召开座谈会、分析会、研讨会和磋商会等形式与供应商保持沟通和联络，以维持相互间的良好关系。

（五）经验总结与工作改进

采购人员与供应商共同处理好采购后的各项工作，找出服务或采购中的不足与欠缺，总结经验和教训，力求服务更到位。

七、供应商冲突处理

（一）冲突处理立足点

1. 树立良好的职业道德风尚，诚信待人，公正公平办事，一视同仁，不偏不倚。

2. 站在工厂的角度处理与供应商发生的冲突问题，保护工厂的合法权益。

3. 不因权力和其他外界因素的干扰而改变办事的原则，避免造成采购损失。

（二）具体冲突处理

1. 及时给出反馈。采购人员应正确面对供应商的投诉和质疑，及时地给予答复。

2. 正确对待。采购人员应正确对待供应商有关投诉处理决定的异议。

3. 积极配合、处理。采购人员积极配合采购活动的监察、审计和检查工作，及时受理和处理其反映的问题，并按规定时间或期限把处理结果告知各当事人。

4. 掌握并运用法律法规。采购人员充分了解并运用好有关规章制度中的各项法则与条款，不断增强自我保护意识。

八、建立长期合作伙伴关系

1. 加强与供应商的沟通，明确合作目标，制订长期合作计划。

2. 组织实施合作计划并跟进进度，在对供应商订单处理进程和质量进行跟催时，要应主动给予必要的援助。

3. 通过供应商考核结果，及时向供应商反馈改进对策，并尽可能参与到供应商的改进工作中。

4. 与供应商分享最新的技术成果与管理经验，双方互相学习、共同进步。

编制人员		审核人员		审批人员	
编制时间		审核时间		审批时间	

采购招标管理

第四章

第一节　工厂采购招标

一、工厂采购招标要点

（一）组建招标委员会

工厂在开展采购招标工作前，应组织相关人员建立招标委员会。招标委员会负责招标文件的编制、招标工作的组织和执行等。

招标委员会成员应由各采购需求部门的代表人员、采购部的招标负责人员，以及能够提供有关技术、质量、法律等专业帮助的工艺技术部、质量管理部相关人员和法律顾问组成。

（二）招标准备工作

1. 在开展招标工作前，招标委员会应当做好招标项目规划工作，以便后续招标工作能够顺利进行。招标项目规划工作的具体内容如图4-1所示。

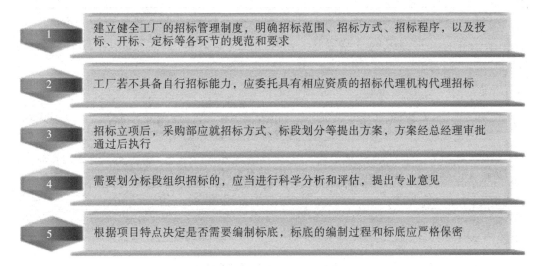

1	建立健全工厂的招标管理制度，明确招标范围、招标方式、招标程序，以及投标、开标、定标等各环节的规范和要求
2	工厂若不具备自行招标能力，应委托具有相应资质的招标代理机构代理招标
3	招标立项后，采购部应就招标方式、标段划分等提出方案，方案经总经理审批通过后执行
4	需要划分标段组织招标的，应当进行科学分析和评估，提出专业意见
5	根据项目特点决定是否需要编制标底，标底的编制过程和标底应严格保密

图4-1　招标项目规划内容说明

2. 招标委员会应分析招标物资状况，组织相关人员确定招标内容、招标方式、投标人要求、评标标准等，编制招标报告并将其提交采购总监、总经理审核。

3. 招标报告审批通过后，招标委员会依据招标报告编制招标文件。采购招标文件是招标工作的核心文件，是工厂向供应商提出任务、条件和要求的综合性文件。

（三）发布招标公告

招标文件编制完成后，由招标委员会发布招标公告，正式开展招标工作。招标公告应当明确工厂的名称、地址，招标项目的性质、数量、实施地点、时间以及投标人要求等事项。

（四）资格预审

招标委员会收集投标者的申报信息，并对投标者的能力、资格等进行审查，筛选出合格的投标商。资格预审是对供应商的基本资格和专业资格进行的评审，基本资格指供应商的合法地位和信誉，专业资格则是指供应商履行采购物资供应的能力。

（五）开标与评标

1. 开标：工厂向筛选合格的投标商发售招标文件，并接受投标商投递的投标书，在保证投标书密封的前提下，按照招标文件上规定的时间、地点，当众拆开投标资料，公开投标商的名称、投标价格、有无折扣等相关信息，并允许投标人进行解释。

2. 评标：工厂应组织建立评标委员会，评标委员会应由招标委员会中具备较高职业道德水平、专业知识和丰富经验，同时具有标书评定能力或能够提供技术、经济、法律等方面知识支持的专家组成。

评标委员会对投标书和投标商进行全方面鉴定、分析、比较，推荐合适的供应商，编制评标报告并将其提交采购总监审核。一般情况下，评标方法主要包括两种，具体如图4-2所示。

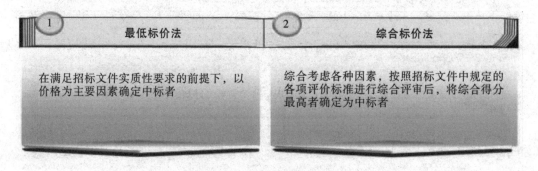

1　最低标价法	2　综合标价法
在满足招标文件实质性要求的前提下，以价格为主要因素确定中标者	综合考虑各种因素，按照招标文件中规定的各项评价标准进行综合评审后，将综合得分最高者确定为中标者

图4-2　采购招标评标方法

开标和评标是采购招标工作中的重要环节，招标委员会应当做好如图4-3所示的管控工作。

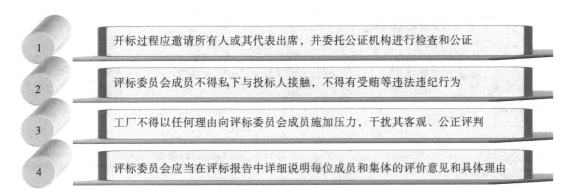

1	开标过程应邀请所有人或其代表出席,并委托公证机构进行检查和公证
2	评标委员会成员不得私下与投标人接触,不得有受贿等违法违纪行为
3	工厂不得以任何理由向评标委员会成员施加压力,干扰其客观、公正评判
4	评标委员会应当在评标报告中详细说明每位成员和集体的评价意见和具体理由

图 4-3　开标与评标管控工作

(六)定标

评标报告经采购总监审批后,提交总经理。总经理组织办公会议,从推荐的供应商中选择最终中标者。采购部及时向中标供应商发送中标函,并将招标结果通知所有投标单位。

二、工厂采购招标流程

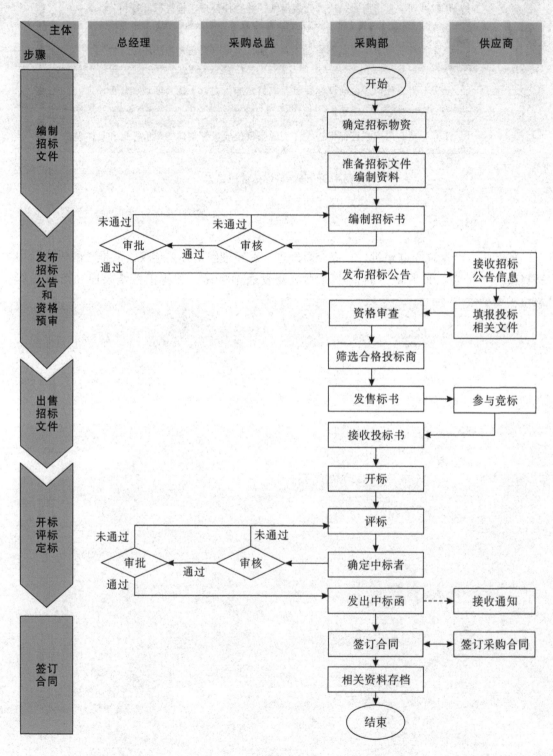

主体\步骤	总经理	采购总监	采购部	供应商
编制招标文件			开始 → 确定招标物资 → 准备招标文件编制资料 → 编制招标书	
发布招标公告和资格预审	审批（通过/未通过）	审核（通过/未通过）	发布招标公告 → 资格审查 → 筛选合格投标商	接收招标公告信息 → 填报投标相关文件
出售招标文件			发售标书 → 接收投标书	参与竞标
开标评标定标	审批（通过/未通过）	审核（通过/未通过）	开标 → 评标 → 确定中标者 → 发出中标函	接收通知
签订合同			签订合同 → 相关资料存档 → 结束	签订采购合同

三、工厂采购招标制度

制度名称	工厂采购招标制度		受控状态	
			编 号	
执行部门		监督部门	编修部门	

第1章 总则

第1条 目的

为规范工厂采购招标行为，确保工厂采购物资的价格合理、质量合格，保证采购招标活动本着公开、公平、公正原则进行，杜绝舞弊行为，特制定本制度。

第2条 适用范围

采购部及招标工作相关人员均应按照本制度执行采购招标工作。

第3条 招标原则

1. 公平公正原则。依据本工厂"货比三家"（比质量、比价格、比服务）的采购原则，凡供货质量、供货能力符合工厂要求，其资质经本工厂认可的厂商，均可参加竞标。

2. 优质优价原则。执行"优质、优价中标"原则，所有采购件原则上需三家以上供应商投标，质优价低者中标。

3. 积极配合原则。工厂人员应热情为供方服务，不得向厂商索贿或提出不合理要求，供货厂商货款到期时，无正当理由不得拖欠。

第4条 负责部门

采购招标工作由招标委员会负责，委员会可临时组建、划分若干小组，负责专门项目的招标工作。

1. 招标小组负责采购件招标方案的起草工作，所有采购件招标项目的整理、汇总、编辑及审批工作，以及中标通知书的下发工作。

2. 采购小组依据生产计划，会同技术部门、质量管理部等提出采购物料明细表，经招标委员会审批后，送交招标小组一份进行招标。

第2章 招标准备

第5条 招标规定

工厂遵守国家相关采购招标法律法规，并规定物料采购总额达到____元时必须采用招标方式。

第6条 提交招标报告

采购部人员在招标前应编制招标报告，并将其提交至上级领导审批，招标报告应包括招标内容、招标方式、招标方案、招标计划、投标人的资格条件、评标小组组建方案、评标工作安排、定标与合同签订等内容。

第7条 编制招标文件

招标报告审批通过后，采购部应根据审批结果编制采购招标文件，文件应包括以下内容。

（续）

1. 招标通知：指招标公告或招标邀请书。

2. 招标人须知：指招标项目的有关信息。

3. 招标项目简介：包括招标物料名称、规格、数量、质量要求、交货时间、交货地点、验收方式等。

4. 投标规定：指投标文件的编写要求、密封方式、发送方式、发送份数及投标有效期规定等内容。

5. 投标人资料要求：指投标人资质或资信的证明材料及对证明文件内容的要求。

6. 标底：即标底确定的方法。

7. 评标与中标：指评标的标准、方式及中标的原则。

8. 递交投标文件：指投标文件的递送方式、地点及截止时间以及联系人员姓名、地址、电话、邮箱等。

9. 投标保证金：包括投标保证金的金额、缴纳方式及处理程序等。

10. 开标：包括开标的时间安排和地点安排。

11. 采购合同：指中标后所签的采购合同的具体内容。

第 8 条　资格预审

在招标文件发出以前，为保证投标者的质量，采购人员应对投标者先进行以下四个方面的资格预审。

1. 组织机构。

2. 中标经验。

3. 供货能力。

4. 财务状况。

第 3 章　招标过程控制

第 9 条　开标

1. 工厂采购招标一律采用公开的开标方式。

2. 开标的时间、地点按照招标文件中的规定安排，不得随意变动，的确因客观原因需要变动时，应及时通知各投标单位。

3. 开标时要确认投标供应商的身份。

4. 开标前需要检查投标书的密封情况，如果出现无密封或有明显打开过的痕迹，则此次招标作废，同时要求各供应商重新投标。

5. 开标时应宣布供应商的名称、投标总金额、有无折扣等相关内容。

第 10 条　评标

1. 采购招标时的评标工作由工厂组建的评标小组全权负责。

2. 评标小组对投标文件进行鉴定、分析、比价与议价，推举合适的供应商，并编制评标报告。

第 11 条　评标内容

评标工作主要从行政性评审、技术评审和商务评审三方面进行，具体如下表所示。

（续）

采购招标评标内容

评标内容	目的	具体内容
行政性评审	从所有标书中筛选符合最低要求标准的合格标书，淘汰不合格标书	1. 投标书的有效性，即审查投标者的投标资格、投标书是否符合招标文件要求等 2. 投标书的完整性 3. 投标书与招标文件的一致性，即对招标文件提出的要求进行详细解答 4. 报价计算的正确性，该项目反映了投标者的态度
技术评审	从工艺、技术、生产条件、质量方面评估其是否符合要求	1. 技术资料的完备性 2. 物料供应方案的可行性 3. 物料质量的保证情况 4. 供应商的技术能力和供货经验
商务评审	从成本、财务和经济等方面评审投标报价的合理性、经济效益和风险性等	1. 报价的正确性与合理性 2. 投标书中的支付与财务问题 3. 关于价格调整的问题 4. 审查投标保证书

第12条　定标

1. 总经理召开办公会议，从评标小组推荐的供应商中确定中标的供应商。

2. 采购部向中标的供应商发送中标通知书，并将招标结果通知所有的投标单位。

3. 采购部应与中标供应商积极联系，开展谈判并签订书面采购合同。

第4章　招标争议管理

第13条　招标争议预防

招标委员会应当选择合适的招标组织形式，制定科学、合理的招标工作计划和方案，以公平、公正的原则开展招标工作，预防招标争议的发生。

第14条　招标争议处理

招标过程出现争议后，招标委员会需尽快分析争议的类型，并根据不同的争议类型选择不同的处理方式，尽快解决招标争议，以确保招标工作顺利进行。

（续）

第 5 章　相关说明

第 15 条　竞标纪律声明

1. 招标过程中，如果出现不同投标商对同一采购件的投标价相同时，可视为废标。

2. 若发现供应商有串标、弄虚作假、互相托标及转标等行为，除取消其本次供货资格外，将废除其所有中标供货项。

第 16 条　供货要求说明

1. 中标单位应本着实事求是的原则，保证供货质量和供货数量满足要求。由于质量原因，本工厂有权调整供货比例及供货单位。

2. 如果中标单位中标后不供货或所供产品出现严重质量问题影响工厂运营，导致工厂受到损失，工厂将保留罚款、责令整改、停止供货，直至给予扣除风险抵押金等处理的权力。

第 17 条　紧急情况处理

招标过程中的特殊情况及重大问题均由工厂招标委员会共同研究并确定处理方式。

第 6 章　附则

第 18 条　本制度由采购部制定，其解释权、修改权归采购部所有。

第 19 条　本制度经工厂总经理审批后，自下发之日起生效执行。

修订记录	修订标记	修订处数	修订日期	修订执行人	审批签字

第二节　招标文件编制

一、招标文件编制要点

（一）明确供应商要求

招标委员会详细分析招标物资采购项目需要的各种技术指标、参数及质量指标等，并参照以往该类物资的采购数据，明确对供应商的技术和质量要求，为后续编写工作做好准备。

（二）确定具体事宜

招标委员会确定招标工作的具体事宜，如日期、地点、要求等，并填写招标文件申请表，经总经理审批通过后，正式开展招标文件的编写工作。

（三）编制招标文件

招标委员会根据具体情况灵活设置招标文件的结构，并完成"招标邀请书"、"招标技术规范"、"投标人须知"等主要部分的编写工作。合理编制招标文件是实现招标采购目标的前提条件，其编制过程应满足如图4-4所示的要求。

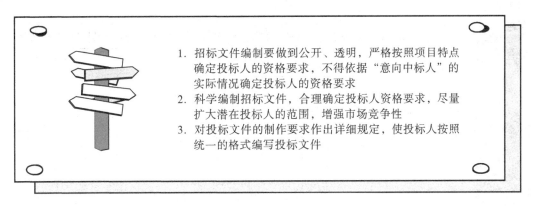

1. 招标文件编制要做到公开、透明，严格按照项目特点确定投标人的资格要求，不得依据"意向中标人"的实际情况确定投标人的资格要求
2. 科学编制招标文件，合理确定投标人资格要求，尽量扩大潜在投标人的范围，增强市场竞争性
3. 对投标文件的制作要求作出详细规定，使投标人按照统一的格式编写投标文件

图4-4 招标文件编制要求

（四）提交审核

招标委员会将编制好的招标文件提交总经理、采购总监审核，审批通过后，正式完成招标文件的编制工作并发布招标公告。招标文件的审核要点如图4-5所示。

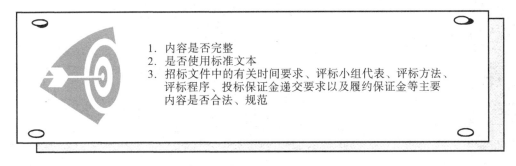

1. 内容是否完整
2. 是否使用标准文本
3. 招标文件中的有关时间要求、评标小组代表、评标方法、评标程序、投标保证金递交要求以及履约保证金等主要内容是否合法、规范

图4-5 招标文件的审核要点

二、招标文件编制流程

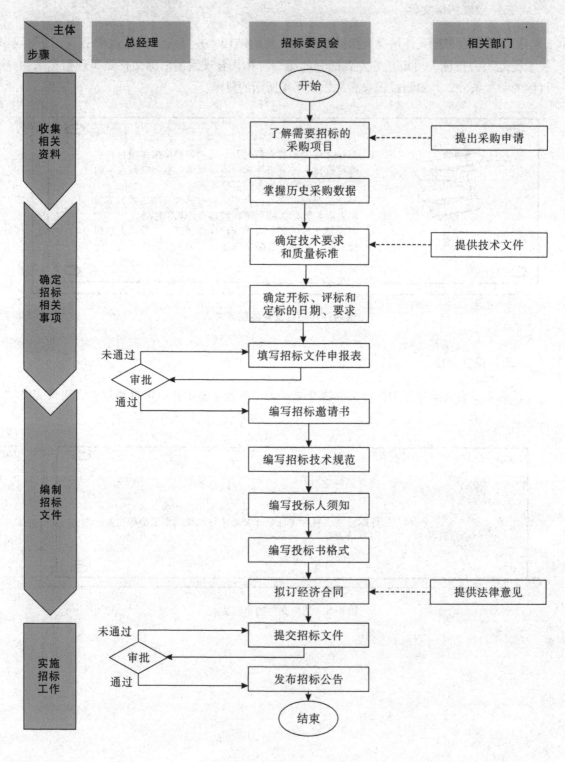

三、招标文件编制细则

制度名称	招标文件编制细则		受控状态	
			编　号	
执行部门		监督部门	编修部门	

第1章　总则

第1条　目的

为做好采购招标准备阶段的第一道工序，规范招标文件的编制工作，确保采购目标能够顺利实现，特制定本细则。

第2条　适用范围

本细则适用于工厂采购招标文件的编制工作。

第3条　相关职责

1. 招标委员会负责招标文件的编制。

2. 工厂总经理负责对文件进行审批。

3. 其他相关部门提供必要的支持。

第2章　招标文件的编写要求

第4条　招标文件的构成

招标文件是向供应商提出任务、条件、要求的综合性文件，其内容主要包括以下三大部分。

1. 招标邀请书。

2. 投标者须知。

3. 招标内容和要求。

第5条　确定招标邀请书内容

招标邀请书的核心内容应包括招标的项目名称和简要内容、投标截止时间、投标地点、联系电话、传真号码等信息。

第6条　编制投标者须知

投标者须知是根据采购项目的要求向投标方提供的必要信息，主要包括采购资料来源、投标者资质要求、履约要求、评标办法等内容。

第7条　明确招标内容和要求

招标内容和要求具体包括数据清单、技术规格、合同条件、需求量表、投标格式、投标担保书格式、履约保证书格式、预付款银行担保格式等内容。

第3章　招标邀请书的编制

第8条　编写语言

投标邀请书应采用国际通用招标语言，内容应当简短、明确，让投标方一目了然地获得基本信息。

（续）

第9条　发售时间

招标文件发售时间按规定不得少于15天。

第10条　投标有效期

在确定投标有效期时，应使招标委员会有足够的时间来完成评标及授予合同的工作。

第4章　投标者须知的编制

第11条　明确投标人资格

工厂招标人员不得违法限制或者排斥本地区、本系统以外的供应商参加投标，不得以不合理的条件限制或者排斥潜在投标人，不得对潜在投标人实行区别对待。

第12条　明确评标方法

本工厂常用的评标方法为最低评标法、综合评分法和性价比法，各种方法的具体解释如下。

1. 最低评标法：即在全部满足招标文件实质性要求的前提下，依据统一的价格要素评定最低报价，以提出最低报价的投标人作为中标候选供应商或者中标供应商的评标方法。它适用于标准规格统一的物料及通用服务项目。

2. 综合评分法：百分制评分一般有价格、商务、技术三大评分因素，其中价格因素权重不低于45%，商务因素权重为10%～20%，技术因素权重为35%～45%。商务、技术因素权重随价格因素权重的调整而作出相应调整。

3. 性价比法：技术要求较为复杂或投标中可能出现物料技术档次差异较大的情况时，建议使用性价比法。

第13条　确定履约保证金

履约保证金的金额应在招标文件内加以规定，其有效期应至少持续到预计的交货或接受货物日期保证期后30天。

第14条　招标文件的更改规定

对原招标文件的任何补充、澄清、勘误或内容改变，都必须在投标截止期前送给所有招标文件购买者，并留有足够的时间使其能够采取适当的行动。

第5章　招标内容和要求的编制

第15条　明确定义技术规格

1. 不能用某一制造厂家的技术规格作为招标文件的技术规格。如确需引用，应加上"实质上等同的产品均可"这样的词句。

2. 如果兼容性的要求是有利的，技术规范应清楚地说明与已有的设施或设备兼容的要求。技术规格方面应允许接受在实质上特性相似、在性能与质量上至少与规定要求相同的货物。

3. 在技术标准方面应说明在保证产品质量和运用等同或优于招标文件中规定的标准与规则的前提下，哪些可替代的设备、材料或工艺也可以接受。

第16条　技术指标或参数要求

技术指标应是共性技术指标，技术参数是一个范围内的数值，不是一个具体数据，只宜尽可能清楚而准确地规定到各种最低要求的限度。

（续）

第 17 条　品牌要求

不能出现"指定、暂定、参考、备选、推荐"品牌。

第 18 条　报价要求

报价应以指定交货地为基础，价格应包括成本、保险费和运费。如为进口货物和设备，还要考虑关税和进口税。

第 19 条　编制合同条款

1. 合同应清楚地说明货物规格、交货地点、交货时间，维修保修的要求，技术服务和培训的要求，付款、运输、保险、仲裁的条件和条款以及可能采用的验收方法与标准。

2. 在物价剧烈变动时期，受价格剧烈波动影响的采购合同可以设置价格调整条款。价格调整可以采用事先规定的计算公式进行，也可以基础数据为依据进行。所采用的价格调整方法、计算公式和基础数据应在招标文件内明确规定。

3. 招标文件中应设置违约赔偿条款，违约损失赔偿的比率和总金额应在招标文件中明确规定。

4. 合同条款中应明确规定不可抗力事件的范围。

第 20 条　明确投标文件格式

明确投标文件格式即给出投标书的编制要求，主要是告知投标者投标文件的内容以及相应格式。应在招标文件中明确的格式或要求具体如下。

1. 投标函。

2. 开标大会唱标报告。

3. 投标货物/服务数量价格表。

4. 企业营业执照影印件。

5. 投标企业资格报告。

6. 投标货物/服务报告。

7. 法人代表授权书。

8. 投标货物/服务偏差表。

9. 中标人履约保证书。

第 6 章　附则

第 21 条　本细则由采购部负责起草和修订。

第 22 条　本细则经工厂总经理审批后生效。

修订记录	修订标记	修订处数	修订日期	修订执行人	审批签字

四、采购招标文件范本

制度名称	采购招标文件范本		受控状态	
			编　号	
执行部门		监督部门	编修部门	

目录

第一部分　投标邀请书

第二部分　招标物料技术规范

第三部分　投标人须知

第四部分　投标书格式

第一部分　投标邀请书

本工厂根据国家法律法规规定和工厂的规章制度，对工厂所需的物料开展国内竞争性招标。兹邀请合格投标人前来投标。

1. 招标文件编号：_____。

2. 招标物料名称：_____。

3. 主要技术规格：_____。

4. 交货时间：_____。

5. 交货地点：_____。

6. 招标文件从___年__月__日起，每天（公休日除外）工作时间在____出售，招标文件每套____元人民币（邮购另加____元人民币），售后不退。

7. 投标书应附有____元人民币的投标保证金，可用现金或按下列开户行、账号办理支票、银行自带汇票。投标保证金请于___年____月____日___时（北京时间）前递交。

开户名称：_____。

账　　号：_____。

开户银行：_____。

8. 投标截止时间：____年__月__日__时__分（北京时间），逾期不予受理。

9. 投递标书地点：_____。

10. 开标时间和地点：_____。

11. 通信地址：_____。

邮政编码：_____。

电　　话：_____。

传　　真：_____。

联系人：_____。

E-mail：_____。

工厂招标机构_____

___年___月___日

（续）

第二部分　招标物料技术规范

一、招标物料名称及数量

（略）

二、主要技术要求

（略）

第三部分　投标人须知

一、投标资格

（略）

二、招标文件

（一）招标文件的组成

（略）

（二）招标文件的澄清

（略）

（三）招标文件的修改

（略）

三、投标文件

（一）投标文件的编写

（略）

（二）投标文件计量单位

（略）

（三）报价

（略）

（四）投标保证金

（略）

（五）履约保证书

（略）

（六）投标文件有效期

（略）

（七）投标文件书写要求

（略）

四、投标

（一）投标文件的密封与标志

（略）

（二）投标截止时间

（略）

（续）

（三）投标文件的修改和撤销

（略）

五、开标及评标

（一）开标

（略）

（二）评标

（略）

（三）招标保密要求

（略）

六、签订经济合同

（略）

七、其他

（略）

第四部分　投标书格式

一、投标函

（略）

二、开标大会唱标报告

（略）

三、投标物料设备数量价格表

（略）

四、企业营业执照影印件

（略）

五、投标企业资格报告

（略）

六、投标物料报告

（略）

七、法人代表授权书

（略）

八、投标物料偏差表

（略）

九、中标人履约保证书

（略）

修订记录	修订标记	修订处数	修订日期	修订执行人	审批签字

采购价格管理

第五章

第一节　采购询价管理

一、采购价格调查要点

（一）准备调查资料

采购价格调查人员在开展调查工作前，应明确调查价格的种类和需要进行价格调查的物资范围。一般而言，采购价格可分为如图5-1所示的10大类。

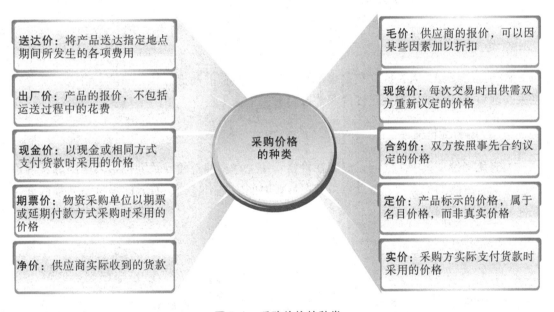

送达价：将产品送达指定地点期间所发生的各项费用

出厂价：产品的报价，不包括运送过程中的花费

现金价：以现金或相同方式支付货款时采用的价格

期票价：物资采购单位以期票或延期付款方式采购时采用的价格

净价：供应商实际收到的货款

采购价格的种类

毛价：供应商的报价，可以因某些因素加以折扣

现货价：每次交易时由供需双方重新议定的价格

合约价：双方按照事先合约议定的价格

定价：产品标示的价格，属于名目价格，而非真实价格

实价：采购方实际支付货款时采用的价格

图5-1　采购价格的种类

（二）编写调查方案

采购价格调查人员将收集的各类资料加以整理、分析和总结，根据调查物资的性质编制采购价格调查方案，将其作为采购价格调查工作的指导文件。

（三）价格调查实施

采购价格调查人员依照调查方案的相关说明正式开展调查工作，采购价格调查工作的主要内容如表5-1所示。调查人员将各项调查结果数据进行详细记录，并整理为"采购价格汇总表"，经采购经理审核后，完成采购调查工作。

表5-1 采购价格调查内容

调查内容	说明
物资的市场价格	◆ 在调查对象的物资质量或规格相差不大的情况下，重点调查物资的市场价格
品牌知名度	◆ 在调查时知名物资的价格相对比较规范，而新上市的物资或非知名品牌的物资可能会出现采购价格很高的情况，采购部对这类物资需要谨慎调查
物资的性质	◆ 针对不同性质的物资，重点调查供应商的采购加价率
物资的销售量	◆ 调查物资的销售量可以分析该物资是否存在批量折扣
其他方面	◆ 调查供应商的规模、信誉度、经营成本和物资的档次等

二、询价议价实施要点

（一）组建询价小组

采购部组织相关人员成立询价小组，由其负责具体的询价工作。询价小组成员主要包括采购部负责询价的工作人员以及其他部门有关专家。

（二）编制询价文件

为避免询价工作中工厂与供应商在价格认知上存在偏差而导致询价结果不准确，询价小组应及时编制询价文件，帮助供应商在最短时间内提出正确、有效的报价。完整的询价文件的主要内容如图5-2所示。

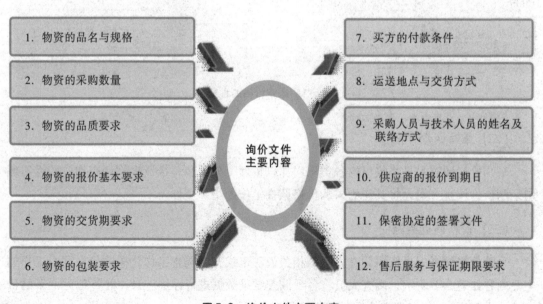

1. 物资的品名与规格
2. 物资的采购数量
3. 物资的品质要求
4. 物资的报价基本要求
5. 物资的交货期要求
6. 物资的包装要求

询价文件主要内容

7. 买方的付款条件
8. 运送地点与交货方式
9. 采购人员与技术人员的姓名及联络方式
10. 供应商的报价到期日
11. 保密协定的签署文件
12. 售后服务与保证期限要求

图5-2 询价文件主要内容

（三）收集、分析供应商报价

询价小组向询价供应商传达询价通知并发送询价文件，在询价文件规定的截止日期前，收集所有供应商反馈的报价单，并将供应商的报价信息进行汇总、整理、分析，判断报价信息的合理性，编制"采购询价报告"并将其送交采购总监、采购经理审核。

采购价格的分析方法主要有五种，具体如图5-3所示。

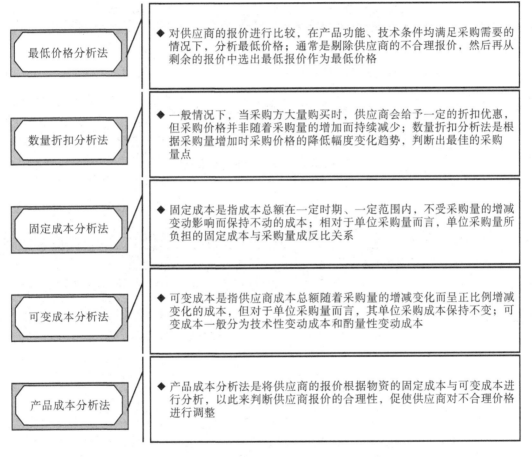

| 最低价格分析法 | ◆ 对供应商的报价进行比较，在产品功能、技术条件均满足采购需要的情况下，分析最低价格；通常是剔除供应商的不合理报价，然后再从剩余的报价中选出最低报价作为最低价格 |

| 数量折扣分析法 | ◆ 一般情况下，当采购方大量购买时，供应商会给予一定的折扣优惠，但采购价格并非随着采购量的增加而持续减少；数量折扣分析法是根据采购量增时采购价格的降低幅度变化趋势，判断出最佳的采购量点 |

| 固定成本分析法 | ◆ 固定成本是指成本总额在一定时期、一定范围内，不受采购量的增减变动影响而保持不动的成本；相对于单位采购量而言，单位采购量所负担的固定成本与采购量成反比关系 |

| 可变成本分析法 | ◆ 可变成本是指供应商成本总额随着采购量的增减变化而呈正比例增减变化的成本，但对于单位采购量而言，其单位采购成本保持不变；可变成本一般分为技术性变动成本和酌量性变动成本 |

| 产品成本分析法 | ◆ 产品成本分析法是将供应商的报价根据物资的固定成本与可变成本进行分析，以此来判断供应商报价的合理性，促使供应商对不合理价格进行调整 |

图5-3　采购价格分析方法

（四）确定议价供应商

采购总监根据采购经理的审核意见，详细分析询价报告，确定候选供应商。采购人员与候选供应商积极联系，安排谈判议价事宜。采购专员可将报价信息整理、归类，充实工厂的采购价格数据库，也可为接下来的议价工作和下期的采购工作提供参考和依据。

（五）议价准备

采购部组织谈判小组，在谈判前分析、讨论双方形势，制定可行的议价方案，为接下来的谈判议价工作做好充分准备。具体的要求如图5-4所示。

1. 明确议价要达成的目标，确定价格、质量、服务、运输和支付要求
2. 收集供应商的详细情况，重点关注其在价格方面的立场，并分析物资成本
3. 确定采购的实际情况，寻找可信的数据
4. 重点讨论议价过程中的分歧问题
5. 分析双方的优势与劣势，确立议价要点
6. 明确议价的范围和指标，制定能够实现的合理价格目标

图5-4　谈判议价准备要求

（六）谈判议价

谈判小组依据议价方案，开展谈判议价工作。在谈判议价过程中，谈判小组要善用技巧，尽可能为工厂争取最大利益。双方经过多次协商让步，最终确定采购价格。

三、采购询价流程

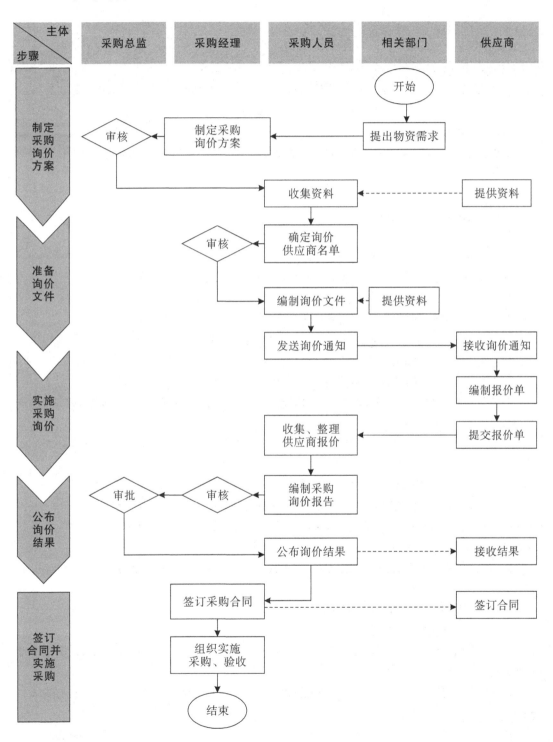

四、采购询价规定

制度名称	采购询价规定		受控状态	
			编　　号	
执行部门		监督部门	编修部门	

第 1 章　总则

第 1 条　目的

为规范工厂采购活动的询价工作，使采购活动顺利进行，有效控制采购价格，提高采购管理水平，特制定本规定。

第 2 条　适用范围

本规定适用于本厂所有物资采购活动。

第 3 条　职责

1. 采购总监负责审核采购询价结果。

2. 采购经理负责制定采购询价方案，组织并监督实施询价工作。

3. 采购人员负责落实工厂采购的具体询价工作。

4. 相关部门提出采购需求并提供相关资料。

第 2 章　采购询价工作要求

第 4 条　采购询价程序。

1. 相关部门提出采购需求，经批准后由采购经理制订询价计划。

2. 根据采购经理安排，采购人员进行询价准备，收集相关资料，通过查阅供应商信息库和市场调查报告等掌握供应市场动态。

3. 采购人员根据市场调查与分析结果，选择符合条件的询价供应商名单，并交采购经理审核确认。

4. 经采购经理审核确认后，采购人员编制询价文件，并向询价供应商发出询价通知。

5. 采购人员应在规定的询价截止日期前收集所有供应商报价。

6. 采购人员在截止报价后，汇总并整理所有报价，经过对比分析，编制"采购询价报告"并送交采购经理审核。

7. 经采购经理审核并提出采购意见后，采购总监对"采购询价报告"进行审批，确定候选供应商。

8. 采购部根据采购底价执行具体采购活动。

第 5 条　采购询价作业要求。

1. 对于非初购的物资，采购人员应在供应商库中查询原供应商，并直接将其列入询价供应商名单。

2. 采购询价过程中，对于需附图纸或规范的物资，采购人员应在发送询价通知时附上图纸或规范。

（续）

3. 采购询价通知中，采购人员应明确报价期限，确保采购作业的时效性与公平性，对逾期报价一律不予受理（经采购总监核准者除外）。

4. 设备类物资的"询价单"中应至少注明下列四项内容。

（1）供应商必须提供设备运转____年以上的质量承诺，保质期间所需的各项备品、备件应由供应商无偿提供。

（2）供应商必须列举保质期满后保养所需的"备品、备件明细单"，包括品名、规格、单价、更换周期等，并注明备品、备件价格的有效期限与日后的调价原则。

（3）供应商必须提供设备的装运条件及其体积与重量等资料。

（4）设备安装、试运行条件等资料。

第3章　附则

第6条　本规定由采购部制定、修订及解释。

第7条　本规定经总经理审核批准后实施，修订时亦同。

修订记录	修订标记	修订处数	修订日期	修订执行人	审批签字

五、物料询价单范例

范例名称	物料询价单		受控状态	
			编　号	
执行部门		监督部门	编修部门	

询价单号：_____

供应商名称：_____　　　　　报价人：_____

联系电话：_____

一、物料描述及数量

序号	物料编码	物料描述	交货日期	数量	订单单位	备注

二、报价须知

1. 本次询价为单项询价、比价、传真报价，也可密封报价。

（续）

2. 报价单所列内容必须填写齐全，并附必要的质量说明及质量证明文件。

3. 属于3C认证范围的必须报有3C认证的产品。

三、质量责任

1. 必须确保供应产品为合格产品，带标准文本，我厂将按标准进行验收。

2. 供应产品的规格型号必须与合同完全一致，如不一致将视为质量问题。

3. 应确保供应产品外观完好无缺，质量达标，无缺陷。

4. 合格证、说明书、报关单（进口产品）、检验报告（如需要）等资料齐全，不齐全者将视为质量问题。

5. 如出现质量问题，我厂将按相关制度对供应厂商进行处罚。

6. 若出现重大质量问题，则取消供应厂商此类产品的供应资格。

四、物料包装

供应商应保证供应物资的包装完好，满足行业及运输要求，如运输过程中因包装原因出现损坏，将视为质量问题。

五、报价要求

1. 报价为不含税、含运费的包干价格，承兑汇票结算，无预付款。

2. 报价截止期限为＿＿年＿月＿日，逾期报价视为无效。

3. 报价单须加盖公章，严禁涂改，否则视为无效报价。

联系人：＿＿＿＿＿＿＿　　　　电话/传真：＿＿＿＿＿＿＿

工厂名称：＿＿＿＿＿＿＿

修订记录	修订标记	修订处数	修订日期	修订执行人	审批签字

第二节　采购底价控制

一、供应商定价策略

（一）折扣定价策略

供应商为了鼓励采购方及早付清货款、大量购买、淡季购买，可能会酌情降低其基本价格，这种价格调整叫做价格折扣。

（二）地区定价策略

地区定价策略的实质就是供应商要决定：对于卖给不同地区采购方的某种产品，是分别制定不同价格，还是制定相同价格。

（三）心理定价策略

1. 声望定价策略。声望定价是指供应商利用采购方仰慕名牌商品或名店的声望所产生的某种心理来制定商品的价格，故意把价格定成整数或高价。

2. 尾数定价策略。尾数定价是指利用消费者在数字认知上的某种心理，尽可能在价格数字上不进位而保留零头，使消费者产生"价格低廉"和"卖主经过认真的成本核算才定价"的感觉，从而使消费者对企业产品及其定价产生信任感。

3. 招徕定价策略。招徕定价是指零售商利用部分顾客求廉的心理，特意将某几种商品的价格定得较低，以此来吸引顾客。

（四）差别定价策略

差别定价也叫价格歧视，是指供应商按照两种或两种以上不反映成本费用、比例差异的价格来销售某种产品或服务。

（五）新产品定价策略

1. 撇脂定价是指在产品生命周期的最初阶段，把产品的价格定得很高，以此获取最大利润。

2. 渗透定价是指把创新产品的价格定得相对较低，以此吸引大量顾客，提高市场占有率。

（六）产品组合定价策略

1. 产品大类定价。当系列产品存在需求和成本的内在关联性时，为了充分发挥这种内在关联性的积极效应，需要采用产品大类定价策略。

2. 补充产品定价。对主要产品制定较低价格，而对附属产品制定较高的价格。

3. 分部定价。服务性企业在收取一笔固定费用的基础上再收取可变的使用费。

4. 产品系列定价。以某一价格出售一组产品，这组产品的价格低于单独购买其中每一件产品的费用总和。

除以上产品组合定价策略外，供应商还可能选择副产品定价等其他产品组合定价策略。

二、采购底价控制要点

（一）收集信息资料

采购人员应根据供应商的定价策略，对采购物资的市场信息、供应商信息等进行收集和处理，利用这些信息资料分析采购物资成本，以此来计算采购物资的采购底价。

（二）确定采购底价

根据物资的类别、性质以及工厂采购的实际情况，选择适当的方法，确定需求物资的采购底价，填制"采购底价审核单"并将其交采购总监审核。超出采购总监审核权限范围的，由采购总监核实后交总经理审核。采购底价的确定方法主要包括如表 5-2 所示的10 种。

表5-2　采购底价确定方法

底价确定方法	说明
实绩法	◆ 参考过去的实际购价，算出预购底价
目标价格法	◆ 从产品的卖价逆算出采购品的目标单价
横向比较法	◆ 选出和对象品类似的采购品，调查影响成本的参数（成本变动要因），将参数做横向比较，算出大概价格
应用经验法	◆ 由经验丰富的专家依靠经验算出价格
价格比较法	◆ 比较两家以上供应商的价格，参考具有有利条件的那家的估价，算出欲购单价
市场价格法	◆ 采购原材料、市场规格品时，参考媒体上的价格资料，研究出欲购价格
制造商价格法	◆ 靠制造商独自设定提出的规格品价格计算单价
实际成本法	◆ 依照该产品的实际生产成本加上一定的利润和税率，计算出单价
科学简易算法	◆ 将构成单价的各要素分别加以分析，算出欲购单价
采购价格标准法	◆ 以追求标准成本价值的成本尺度算出欲购成本

（三）归档与运用

采购部将审批通过的采购底价建立采购底价档案，并在实际的采购工作中对比执行。同时，采购部应根据市场情况及时更新采购底价，有效控制采购成本。

三、采购底价确定流程

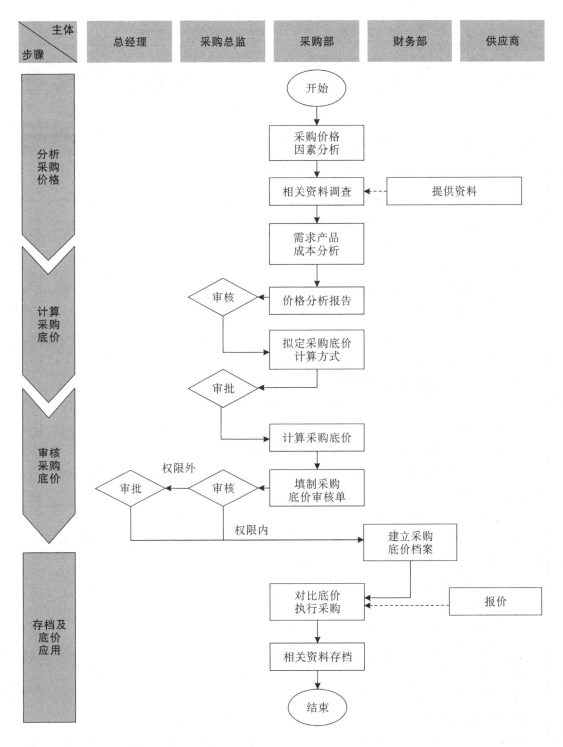

四、采购底价管控办法

制度名称	采购底价管控办法		受控状态	
			编　　号	
执行部门		监督部门	编修部门	

第1章　总则

第1条　目的

为了规范采购价格，避免采购浪费，确保物资品质符合要求且价格合理，特制定本办法。

第2条　适用范围

除下列情形外，本厂物资采购工作的底价管理均应按本办法执行。

1. 由于采购物资的特殊性，无法确定底价或底价确定过程过于复杂。

2. 以招标方式进行采购。

第3条　职责划分

1. 采购总监负责审核与批准采购底价。

2. 采购部负责计算并执行采购底价。

3. 其他相关部门负责提供相关资料，协助采购部制定并实施采购底价。

第4条　定义

采购底价即工厂进行物资采购时所允许支付的最高价格。

第2章　采购底价的计算

第5条　市场资料调查

1. 采购人员应首先对需求物资市场信息进行收集与整理。

2. 选择符合采购条件（物资种类、价格等）的供应商进行调查，收集并分析其资质、生产能力、财务、人力资源等方面的信息。

第6条　分析需求物资成本

1. 成本分析项目。采购部根据调查价格信息，对采购物资成本进行分析，目的在于确定物资成本的合理性和适当性，具体分析项目包括以下七项。

（1）物资的生产制造方法和生产工艺。

（2）物资生产制造所需的特殊设备和工具。

（3）物资生产所耗费的直接或间接的人工成本。

（4）物资生产所耗费的直接或间接的材料成本。

（5）物资外协费用。

（6）物流、运输、保险费用。

（7）物资库存管理费用。

（续）

2. 成本分析主要工作内容包括以下两方面。

（1）查核供应商账簿和各项纪律，验证供应商提供的成本资料的真实性。

（2）根据供应商提出的成本资料进行评估，包括生产技术、品质保证、工厂布置、生产效率及材料耗损等。

第7条　计算采购底价

计算采购底价的方法主要有四种，具体如下表所示。

采购底价计算方法说明表

计算方法	具体方法
成本计算方法	公式：$P = X \times a + Y \times (b + c) \times d + Z$ 说明：P 代表物资的价格 　　　X 代表物资生产制造所需的材料需求量 　　　a 代表物资所需材料的单价 　　　Y 代表物资生产制造所需要的标准时间（主要作业时间 + 作业准备时间） 　　　b 代表单位时间的工资率 　　　c 代表单位时间的费用 　　　d 代表修正系数，即对非正常状态情况的修正，包括赶货、试用样品生产等 　　　Z 代表预期利润
经验判断法	经验丰富的采购人员通过直觉、经验判断价格
前例比较法	与适当的同类产品的历史价格资料进行比较，并采取必要的修正措施进行判断
估计计算法	采购人员依据图纸、设计书等，凭经验及现有信息估计物资材料成本及加工费用，并进行修正，以获得适当的价格

第3章　采购底价的审批与运用

第8条　采购底价的审批

1. 采购部确定采购底价后，填制"采购底价审核单"并将其交采购总监进行审核批准。

2. 超出采购总监审核权限金额的采购底价，由采购总监核实后交总经理进行审批。

3. 出现需求物资市场价格突然波动的情况时，采购部应填制"采购底价修改审核单"并重新上报，还应附上书面原因说明。

第9条　采购底价运用

1. 采用招标方式进行采购时，采购底价应于开标前制定并审批完毕，用于投标价格的对比与限制。

（续）

2. 采用非招标方式进行采购时，应在与供应商进行价格谈判前确定采购底价，以便作为谈判资料来控制价格底限。

第 10 条 底价保密要求

任何参与底价制定、审核或其他相关活动的人员均对采购底价负有保密责任和义务，严禁任何人在决标前将底价泄露给供应商和其他人员。

第 4 章 附则

第 11 条 本办法由采购部负责制定、修改及解释。

第 12 条 本办法自颁布之日起执行。

修订记录	修订标记	修订处数	修订日期	修订执行人	审批签字

第三节 采购价格管理体系

一、采购价格审议要点

（一）组建审议小组

采购部负责组建采购价格审议小组，采购总监担任小组组长，采购经理担任小组秘书，组员由各部门主管级以上人员或其指定人员担任。

（二）审议供应商报价

1. 采购专员根据供应商的报价信息和谈判议价的结果，编制"采购报价单"并将其提交采购经理审核。

2. 财务部根据审批通过的"采购报价单"和采购部传达的采购底价，填制"采购价格审议表"，并将其提交审议小组进行价格审议。

3. 审议小组详细分析采购物资和供应商情况，讨论其采购价格的合理性，并对如图 5-5 所示的内容进行审核和批复，确定最终审议结果。

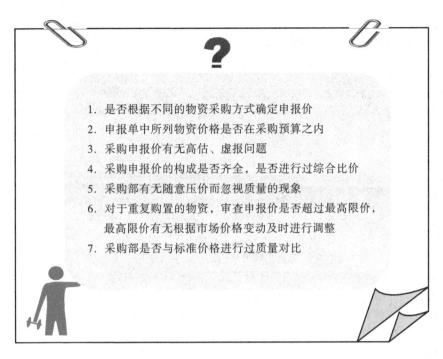

1. 是否根据不同的物资采购方式确定申报价
2. 申报单中所列物资价格是否在采购预算之内
3. 采购申报价有无高估、虚报问题
4. 采购申报价的构成是否齐全，是否进行过综合比价
5. 采购部有无随意压价而忽视质量的现象
6. 对于重复购置的物资，审查申报价是否超过最高限价，最高限价有无根据市场价格变动及时进行调整
7. 采购部是否与标准价格进行过质量对比

图5-5　采购价格审议的主要内容

（三）传达审议结果

审议小组秘书向各相关部门传达审议结果，安排后续工作，监督采购价格的执行情况。

二、采购价格调整控制要点

（一）提交调整申请

当已核定的采购价格需要上涨或降低时，申请方应填写"采购价格审议表"重新报批，并附上书面原因说明。依照调整幅度的大小，分别由采购总监或总经理对调整申请进行审批。审批要严格、清晰，尽量避免采购价格的频繁调整。

（二）价格审议

采购总监、总经理审批通过后，重新组建价格审议小组，对价格调整进行审议。

（三）执行审议结果

当价格调整审议通过后，及时将价格调整信息传达给各相关部门，同时更新采购价格档案，立即执行新的采购价格。

三、采购价格管理体系实施流程

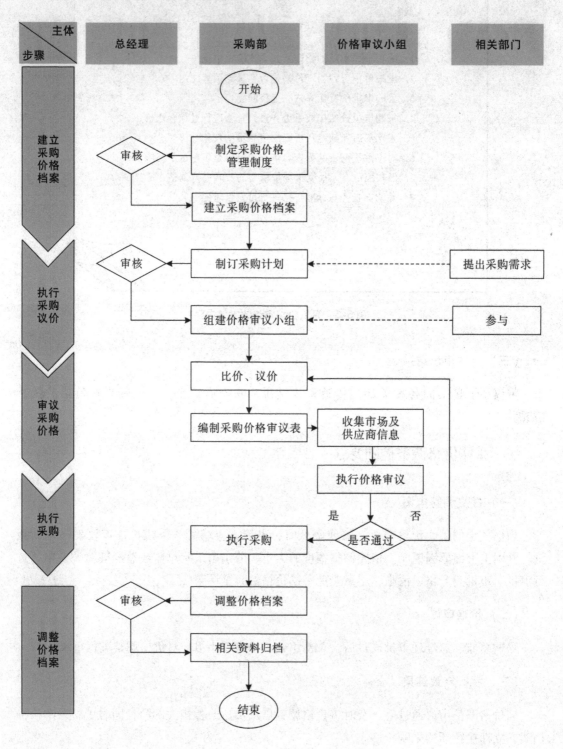

四、采购价格管理体系执行规范

制度名称	采购价格管理体系执行规范		受控状态	
			编　号	
执行部门		监督部门	编修部门	

第1章　总则

第1条　目的

为有效控制采购价格，降低采购成本，提高工厂经济效益，特制定本规范。

第2条　适用条件

本规范适用于本厂采购价格管理相关工作。

第3条　职责

1. 总经理负责采购价格体系的建立、管理实施、改进等工作的审核与批准。

2. 采购总监负责采购价格体系的建立、维护与改进工作的组织与指导。

3. 采购部的具体职责如下。

（1）负责建立采购价格体系，并执行采购价格管理体系相关工作。

（2）组建采购价格审议小组，组织执行采购价格审议。

（3）负责对采购价格体系进行改善。

第2章　价格审议小组组建

第4条　价格审议小组成员构成

1. 价格审议小组组长应由采购总监担任。

2. 采购经理担任审议小组秘书。

3. 审议小组组员由各部门主管级以上的人员或其指定人员担任，如财务部经理、生产部经理、质量管理部主管、技术主管等。

第5条　审议小组职责

1. 负责审议采购报价单上的价格，并最终确定采购价格。

2. 每季度收集有关供应价格信息，审查评估价格档案，督促相关人员完善价格档案，更新相关重要物资的价格档案。

3. 督促采购部积极进行采购价格议价，考核采购部议价工作。

第3章　执行采购价格审议

第6条　采购价格审议实施程序

1. 采购专员经过与供应商谈判，编制"采购报价单"，经采购经理审核签字后连同物资底价一同提交财务部。

2. 财务部根据采购部送达的"采购报价单"和采购底价，填制"采购价格审议表"（见下表），提交价格审议小组进行价格审议。

（续）

采购价格审议表

申报日期：_____　　　　　　　　　审议日期：_____

采购项目		规格	经办人	供应商	底价	档案价格	供应商报价	商定价格	审议价格
原材料									
辅助材料									
行政物资									
其他物资									
审议结果意见									
审议小组会签									
备注	1. "供应商"栏需填写供应商的详细信息，如全称、联系地址、联系电话、交货期等。若与此供应商为初次合作，需予以注明 2. "底价"指工厂制定的相关重要物资的采购底价，即允许支付的最高价格 3. "档案价格"指采购部根据历史记录和市场情况建档的采购物资的价格								

3. 价格审议小组根据"采购价格审议表"和"采购报价单"对采购物资与供应商进行分析，并讨论其报价的合理性，最终讨论确定审议结果。

4. 价格审议结果经价格审议小组成员会讨论通过后生效。

5. 价格审议小组秘书向采购部、财务部等相关部门传达审议结果。

（1）审议通过的，审议秘书通知采购部办理采购。

（2）审议未通过的，审议秘书向采购部传达价格审议小组的意见和未通过原因，采购部根据结果重新选择供应商议价，并努力改进采购工作。

第7条　采购价格审议实施要求

1. "采购报价单"中应包含采购物资名称、规格、使用部门、数量、供货商报价、商定价格、供货商详细信息、交货周期等内容。

2. 价格审议过程中，价格审议小组需考虑采购报价日到审议价格日期间相关物资的价格波动情况和市场通货膨胀水平。

（续）

3. 价格审议执行过程中，审议小组秘书负责相关会议记录，并将审议结果填入"采购价格审议表"中。

第4章　采购价格档案管理

第8条　建立采购价格档案

1. 采购部需为所有采购物资建立价格档案，采购经理指定专人维护。

2. 采购价格管理人员根据市场情况及时更新物资价格，更新物资价格时需注明原因并附上相关证明。

第9条　采购价格档案运用

1. 执行采购工作时，应首先将供应商报价与归档价格进行比较，分析价格差异的原因。

2. 原则上采购价格不能超过档案中的价格水平，如遇特殊情况，应做出详细书面说明并交审议小组进行价格审议。

第10条　采购价格档案检查

价格审议小组每季度应对采购部的价格档案进行一次检查，检查内容具体如下。

1. 检查价格档案的整齐、分类、完整情况。

2. 检查价格档案的更新情况。

3. 评价重要采购物资的档案价格，更新不合理的档案价格。

4. 检查采购记录，比对档案价格与实际采购价格，发现问题后要及时清查。

5. 比对重要物资的底价与档案价格，检查档案价格是否超过底价，发现超出后需及时清查并督促修正。

第5章　附则

第11条　本规范由采购部负责制定，经总经理审核批准后生效。

第12条　采购部对本规范有解释权。

修订记录	修订标记	修订处数	修订日期	修订执行人	审批签字

采购谈判管理

第六章

第一节　采购谈判准备

一、采购谈判准备要点

（一）组建谈判小组

采购部根据采购项目的特点，选择合适人员组建谈判小组，并依据谈判内容和个人专长做好分工，明确个人职责。谈判小组负责具体的谈判工作，其成员名单经采购总监审批通过后正式生效。

（二）收集谈判资料

谈判小组首先应收集如图 6-1 所示的相关资料，通过整理分析，力求做到知己知彼，以保证谈判目的的顺利达成。收集的资料要确保真实、可靠，有助于采购谈判工作。

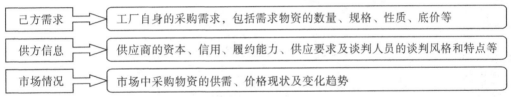

己方需求	➡	工厂自身的采购需求，包括需求物资的数量、规格、性质、底价等
供方信息	➡	供应商的资本、信用、履约能力、供应要求及谈判人员的谈判风格和特点等
市场情况	➡	市场中采购物资的供需、价格现状及变化趋势

图 6-1　采购谈判需准备的资料

（三）制定谈判方案

谈判小组应确立谈判目标，通过采购量大小、采购连续性、供应商供货期长短以及工厂和供应商的实力均衡比较等分析双方的优势和劣势，认识到供应商的需要，识别实际情况，整体掌控采购合同的最终达成范围，以此来制定适宜的谈判策略，并与供应商约定谈判议程，制定具体的谈判方案，经采购总监审批通过后，将其作为后续谈判工作的指导性文件。

（四）安排具体事宜

谈判小组通过与供应商沟通，确定谈判地点，并组织相关工作人员布置好谈判会场，将与谈判相关的各类物品准备齐全。

（五）谈判模拟与改进

正式谈判前，谈判小组应组织进行谈判模拟，以熟练掌握谈判技巧和发现潜在问题，并拟定相应对策，弥补、改善薄弱环节。同时还应征询工厂其他相关人员的建议，进一步修正谈判方案，并做好相关安排，以保证实际谈判的顺利完成。

二、采购谈判准备流程

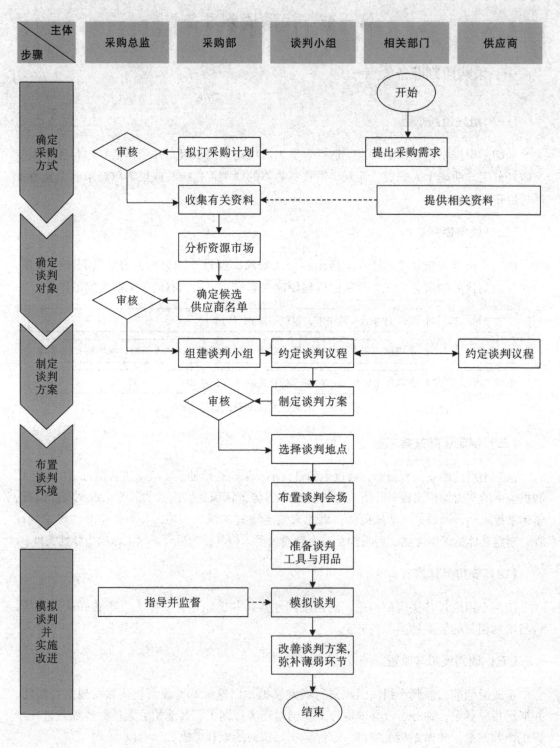

三、采购谈判准备方案

文书名称	采购谈判准备方案	编　号	
		受控状态	

一、目的

为了顺利开展采购谈判的准备工作，提高采购谈判效率，确保采购谈判成功，维护工厂的利益，特制定本方案。

二、适用范围

本方案适用于本厂物资采购谈判的准备工作。

三、职责

1. 采购总监负责审核与监督采购谈判决策与谈判准备工作。

2. 采购部负责组建采购谈判队伍，并领导、监督谈判准备工作的实施。

3. 相关部门负责提供有关资料并协助实施谈判准备工作。

四、采购谈判资料分析

（一）收集谈判资料

采购部应组织开展谈判资料收集工作，应收集的主要资料包括以下三类。

1. 需求信息资料。采购部应按相关部门的"采购申请单"，填制"物资需求分析清单"，内容包括物资名称、需求数量、需求价格、需求时间等。

2. 资源市场资料。采购部人员在掌握需求信息后，应立即对资源市场进行调查，收集下列资料。

（1）物资市场供应与需求状况。

（2）市场竞争情况。

（3）物资销售情况。

（4）物资分销渠道等。

3. 供应商资料。

（1）供应商的资信情况及供应能力。

（2）供应商的要求的货款支付方式及其他要求。

（3）供应商的谈判风格与特点。

（二）整理、分析相关资料

采购部人员在收集到有关资料后，应对资料进行整理与分析，鉴别资料的真实性、可靠性、相关性与有效性。

五、采购谈判目标确定

采购谈判目标应分为三层，具体分层说明如下表所示。

（续）

采购谈判目标分层次说明表

谈判目标层次	具体目标内容
必须达到的目标	需求物资的数量、质量、规格等
中等目标	采购价格、采购成本、可产生的经济效益等
高等目标	供应商的运输、安装服务及售后保障服务等

六、采购谈判人员配备

采购部负责组建采购谈判小组，由其具体实施采购谈判工作。

（一）谈判小组建立原则

1. 精干高效原则。根据谈判内容、重要性和难易程度建立谈判小组，保证其规模适当，谈判小组通常由 2～3 人组成，且小组成员在性格和谈判风格上优势互补。

2. 对等原则。根据对手具体情况建立谈判小组，保证谈判小组实力与对方谈判队伍整体实力相当。

（二）小组成员素质要求

谈判小组成员的素质要求如下表所示。

谈判小组成员的素质要求

素质要求	具体说明
1. 业务素质	（1）具有丰富的专业基础知识、合理的知识结构及采购物资的相关知识 （2）熟悉不同供应商的谈判风格与特点，了解谈判心理学和行为科学 （3）有丰富的谈判经验，可应对谈判过程中的突发情况 （4）熟悉相关法律、法规
2. 心理素质	（1）具有强烈的事业心和高度的责任感 （2）应具有随机应变的心理素质，既坚持原则又有一定的灵活性和创新能力 （3）善于自我调整心态，能保持稳定的心理状态
3. 文化素质	（1）具有良好的表达能力，可准确向对方表明自己的意思，并达到说服和感染对方的目的 （2）能熟练运用语言表达技巧，语言风趣且不失礼仪

（续）

七、谈判会议安排

（一）地点安排

谈判小组通过与供应商沟通确定谈判地点，各谈判地点的优缺点分析如下表所示。

采购谈判地点选择优缺点分析

谈判地点	优点	缺点
主场	1. 环境熟悉，有安全感，方便收集信息和开展沟通 2. 可根据谈判形式随时调整谈判人员、目标等 3. 可通过接待服务创造融洽、有利于谈判成功的气氛	1. 需要承担相应的接待工作 2. 谈判可能受领导制约，使谈判人员的独立自主性降低
客场	1. 不必承担复杂的接待工作 2. 可实地考察对方生产经营状况，取得第一手谈判资料 3. 遇到敏感问题时，可推说资料不全或需要联络上级而拒绝回答	1. 环境改变可能造成心理紧张、情绪不稳定等 2. 谈判中遇到困难时难以调整人员或目标
第三地	1. 双方感觉较为公平合理 2. 有利于缓和双方关系	因环境不适应，双方可能会在谈判准备方面有所欠缺

（二）议程安排

谈判小组在与供应商约定谈判时间时，应保证做到以下三点。

1. 有充分的准备时间，保障谈判小组的谈判准备工作有序进行。

2. 避免在谈判人员身体不适、情绪不佳时进行谈判。

3. 征询对方意见，做到公平、互惠。

八、模拟谈判与方案改进

在谈判正式开始前，采购部应组织谈判小组进行模拟谈判，完成以下任务。

1. 发现并改进己方谈判方案、计划中的不足与缺陷。

2. 检验并提高谈判小组人员的总体素质。

3. 改善谈判方案，使各项准备工作更加周密、更有针对性，更有助于实现谈判目标。

编制人员		审核人员		审批人员	
编制时间		审核时间		审批时间	

第二节　采购谈判实施

一、采购谈判实施要点

（一）交流信息

开始谈判后，双方互相交流信息，谈判人员向供应商表明采购意向并提出采购要求，供应商则提出具体的交易条件。双方应将自己的意见解释清楚，并深刻理解对方的表面意思以及潜在、暗含的意思。具体的操作内容如图6-2所示。

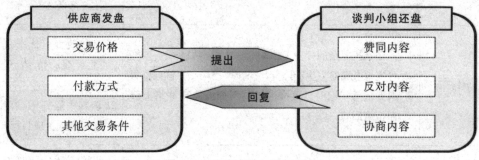

图6-2　采购谈判之信息交流

（二）判断和解决分歧

当双方意见产生分歧时，谈判人员应准确判断双方分歧程度、分歧类型及原因，并及时提出相应的解决方案，然后充分运用各种谈判技巧，经过不断的议价与让步，在掌控整体谈判目标的前提下，以为企业争取最大利益为原则，选择有利的成交方案。

（三）达成共识点

1. 当谈判小组与供应商就某一问题达成一致后，双方主要人员将达成一致的意见记录在采购谈判文件上，并签注日期，防止出现因存在争议而对这一问题重新进行谈判的情况。

2. 双方经过多轮协商，逐步解决各项分歧，使所有问题最终达成共识。

（四）结束谈判并签订合同

1. 双方就达成一致的内容共同起草声明，并签名确认，谈判小组将该声明提交采购经理、采购总监审核通过后，依声明内容起草采购合同，合同重要条款不得与谈判结论有悖。

2. 合同专员将采购谈判资料和采购合同进行对比、审查，确保采购合同与谈判结论一致，经采购总监审批后，双方正式准备签约事宜，并将合同资料分类、存档。

二、采购谈判工作流程

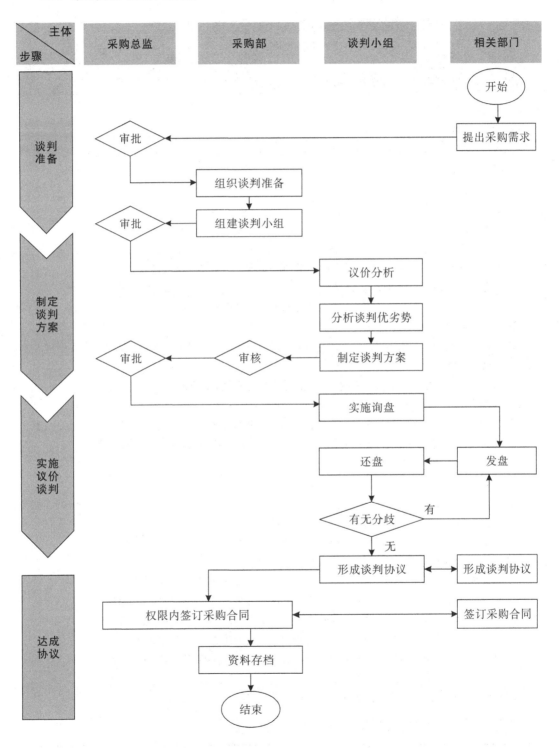

三、采购谈判执行细则

制度名称	采购谈判执行细则		受控状态	
			编　　号	
执行部门		监督部门	编修部门	

第1章　总则

第1条　目的

为规范本厂采购谈判执行工作相关事宜，保障采购谈判工作顺利、有效实施，提高采购管理水平，特制定本细则。

第2条　适用范围

本细则适用于本厂采购过程中所有需要进行谈判的采购活动。

第3条　职责分工

1. 采购部负责组建谈判小组，并全面负责采购谈判的组织与管理工作。
2. 谈判小组负责具体谈判实施，并随时汇报谈判情况，争取实现谈判目标。
3. 其他相关部门负责协助执行采购谈判。

第2章　采购谈判相关须知

第4条　采购谈判的适用条件

1. 采购结构复杂、技术要求严格的成套机器设备时，应在设计制造、安装、试验、成本价格等方面进行详细商讨和比较。
2. 多家供应商竞争激烈时，可通过采购谈判获得供应商更大的让步。
3. 在供应商较少的情况下，可通过谈判做出有利选择。
4. 需求物资经公开招标但供应商均不符合要求时，可通过谈判进行取舍。
5. 原采购合同期满、市场行情有变化且采购金额较大时，应通过谈判提高采购质量。

第5条　明确采购谈判任务

1. 获得质量好、价格低的产品。
2. 获得供应商更好的服务。
3. 在发生物资差错、事故、损失时获得更多赔偿。
4. 当发生纠纷时能更妥善地解决，确保不影响双方关系。

第6条　谈判执行原则

1. 自愿原则。谈判双方在自愿的前提下，按照双方各自意愿作出谈判决定并实施谈判。
2. 合作原则。谈判双方应本着合作的原则，以精练的语言传达充分、真实的信息，取得共识。
3. 平等原则。谈判双方应以平等的姿态出现，互相尊重，不可歧视或轻视对方。
4. 合法原则。谈判双方从事的交易项目必须合法，且保证谈判行为的合法性。
5. 礼貌性原则。谈判过程中，双方应遵守礼貌原则，具体包括下列六项准则。

（1）争取一致：减少观点上的不一致。

（2）保持谦逊：减少对己方的表扬。

（3）赞誉对方：减少对对方的贬损。

（续）

（4）换位思考：减少感情上的对立。

（5）态度公平：减少表达过于利己的观点。

（6）言行得体：避免过激的言行。

第 7 条　采购谈判的主要内容

采购谈判的主要内容包括物资需求量、质量要求条件、采购价格、交货条件、货款支付条件、质量检验、索赔、不可抗力和仲裁条件等。

第 8 条　采购谈判执行方式

采购谈判的执行方式可分为横向式和纵向式，具体说明如下表所示。

采购谈判执行方式对比表

方式	说明	优点	缺点
横向式	将几个谈判议题同时进行讨论，然后再统一向前推进	可以使双方在不同议题上进行利益交换，达到互利互惠	无法使对方在单方面作出较大的让步
纵向式	先集中谈判重要的问题，再开始解决其他议题	有可能获得对方单方面让步，从而获取较大利益	容易使双方在某一问题上产生纠缠，导致争执不休

第 3 章　采购谈判执行程序

第 9 条　询盘

谈判人员根据采购计划向候选供应商发出采购意向信息，具体要求包括以下两点。

1. 寻找有意向的供应商，对市场进行试探，不限制更具体的交易条件。

2. 通过报纸、广播、电视、网络等途径向资源市场发出信息。

第 10 条　发盘

谈判人员与意向供应商约定谈判后，应分别执行下列三项工作。

1. 确定发盘方，通常情况下应由供应商首先提出交易条件。

2. 辨别发盘信息是实盘还是虚盘，并确认有效期。

3. 确定还盘方案。

第 11 条　还盘

1. 谈判人员向供应商回复是否同意发盘内容，并提出需要变更的内容或建议。

2. 若供应商提出再还盘，谈判人员应分析其有效性，确定实盘是否失效，以避免由于判断错误而发生纠纷或处于被动地位。

3. 反复进行还盘与再还盘时，谈判人员应判断双方分歧程度、分歧类型及原因，从原因出发逐步缩小并消除分歧。

第 12 条　签订合同

谈判双方沟通一致后，由合同权限规定的签订人员与供应商代表签订采购合同，并确保符合以下四项要求。

（续）

1. 合同内容必须与双方接受的交易事项和要求完全一致。

2. 交易条件必须明确。

3. 合同涉及到的概念不可有歧义。

4. 合同中前后叙述不得自相矛盾或出现疏漏、差错。

第 13 条 谈判资料管理

1. 谈判过程中，采购部应指派专人详细记录谈判过程中各方的要求，并将作为谈判的原始资料进行保存。

2. 谈判结束后，采购部应整理谈判计划、方案、供应商的报价、谈判过程中各方提出的各种意见和达成的协议等相关文件，并归档保存。

第 4 章 采购谈判执行要求

第 14 条 谈判人员行为要求

1. 谈判小组成员代表工厂形象，在谈判进程中应遵守员工行为规范。

2. 采购谈判人员应注意商务礼仪，不得使用侮辱性动作和语言，同时注意掌握谈判进度和谈判氛围，必要时转移话题、缓和气氛，防止谈判破裂。

3. 采购谈判负责人在谈判过程中需掌控全局，避免草率地作出决定。

4. 采购谈判期间，任何参与谈判的人员均不得接受对方的宴请、送礼、贿赂等，否则按工厂相关规定处理。

第 15 条 谈判高效性要求

1. 采购谈判应在会议室中进行，以提高工作效率，不得在饭店、KTV 等娱乐场所进行。

2. 谈判中需与供应商方面有决定权的人员进行谈判，以免浪费时间，同时避免透露本厂的立场。

第 16 条 谈判保密性要求

1. 谈判过程应当保密，无关人员未经许可不得进入谈判会场，参与谈判的工作人员不得泄露与谈判有关的内容，谈判结果未经最后审定不得公布。

2. 参与谈判的任何人员不得以任何方式泄露我方谈判底限，否则给本厂所造成的损失由当事人承担。

3. 谈判资料的保密规定如下。

（1）对于谈判过程中需要的及产生的所有资料，工厂应指定专门人员进行保存与管理，作为本厂机密资料，未经授权任何人不得随意阅览。

（2）所有接触到采购谈判资料的人员在本厂要求时间内不得泄露其中内容，否则以泄露本厂机密处理。

第 5 章 附则

第 17 条 本细则由采购部制定、修改及解释。

第 18 条 本细则自颁布之日起实施。

修订记录	修订标记	修订处数	修订日期	修订执行人	审批签字

四、采购谈判议价方案

文书名称	采购谈判议价方案	编　号	
		受控状态	

一、目的

1. 为采购谈判议价提供依据。

2. 规范采购谈判议价事项。

3. 降低采购成本。

二、适用范围

本方案适用于采购谈判过程中的议价活动。

三、采购谈判议价职责划分

1. 采购谈判小组负责执行采购谈判议价工作。

2. 采购部负责策划、组织并协助实施采购议价。

3. 必要时，总经理、采购总监可参与、协助采购谈判议价活动。

四、议价准备

（一）分析谈判形势

采购部在制定议价方案前应对谈判双方的当前形势进行分析，主要分析内容应包括以下五点。

1. 分析需求物资的历史采购数据。

2. 分析需求物资的生产成本。

3. 分析供应商销售方案，并评估其价格、运输方式、规格、付款条件等中与己方要求有出入的地方。

4. 寻找主要分歧点，并分析双方在分歧中的地位。

5. 分析双方各自的优劣势。

（二）拟定可行的议价方案

议价方案由采购部制定，主要包括以下内容。

1. 谈判人员名单及主要议价人员。

2. 议价议程安排。

3. 讨论问题列表。

4. 议价对手权限等。

五、实施议价

（一）议价开始前的心理准备

1. 观察谈判对手的神态、表情，从而判断他们的心理状态。

2. 识别对方领导者，判断其权限。

3. 当对方对某个问题犹豫不决时，抓住此问题并向其施加压力。

4. 保持注意力高度集中，倾听对方发言时注意观察其眼睛。

5. 对方提出价格后，应表示惊讶及价格难以接受，使对方在价格上主动让步。

（续）

6. 不轻易同意供应商的要求，应在对方有所回报的基础上层层递进地接受，以预留讨价还价的余地。

（二）议价实施具体要求

1. 谈判过程中应与对方希望的目标保持恰当的接触，本着求同存异的原则贯彻己方谈判目标，保持主动地位。

2. 谈判人员在谈判过程中应多听、多问、少说，尽量减少解释和说明，防止对方找出破绽或突破口，迫使对方提供更多的信息和反馈，从中获悉新的情况，以调整己方策略、措施和方法。

3. 不可轻易将己方的要求和条件过早、完整地透露给对方，应采取有效的暗示方式，或通过第三方的影响或舆论向对方施加压力，以取得有利的谈判地位。

4. 谈判时不可表现得毫无退让余地，应灵活处理。

5. 报价时应果断、明确且坚定，不留任何余地，不可欲言又止、吞吞吐吐。

六、议价中的出价技巧

议价过程中，出价时可使用下表所示的技巧，谈判人员应根据现场情况灵活选用。

出价技巧及其优缺点说明表

技巧	具体实施方法	优点	缺点
低开策略	谈判人员首先提出一个低于己方要求价格的起点	试图首先从心理上击败对手，然后再进行真正谈判，迫使对方让步	1. 对方可能会增加交易条件 2. 对方可能联络其他谈判方 3. 对方可能利用接受"低开"，使己方忽视其他交易条件
影子报价	谎称有第三方可提供更优惠的交易条件	可试探对方底价，寻求更大让步	较为冒险，可能会导致谈判破裂
探知临界价格	1. 假设需要更多或额外的东西 2. 让第三方出低价试探供应商反应，然后再进行谈判 3. 先提出购买质量较差的物资，再设法以低价购买质量好的物资 4. 首先询问两种物资合买的报价，在问其中一种，利用差价确定低价	可有效探知对方临界价格	1. 对方较容易识破 2. 对方可能会增加交易条件 3. 容易让己方陷入尴尬

（续）

七、议价中的还价技巧	

（一）价格弹性

谈判人员在进行还盘时，应确保有一定弹性，不可漫天还价，也不可一开始就亮出底价。

（二）化零为整

谈判人员可在还盘过程中将采购价格集中，化零为整，给供应商造成相对的价格昂贵感，迫其降价。

（三）改变计量单位

将小单位改变成较大的计量单位，如"千克"改为"吨"、"月"改为"年"、"厘米"改为"米"，使采购量在感觉上增多，给对方造成压力。

（四）更换谈判人员

谈判进入僵持阶段时，谈判小组可向采购部提出请求，更换谈判人员或请上级主管出面进行谈判，通过提高谈判者的层次，使对方增强被敬重的感觉，以接受己方还盘。

（五）"敲山震虎"

谈判过程中，巧妙暗示对方企业存在的危机或不利因素，使对方处于被动地位，从而接受还盘。

八、议价结果处理

采购部门在谈判结束后，应与供应商代表共同签订谈判协议，以确认交易条款，并满足以下三方面要求。

1. 确认所有条款已包含在协议中，并请对方确认。

2. 以适当的方式适时结束议价，保证采购谈判的效率。

3. 保留关于协议所有要点的完整备忘录，双方签字确认。

编制人员		审核人员		审批人员	
编制时间		审核时间		审批时间	

五、采购谈判让步方案

文书名称	采购谈判让步方案	编　号	
		受控状态	

一、目的

为了规范采购谈判活动中的让步标准、让步对象及让步实施方法，提高谈判效率，降低采购成本，特制定本方案。

二、适用范围

本厂物资采购活动中的谈判让步均应按本方案执行。

三、职责分工

1. 谈判小组负责按照规定权限实施谈判让步，并对谈判让步内容与幅度进行控制。

（续）

2. 采购部负责按相关规定对谈判让步进行监督审核。

四、谈判让步原则

1. 谨慎原则：谈判中的让步应谨慎，幅度不可过大，使对方意识到每次让步都很艰难。

2. 回报原则：做到没有回报绝不让步，每次的让步都需要对方用一定条件来交换。

3. 关键原则：在关键问题上绝不先行让步，应迫使对方先让步或在次要方面上让步。

五、让步实施策略

1. 拒绝让步策略：当谈判的对手就其中一个交易条件要求工厂作出让步时，谈判人员应根据其理由向其表示由于种种原因的限制，无法满足对方要求，并向其保证己方开出的条件已是最优，争取获得对方理解，使其放弃让步要求。

2. 互惠互利让步策略：谈判人员在谈判过程中，可以通过让步换取对方在另一问题上的让步，从而达到双方各让一步、各取所需的效果。

3. 承诺预期让步策略：在必要情况下，谈判人员可以通过给予对方未来的远期利益而避免现实的让步，使对方同意己方的现实条件。

六、让步实施技巧

1. 避免太快接受对方的条件，也不可因为对方迅速接受己方要求就接受对方条件。

2. 谈判人员应注意自己的表现，不应让对方认为己方底价很高，要求容易达到。

3. 没有得到某个交换条件前不应轻易让步，不容易得到的让步才会使对方有满足感和成就感。

4. 对于对方声称的某个原则性问题无法妥协时，不应轻易相信或给予对方更多让步。

5. 应牢记双方让步的次数和大小，并做好记录，从而分析对方是否达到让步临界点，必要时还可向对方强调己方的让步程度，向其施加压力。

6. 谈判人员应通过言行尽量渲染、放大己方让步的艰难程度，使其相信已无法再取得更多让步。

7. 对方让步时，谈判人员应坚持在让步以前提出的条件，若无法满足，应尽可能作最小幅度的让步。

七、对方让步策略的应对

（一）识别小恩小惠

1. 供应商在使用以下方式让步时，谈判人员可将其识别为微小的让步，应进一步向其提出议价要求。

（1）提供培训课程，指导相关人员如何使用物资或操作设备。

（2）承诺某期限内价格保持不变，工厂可以同样价格继续采购物资。

（3）延长质保期限。

（4）提供附加服务担保等。

2. 对于供应商实施的微小让步，谈判人员不可轻易接受，应对其表示"很感谢贵公司对我方作出的让步，但这样象征性的让步无法解决问题，请您给我方一个合理的让步，以便我可以向领导申请接受"。

（二）识别供应商价格底限

1. 供应商可通过以下四种方式进行幅度内的价格让步。

（续）

（1）平均幅度让步。

（2）先作大让步，再作小让步。

（3）一次性全让出。

（4）先作几次小让步试探。

2. 根据供应商让步程度，谈判人员应仔细分析其让步方式，从而分辨其价格底限，不可因为其让步的幅度越来越小而认定接近价格底限。

编制人员		审核人员		审批人员	
编制时间		审核时间		审批时间	

六、采购谈判礼仪规范

制度名称	采购谈判礼仪规范		受控状态	
			编　号	
执行部门		监督部门	编修部门	

第1章　总则

第1条　为规范谈判人员的行为举止，尊重谈判对方，保证采购谈判的顺利进行，特制定本规范。

第2条　凡是参加谈判的人员均应执行本规范的相关规定。

第3条　工厂选择的谈判人员与对方谈判人员在身份、职务方面要相当。

第2章　谈判人员的仪容仪表要求

第4条　谈判人员要有良好的综合素质，谈判前应整理好自己的仪容仪表，穿着要整洁、正式、庄重。

第5条　谈判人员的头发、眼睛、口腔、指甲等必须保持清洁。指甲必须定期修剪，不得留长指甲。谈判当日，男性必须修面，不得蓄须；女性应化工作妆，保持素雅自然的容貌，不得化浓妆、异妆。

第6条　谈判当日，谈判人员必须保持发型整齐，不得梳理怪异、另类的发型，不得染发。男性不能剃光头，不得留长发，头发不得遮耳。

第7条　谈判人员谈判前不能喝酒或吃葱、蒜之类带有刺激性气味的食物。

第8条　谈判人员面部表情应亲切柔和，眼睛应明亮有神。

第9条　谈判人员服装应干净、整洁，不得有褶皱、有异味；服装表面、领口、袖口等不得有污渍油迹；服装应无破损、无开线、无掉扣。

第10条　职业装袖子长度应以达到手腕为宜，衬衣袖子长度应超过西装0.5~1厘米，衬衣袖口应系紧；衬衣纽扣必须全部扣上，衬衣下摆应束入裤中。

（续）

第11条　不得敞开西装上装。单排扣西装两粒扣者只扣上面一粒扣，三粒扣者只扣上面两粒扣。双排扣西装则应将扣子全部扣上。

第12条　谈判人员必须保持皮鞋干净光亮，不得有泥污。

第3章　谈判过程中的商务礼仪

第13条　商定采购谈判地点时，既不应该对谈判对手言听计从，也不应该固执己见，应该由双方各抒己见，共同协商确定。

第14条　布置谈判会场时，应选用长方形或椭圆形的谈判桌，会场进门正对面的座位或进门后右手边的座位为尊，应让给客方。

第15条　谈判人员在谈判过程中，站姿和坐姿要遵守以下规范。

1. 女性站立时，双脚呈 T 字型，一只脚略前一只脚略后，前脚的脚后跟与后脚的内侧脚背靠拢。

2. 男性站立时，双脚呈 V 字型，稍微分开，与肩同宽，身体重心在两脚之间。

3. 站立时，腰背挺直，颈脖伸直，收腹提臀，双肩展开，身体正直平稳，不东倒西歪，不耸肩；双臂自然下垂，或双手在体前自然交叉；双眼平视前方或注视对方，不斜视或东张西望；不能有歪脖、斜腰、挺腹、含胸、曲腿、抖腿、重心不稳、双手插兜、身体乱晃等不适当的行为，也不要将双臂抱在胸前。

4. 入座时应轻柔、和缓、平稳，不要猛起猛坐。

5. 入座后的坐姿为：上身自然挺直，面带微笑，双肩平稳放松，双目平视，下颌稍向内收，脖子挺直，胸上挺，腹内收，背不靠椅子，重心垂直向下，双脚平落在地，双手自然交叉放在腿上或桌上，双膝并拢或稍微分开。

6. 女性坐下时，应两腿并拢，小腿往右内侧并拢斜放，两手自然交叉放于大腿或桌上。

第16条　谈判双方第一次接触时的礼仪

1. 与对方第一次接触时，要尽可能利用言谈举止营造出友好、轻松的谈判氛围。

2. 作自我介绍时要自然大方，不可有傲慢之意。

3. 被介绍的人员应起立并微笑示意，可以礼貌地道"幸会"、"请多关照"之类；询问对方时要客气，如"请问尊姓大名"等；如交换名片，要双手接递。

4. 介绍完毕，可选择双方共同感兴趣的话题进行交谈，稍作寒暄以沟通感情、营造良好气氛。

第17条　谈判刚开始时的礼仪

1. 谈判人员注视对方时，目光应停留于对方双眼至前额的三角区域正方。手势自然，不宜乱打手势。切忌双臂在胸前交叉，显出傲慢无礼的姿态。

2. 谈判人员要认真倾听对方谈话，细心观察对方举止表情，并适当给予回应，这样既可了解对方意图，又可表现出对对方的尊重与礼貌。

第18条　谈判人员报价时要明确无误、恪守信用，不欺蒙对方。在谈判过程中，不得随意变换报价，对方一旦接受价格，即不再更改。

第19条　谈判人员事先要准备好有关问题，选择气氛和谐时提出，态度要开诚布公；切忌在气氛比较冷淡或紧张时询问问题；询问问题时，不可言辞过激或追问不休，以免引起对方反感甚至恼怒，但是对原则性问题应当力争不让；对方回答问题时，不宜随意打断，在对方答完时要向其表示谢意。

（续）

第 20 条　讨价还价事关双方利益，容易导致谈判人员因情急而失礼，因此此时更要注意保持风度，应心平气和，求大同、存小异，发言措辞应文明礼貌。

第 21 条　谈判人员解决矛盾时要就事论事，保持耐心、冷静，不可因发生矛盾就怒气冲冲，或攻击和侮辱对方。

第 22 条　谈判人员要灵活处理冷场，可以暂时转移话题以缓和气氛。如果确实已无话可说，则应当机立断，暂时中止谈判，稍作休息后再重新进行。主方要主动提出话题，不要让冷场时间持续过长。

第 23 条　谈判签约时的礼仪

1. 签约仪式上，双方参加谈判的全体人员都要出席，共同进入会场，互相致意握手，一起入座。双方设的助签人员分立在各自一方代表签约人外侧，其余人员排列站立在各自一方代表身后。

2. 助签人员要协助签字人员打开文本，用手指明签字位置。双方代表各在己方的文本上签字，然后由助签人员互相交换，双方代表再在对方文本上签字。

3. 签字完毕后，双方应同时起立，交换文本，并相互握手，祝贺合作成功。其他随行人员则应以热烈掌声表示祝贺。

第 4 章　附则

第 24 条　本规范由采购部制定，解释权和修改权也归采购部所有。

第 25 条　本规范自公布之日起执行。

修订记录	修订标记	修订处数	修订日期	修订执行人	审批签字

采购合同管理

第七章

第一节　采购合同签订

一、采购合同拟订要点

（一）明确谈判结果

采购部应组织合同编制人员，通过解读、分析谈判工作所形成的谈判协议，明确了解谈判结果，以此作为起草采购合同的根本依据。

（二）拟订合同草案

合同编制人员在法律顾问的协助下，根据谈判协议条款拟订合同草案，合同内容应包括如图7-1所示的各项条款，法律顾问应对合同的合法性和法律保障提出合理意见。

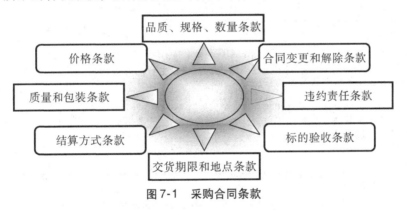

图7-1　采购合同条款

（三）审核修改

采购总监需核查如图7-2所示的要点，确保合同条款的合法性、完备性和规范性。

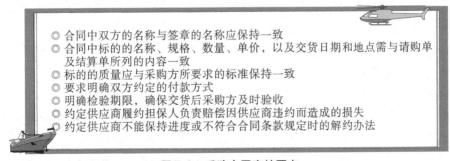

◎ 合同中双方的名称与签章的名称应保持一致
◎ 合同中标的的名称、规格、数量、单价，以及交货日期和地点需与请购单及结算单所列的内容一致
◎ 标的的质量应与采购方所要求的标准保持一致
◎ 要求明确双方约定的付款方式
◎ 明确检验期限，确保交货后采购方及时验收
◎ 约定供应商履约担保人负责赔偿因供应商违约而造成的损失
◎ 约定供应商不能保持进度或不符合合同条款规定时的解约办法

图7-2　采购合同审核要点

如果合同中存在需要修改的地方，应及时将修改意见反馈给合同编制人员，并监督其正确修改，修改完成后送交采购总监进行复审。如果合同无需修改，则应返给合同编制人员直接编制正式合同。

（四）编制正式合同

合同编制人员根据采购总监的审批或复审意见，依照采购合同范例，编制正式合同。

（五）签订合同

工厂与供应商于合同权限日期内组织合同签订事宜，按照签订规范要求，正式签订采购合同。关于合同签署权限及印鉴问题，合同双方应当遵循如图7-3所示的要求。

◎ 采购部需按照规定的权限和程序与供应商当事人签署合同
◎ 对外正式订立的合同应当由法定代表人或由其授权的代理人签名或加盖有关印章；授权签署合同的，应当签署授权委托书
◎ 严格合同专用章保管制度，合同经编号、审批及法定代表人或其授权代理人签署后，方可加盖合同专用章
◎ 印章用完后，保管人应当立即收回，并按要求妥善保管，以防止他人滥用
◎ 保管人应记录合同专用章使用情况以备查。如果发生合同专用章遗失或被盗情况，保管人应当立即报告负责人并采取妥善措施
◎ 采取恰当措施防止已签署的合同被篡改，如在合同各页码之间加盖骑缝章、使用防伪印记、使用不可编辑的电子文档格式等
◎ 按照国家有关法律、行政法规规定，需办理批准、登记等手续之后方可生效的合同，应当及时按规定办理相关手续

图7-3　合同签署权限及印鉴要求

（六）合同存档与管理

合同是明确合作双方相关责任、权利、义务的重要依据，工厂应加以重视并建立合同管理和评估制度。

1. 加强合同的登记管理，并对合同进行统计、分类、存档。

2. 建立合同文本统一分类和连续编号制度，防止合同遗失。

3. 加强合同信息的安全保密工作，防止商业机密泄露。

4. 规范合同管理工作，明确合同流转、借阅、归还的职责权限和审批程序等有关要求。

5. 建立合同履行评估制度，对具体履行情况进行分析评估，并对不足之处加以改进。

二、采购合同签订流程

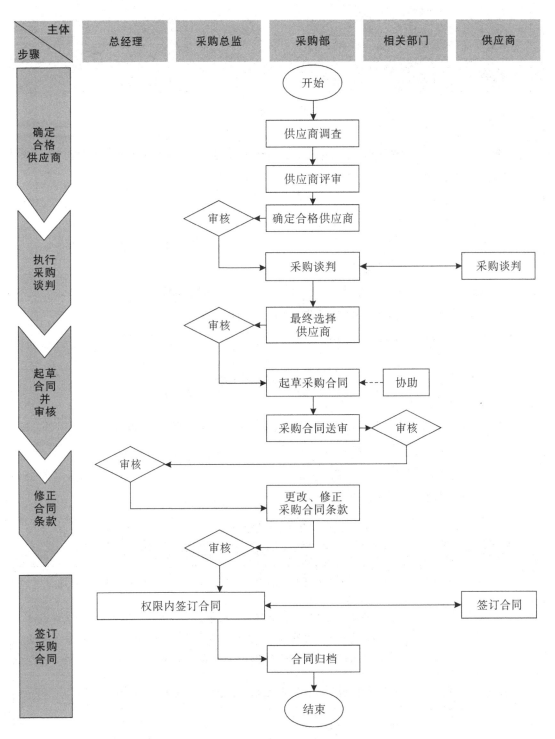

三、采购合同签订规范

制度名称	采购合同签订规范		受控状态	
			编　　号	
执行部门		监督部门	编修部门	

第1章　总则

第1条　目的

为规范采购合同签订工作，防范合同采购风险，维护工厂利益，依据国家相关法律法规及本厂合同管理规定，特制定本规范。

第2条　适用范围

本厂所有物资采购合同的签订工作均应按此规范执行。

第3条　职责分工

1. 总经理、采购总监负责对采购合同进行审批并代表本厂签署合同。

2. 采购部负责采购合同的谈判、起草、修改工作，并组织签订及执行合同。

3. 法务部负责确认采购合同内容的合法性和可能产生的法律后果。

4. 财务部配合合同货款的确认及审批工作。

5. 其他各相关部门提供相应的支持。

第2章　采购合同的拟定

第4条　采购合同的形式

采购合同必须采取书面形式，经签约双方协商修改的相关文书、传真、电报图表、电子邮件、报价书和会签表等，均属于合同的范围。

第5条　采购合同的内容

采购合同的内容结构如下表所示。

采购合同的内容结构

合同内容结构	具体内容
1. 合同开头	◎ 合同名称及编号，合同双方名称、地址和联系方式，签订地点和时间
2. 合同正文	◎ 标的物资的全称、数量和规格型号，价格条款，运输方式，交货地点和履约期限，付款方式和期限，物资验收标准和方式，售后服务及其他优惠条款，违约责任和解决争议的方法等
3. 合同结尾	◎ 合同份数及生效日期、签订人签名、合同双方企业公章

（续）

第6条　采购合同拟订要求

1. 拟订采购合同时，应确保条款内容明确具体，文字表达严谨，书写工整。

2. 拟订生产用原材料与零部件的采购合同时，应尽可能采用统一的合同格式和条款，以便开展供应商管理。

3. 对于生产用原材料与零部件的采购，可在采购合同中只确定定价原则与方法、交货数量的计算原则与方法，具体价格等用报价单等合同附件进行约束，为定期评审价格及日常交货付款提供方便。

第3章　采购合同的签订

第7条　采购合同签订权限

采购合同签订权限规定如下表所示。

采购合同签订权限划分表

职位	签署权限
工厂总经理	签署总价在 10（含）万元以上的采购合同
采购总监	签署总价在 5 万（含）～10 万元的采购合同
采购经理	签署总价在 5 万元以下的采购合同

第8条　供应商调查

1. 签订合同前，采购人员应就合同对方的信用（含经营范围、银行资金、履约能力、技术和质量等级、法人资格、签约人是否是法人代表或经法人代表授权的委托代理人等）进行全面调查分析。

2. 总价在 2 万元以上的合同应当形成书面报告，并就合同对方的资信情况形成会审意见上报采购经理。

第9条　起草采购合同

1. 采购部或采购招标小组根据对方资信情况、双方谈判情况起草采购合同。

2. 合同起草讨论过程应由质量管理部、财务部、法务部等相关人员共同参与。

第10条　合同审查

合同初稿拟订完成后，由相关责任人对合同初稿会审稿所涉内容进行全面审查，合同审查的具体程序如下。

1. 财务部对合同价款的形成依据、款项收取或支付条件等条款进行审查并提出意见。

2. 法务部人员应对合同内容条款的合法性进行审查并提出审查意见。

3. 采购总监对合同所涉内容进行全面审查并提出审查意见。

4. 总经理根据相关部门所提意见、办理程序的规范性以及其他认为需要审查的内容对合同进行审阅并签署意见。

（续）

第11条 合同的签订

采购部根据审查意见进行合同修正，将修正结果呈采购经理再次进行审核，与供应商代表共同确认无误后由相应权限人员签署。

第12条 采购合同签订后处理

采购合同签订后，应由采购部、财务部、行政部各留一份合同原件，法律顾问留一份复印件。

第4章 附则

第13条 本规范由采购部负责制定、修改与解释。

第14条 本规范经总经理签字批准后实施，修改时亦同。

修订记录	修订标记	修订处数	修订日期	修订执行人	审批签字

四、物料采购合同范例

合同名称	物料采购合同		受控状态	
			编 号	
执行部门		监督部门	编修部门	

合同编号：

甲方：＿＿＿＿＿＿＿＿＿＿（购货单位）　　乙方：＿＿＿＿＿＿＿＿＿（供货单位）

为增强甲乙双方的责任感，本着平等互利、协商一致的原则，双方签订本合同，以便共同遵守。

第1条 采购物料清单

采购物料的名称、品牌、规格、数量如下表所示。

采购物料清单

物料名称	规格型号	单位	数量	备注

第2条 物料质量标准

双方经协商后，选择下列第＿＿＿项作为物料质量标准。

1. 附物料样本，作为合同附件。

2. 物料质量按照 ISO 9000 标准执行。在物流运输过程中，如发现物料不符合质量标准，乙方应负责保退、保换；如因保管不善造成物料变质、霉烂、锈蚀及其他损失，应由甲方负责。

（续）

3. 按甲乙双方议定的技术条件、样品或补充的技术要求执行。

第3条　物料单价及合同总金额

1. 物料单价：供需双方同意按定价执行，在合同期内，如遇交易产品市场价格发生较大变化，幅度超过±10%时，双方可协商适当调整价格。

2. 物料单价：_____。

3. 合同总金额（大写）：_____。

4. 物料货款的结算方式：_____。

第4条　合同款支付方式

1. 预付款：甲方于本合同签署之日起15日内，将合同总成交价的20%（即人民币____元）作为预付款支付给乙方。乙方在收到款项后，以传真形式向甲方确认。如甲方不按上述规定准时支付预付款，则交货期作相应的顺延。

2. 发货款：乙方按合同规定，在发货时将有关运输提单或自提单、商业发票、装箱单和质量证书以双方商定的方式寄递给甲方。甲方收到以上单据的次日起15日内，将合同总成交价的40%（即人民币____元）作为发货款支付给乙方。乙方在收到上述款项后，以传真形式向甲方确认。

3. 验收款：在采购物料通过甲方的验收之后，甲方在15日内将合同总成交价的40%（即人民币____元）作为验收款支付给乙方。乙方在收到上述款项后，以传真形式向甲方确认。

4. 甲方和乙方应以书面方式相互通知各方的开户银行、账户名称、账号。开户银行、账户名称、账号如有变更，变更一方应在合同规定的相关付款期限前20天内以书面方式通知对方，如未按时通知或通知有误而影响结算，责任方应负逾期付款的责任。

第5条　包装

1. 包装物：_____。

2. 包装标准：_____。

3. 包装物由____方提供，由____方回收。

第6条　交货

1. 交货方式：_____。

2. 交货时间：____年__月__日。

3. 交货地点：_____。

4. 运输方式：_____。

5. 接货单位（或接货人）：_____。

6. 现场卸货：_____。

7. 物料交货数量的正负尾差、合理磅差和在途自然减（增）量规定及计算方法：_____。

第7条　验收

1. 验收时间：____年__月__日。

（续）

2. 验收方式与方法：_____。

3. 验收标准：_____。

4. 验收负责人：_____。

第 8 条　对产品提出异议的时间和办法

1. 甲方在验收中，如果发现物料的品种、型号、规格、花色和质量不合规定，应妥为保管，并在____天内向乙方提出书面异议，甲方有权拒付不符合合同规定部分物料的货款。

2. 如甲方未按规定期限提出书面异议（在紧急情况下，先行电话通知并承诺在特定时间内提出书面异议的，视为已提出书面异议），视为所交产品符合合同规定。

3. 甲方因使用、保管、保养不善等造成物料质量下降的，属甲方责任，不得向乙方提出异议。

4. 乙方在接到甲方书面异议后，应在____日内负责处理，否则即视为默认甲方提出的异议和处理意见。

第 9 条　甲方的违约责任

1. 甲方自提产品时，如未按供方通知的日期或合同规定的日期提货，按逾期提货部分货款总值计算，向乙方偿付逾期提货的违约金，并承担乙方实际支付的代为保管、保养的费用。

2. 甲方如错填到货地点或接货人，应承担乙方因此所受的损失。

第 10 条　乙方的违约责任

1. 乙方不能交货的，应向甲方偿付不能交货部分货款总额____%的违约金。

2. 乙方所交物料的品种、型号、规格、花色、质量不符合合同规定的，如果甲方同意利用，应当按质论价；如果甲方不能利用的，应根据物料的具体情况由乙方负责换货或退货，并承担调换或退货而支付的实际费用。乙方不能调换或退货的，按不能交货处理。

3. 因产品包装不符合合同规定必须返修或重新包装的，乙方应负责返修或重新包装，并承担相关的费用。甲方不要求返修或重新包装而要求赔偿损失的，乙方应当偿付甲方该不合格包装物低于合格包装物的价值部分。因包装不符合规定造成货物损坏或丢失的，乙方应当负责赔偿。

4. 乙方逾期交货的，按逾期交货部分货款计算，向甲方偿付逾期交货的违约金，并承担甲方因此所受的损失。

5. 对于乙方提前交货的产品、多交的产品以及品种、型号、规格、花色、质量不符合合同规定的物料，甲方可代为保管，但在代保管期内实际支付的保管、保养等费用以及非因甲方保管不善而发生的损失，应当由乙方承担。

6. 产品错发到货地点或接货人的，乙方除应负责运交合同规定的到货地点或接货人外，还应承担甲方因此多支付的一切实际费用和逾期交货的违约金。乙方未经甲方同意单方面改变运输路线和运输工具的，应当承担由此增加的费用。

7. 乙方提前交货的，甲方接货后仍可按合同规定的交货时间付款；合同规定自提的，甲方可拒绝提货。

（续）

8. 乙方逾期交货的，乙方应在发货前与甲方协商，甲方仍需要的，乙方应照数补交，并负逾期交货责任；甲方不再需要的，应当在接到乙方通知后____天内通知乙方，办理解除合同手续，逾期不答复的视为同意发货。

第11条　不可抗力约定

甲乙双方的任何一方由于不可抗力的原因导致不能履行合同时，应及时向对方通报不能履行或不能完全履行合同的理由，在取得有关主管机关证明以后，允许延期履行、部分履行或者不履行合同，并根据情况部分或全部免于承担违约责任。

第12条　其他相关问题

按本合同规定应该偿付的违约金、赔偿金、保管保养费和各种经济损失，责任方应当在明确责任后____天内，按银行规定的结算办法付清，否则按逾期付款处理。但任何一方不得自行扣发货物或扣付货款来充抵。

第13条　解决合同纠纷的方式

凡因履行本合同所发生的或与本合同有关的一切争议，甲乙双方应通过友好协商解决，如果协商不能解决，可向有管辖权的法院提起诉讼，诉讼费用和胜诉方的律师费用应由败诉方承担。

第14条　生效日期

本合同自____年__月__日起生效，合同执行期内，甲乙双方均不得随意变更或解除合同。

第15条　补充规定

合同如有未尽事宜，须经甲乙双方共同协商做出补充规定，补充规定与本合同具有同等效力。

第16条　附则

本合同正本一式两份，甲乙双方各执一份，合同副本一式____份，分送甲乙双方的主管部门、银行（如经公证或签证，应送公证或签证机关）等单位留存一份。

购货单位（甲方）：_____　　供货单位（乙方）：_____

法定代表人：_____　　　　　法定代表人：_____

委托代理人：_____　　　　　委托代理人：_____

地址：_____　　　　　　　　地址：_____

电话：_____　　　　　　　　电话：_____

开户行：_____　　　　　　　开户行：_____

账号：_____　　　　　　　　账号：_____

日期：_____　　　　　　　　日期：_____

修订记录	修订标记	修订处数	修订日期	修订执行人	审批签字

第二节　采购合同执行

一、采购合同执行要点

（一）下达采购订单

采购专员依据采购合同的规定编制采购订单，经采购总监审批通过后将采购订单发送给供应商。采购订单须注明采购物资的类型、名称、数量、交期等。

一份完整的采购订单应由表头、正文、表底三部分组成，其具体内容及构成如表 7-1 所示。

表 7-1　采购订单构成成分说明表

项目	主要内容
表头	一般包括订单名称、编号、日期
正文	包括供应商基本信息、物资的基本信息、交期、交货方式、交货地点以及注意事项等内容
表底	一般包括订单份数、生效日期、双方签订人公章等

（二）采购订单跟踪

采购专员必须密切跟踪供应商的订单处理和物资生产、备货情况，确保采购物资能够按时、按质交付。合同执行过程的订单跟踪内容具体如下。

1. 严密跟踪供应商备货的详细过程，保证订单能够正常执行。

2. 在订单执行过程中，采购人员应紧密配合工厂的生产需求，进行订单变更或追加。

3. 跟踪工厂实际物资库存水平，通过控制交货时间保证物资库存控制在合理范围内。

4. 监督订单物资运输及中间运输环节的交付情况，确保工厂实时掌握物资的在途情况。

（三）货物质量验收

采购人员与供应商按照原合同规定的时间、地点对采购物资进行交货确认和物资检验，确保物资的数量、质量符合原定的要求。

若检验过程中发现问题，应及时反馈至采购部，采购部按照合同规定正确处理有问题的物资，并解决其他相关问题。

（四）合同款项支付

采购部按照合同规定办理款项的结算和支付手续，财务部核查物资验收单据、采购订单后，确定应付款的具体数目，并按合同约定的支付方式向供应商支付货款。

同时，应注意向供应商索要发票，确认发票金额与付款一致后，妥善保管发票。

（五）合同变更

工厂相关部门、供应商均可提出合同变更要求。采购部受理合同变更要求，分析变更事项与原因，若符合合同相关条款的，按照合同规定处理。若合同并未说明而变更要求较为合理的，由采购部与供应商进行协商，经采购总监审核批准后，进行修改变更或终止合同。

（六）合同纠纷处理

当合同履行过程中发生争议纠纷时，采购主管应及时上报采购总监、采购经理，并按上级的处理意见编制处理计划，经采购总监审批后，编制纠纷处理方案，并与供应商协商谈判。若双方意见一致，则按方案规定解决纠纷；若未能达成一致，可提交仲裁机构进行仲裁。

（七）采购合同解除

采购合同解除的形式主要包括采购合同的取消、采购合同的终止。

1. 取消采购合同主要包括因违约而取消合同、因需求变更而取消合同、供需双方协商同意取消合同三种情况。取消采购合同时，应注意对不正常的合同取消情况进行严格控制，并对工厂在合同签订及取消过程中受到的损失进行正确评估，采取措施减少工厂的损失。

2. 终止采购合同的情况：应合同期满而终止和合同因条件具备、法定解除权的行使或约定解除权而终止。在采购合同终止时，应注意如图 7-4 所示的几个事项。

1	◆ 合同因期间届满而终止，合同自动解除，但供应商对该产品负有的保修责任不因合同的终止而消失
2	◆ 工厂因供应商所交物料有瑕疵，可以解除合约或请求减少价款，但其解除权或请求权在物料交付后六个月内不行使则消失
3	◆ 信用证规定的单据提示的有效期满，而供应商仍未能在有限期限内提交物资装运文件并办理押汇手续时，工厂以不同意延期为由终止合同，不承担任何责任

图 7-4 采购合同终止时的注意事项

二、采购合同执行流程

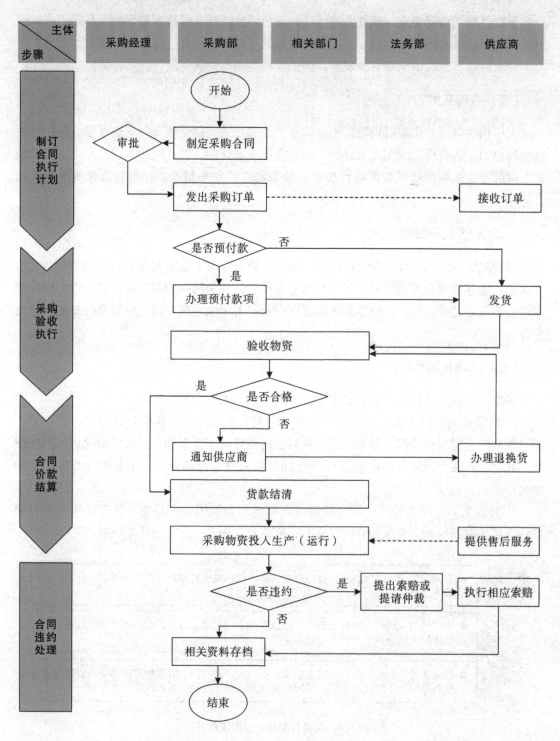

三、采购合同执行办法

制度名称	采购合同执行办法		受控状态	
			编 号	
执行部门		监督部门	编修部门	

第1章 总则

第1条 目的

为了确保采购合同的顺利执行，减少采购合同执行过程中发生的违约事件，加强采购工作的管理水平，特制定本办法。

第2条 适用范围

本办法适用于采购合同的执行控制。

第3条 职责分工

1. 采购部全面负责采购合同的执行工作。

2. 法务部协助采购部处理索赔、纠纷等法律事务。

第2章 采购合同执行程序

第4条 编制采购订单

1. 采购合同签订后，采购部应根据本厂生产经营需求和各部门的申请编制采购订单，经采购总监审批后送交供应商。

2. 订单发送到供应商处后，采购人员应与供应商代表进行沟通，确认其收到采购订单并可在约定日期供货。

3. 采购订单应包括但不限于以下内容。

（1）采购产品的名称、品种、型号、规格。

（2）订货总数量、分期交货数和订单号。

（3）包装和运输方式、到货地点、随货文件和验收方法。

（4）订单生效条件和纠纷处理方式等。

第5条 跟踪订单执行

供应商确认采购订单后，采购人员应对订单执行过程进行管理监控，具体跟踪事项主要包括以下四个方面。

1. 跟踪供应商生产及备货过程，发现问题及时反馈，出现变更时，应立即解决并保证准时到货。

2. 随时关注生产需求变化，如生产急需则应立即与供应商协调，协助供应商完成紧急供货，如生产活动出现延缓，经采购总监批准延缓或取消订单时，采购人员应与供应商进行沟通，确认可承受的延缓时间或终止订单操作，并协商相关赔偿事宜。

3. 跟踪库存状况，保证库存水平，当库存过高或过低时，应及时与供应商联系，制定相应采购方案，保证库存控制在合理水平。

4. 跟踪物资备货、装运，确保供应商发货物资的规格、数量、质量符合要求。

（续）

第6条 验收采购物资

1. 采购人员在接收货物前应与供应商确认交货与验收时间，并保证符合合同约定。

2. 交货验收的地点应依照采购合同条款，若因故无法在预定地点进行交验，采购人员应提前通知供应商并立即办理转移，确保在约定时间实施验收。

3. 采购物资的检验内容主要包括以下三方面。

（1）点收数量。查验交货数量是否与采购合同、订单及运送凭单相符，采购人员应进行两次数量清点，确保准确无误。

（2）检验质量。确认接收货物与订购货物是否一致，并检验其质量是否符合采购合同约定的质量要求。

（3）检验单证。即对供应商供货清单与承运单位货运清单进行检验。

4. 采购人员应根据验收结果对物资进行处理，具体处理办法如下表所示。

物资验收结果对应的处理办法说明表

处理办法	适用条件	具体说明
入库	验收合格的物资	对物资进行"合格"标识，交送仓储部办理入库手续
拒收	验收结果不符合合同条款规定的物资	1. 通知供应商限期内收回物资 2. 若合同约定准许换货，则应在供应商交齐合格品后再发还
补齐	物资出现短缺	通知供应商限期内补齐短损物资
索赔	物资出现损坏	向供应商或运输单位索赔

第7条 办理付款手续

1. 采购部确认物资已验收入库后，应通知财务部按照采购合同约定方式付款。

2. 财务部完成付款后，采购人员应及时与供应商进行沟通，确认款项到账情况。

第3章 采购合同执行标准

第8条 法律约束

合同签订后即生效，具有法律约束力，采购合同执行人员必须按合同约定全面履行规定的义务，遵守诚实信用原则，根据合同性质、目的和交易习惯履行通知、协助、保密等义务。

第9条 执行记录管理

在合同执行过程中，采购部应以台账形式对合同的执行情况作详细全面的书面记录，并保留证明合同执行情况的原始凭证。

第10条 执行过程中的合同变更

在合同执行过程中出现下列情况时，采购人员应及时向上级领导报告，并按照国家法律法规和本厂相关规定及合同约定与供应商代表协商变更或解除合同。

（续）

1. 由于不可抗力致使合同不能继续执行。

2. 对方在合同约定的期限内没有执行合同所规定的义务。

3. 由于情况变更，致使我方无法按约定执行合同，或虽能执行但会导致重大损失。

第 11 条 采购合同付款方式规定

1. 采购合同的货款支付可采用以下四种方式：验收后付款、预付款、分期付款、延期付款。

2. 合同约定为预付款或分期付款者，采购人员应在合同约定付款期限之前，向财务部门提交"付款申请单"。

第 12 条 采购合同纠纷处理

合同发生纠纷时，采购部相关人员会同法律顾问与合同对方协商解决，协商不成需进行仲裁或诉讼的，协助法律顾问办理有关事宜。

第 13 条 采购合同执行纪律

1. 采购合同执行与管理的相关人员不得有下列情况，否则将视情节轻重给予相应处分。

（1）泄露合同内容或私自更改合同条款。

（2）丢失合同。

（3）损害本厂利益。

（4）在合同执行过程中出现严重的不负责任行为。

2. 合同执行过程中，相关人员违反国家和本厂相关规定，给本厂造成经济损失或其他损失的，视其性质和情节轻重，给予责任人行政和经济处罚；触犯刑律的移交司法部门处理，本厂保留对责任人的追索权。

第 4 章 附则

第 14 条 本办法未尽事宜，依照国家有关的法律、法规和政策执行。

第 15 条 本办法由采购部负责制定与执行，自颁布之日起实行。

修订记录	修订标记	修订处数	修订日期	修订执行人	审批签字

四、采购合同纠纷处理方案

文书名称	采购合同纠纷处理方案	编　　号	
		受控状态	

一、目的

为加强采购合同管理水平，使采购合同纠纷处理工作有章可循，减少并防止采购活动中产生的损失，特制定本方案。

（续）

二、适用范围

本方案适用于因采购合同违约而引起的纠纷处理。

三、职责

1. 总经理、采购总监负责采购合同纠纷处理的审核与决策。

2. 采购部负责分析采购合同纠纷原因、制定及实施处理方案。

3. 法务部负责为采购合同纠纷提出合理化建议，并负责处理所有相关法律事项。

四、引发纠纷的情况

在采购活动中，引发双方纠纷的情况主要有以下五种。

1. 货款支付不及时。

2. 供应商没有按时交货。

3. 物资质量不合格。

4. 一方违反保密义务。

5. 由于不可抗力造成了损失。

五、纠纷处理流程

1. 采购人员发现供应商的违约行为或接到供应商违约通知后，应立即向采购经理汇报，并进行调查。

2. 确认纠纷情况和违约行为后，采购部应制定相应的处理方案交采购总监审批。

3. 经采购总监批准后，采购人员实施处理措施。

4. 当双方存在争议而无法处理时，采购部应立即通知法务部协助处理。

5. 采购部会同法务部共同制定采购合同纠纷的法律处理措施，提交采购总监、总经理审核批准后执行。

六、纠纷处理措施

（一）货款支付不及时

1. 在接到供应商的逾期未付款通知后，采购部人员应立即查阅采购合同条款，确认超过付款期限后向财务部门汇报。

2. 具体的处理措施如下。

（1）若查明原因为商业汇款过程延误造成的，采购部人员立即与供应商进行沟通，并向其出示汇款凭证。

（2）若确认为逾期未付款项，则应按照合同条款要求偿付对方相应违约金。

（二）未按时交货

1. 在合同约定收货日的24时之前，没有收到供货方的相关货物到达的信息，即视为对方没有按时交货。

2. 具体的处理措施如下。

（1）供应商应从最迟交货日的次日起，每逾期一日，应按逾期交货价款总值的5‰计算，且供应商所支付逾期交货违约金应不超过采购合同总金额的10%。

（续）

（2）若在规定的交货日期后 10 日内仍未能接收到货物，则视为发货方不能交货，本厂有权要求发货方赔付全部货款 10% 的违约金。

（3）支付逾期交货违约金并不免除供应商交货的责任及合同所规定的其他各项义务。

（4）供应商应承担由于交货不及时导致我方人员滞留在交货地点的一切费用。

（三）物资质量不合格

1. 在质量保证期内，采购物资存在规格、型号等与合同不符，或证实物资有缺陷，包括潜在的缺陷或不符合质量标准的部件等，均认定为质量不合格。

2. 供应商在收到本厂要求更换有缺陷物料的通知后 10 日内或在签署"货损证明"后 15 日内，没有补足或更换设备或交货仍不符合要求的，也视为质量不合格。

3. 具体的处理措施如下。

（1）退货。供应商按实际发生货款退还本厂，并承担由此发生的一切损失和费用。

（2）降价。根据物资的低劣程度、损坏程度以及造成损失的金额，通过协商降低供应商的供货价格。

（3）在质量保证期内更换部件、修补缺陷。用符合规格、质量、性能要求的新部件、零件或设备更换有缺陷的部分和修补缺陷部分，供应商需承担一切费用和风险，同时，应相应延长质量保证期。

（四）对方违反保密义务

1. 承担保密义务的一方，在双方约定的范围和时间内没有履行采购合同中所列的保密条款，故意或由于过失导致相关秘密事项泄露的，均视为违反保密义务。

2. 具体的处理措施如下。

（1）机密泄露给权利方带来直接损失或可衡量的间接损失时，义务承担方应向权利方支付相应损失三倍的赔偿金，并立即采取措施停止对权利方的继续侵害。

（2）义务承担方应及时对泄密人员进行内部纪律处分，并将处分情况及时告知权利方。

（五）由于不可抗力造成损失

1. 采购合同中的不可抗力是指本合同生效后，发生不能预见并且对其发生和后果不能防止或避免的事件，具体包括以下内容。

（1）自然灾害，包括地震、台风、水灾等。

（2）人为因素，包括火灾、战争等。

（3）其他不可预见且无法避免的事故。

2. 具体的处理措施如下。

（1）发生不可抗力的一方应立即通知对方，并在 15 天内提供不可抗力的详情及有关证明文件。

（2）发生不可抗力事件时，合同双方通过协商的途径制定合理的解决方案，并尽一切努力减轻不可抗力产生的损失。

（3）不可抗力事件持续达到 15 日时，合同双方应协商解决本合同是否继续执行的问题。

编制人员		审核人员		审批人员	
编制时间		审核时间		审批时间	

采购质量控制

第八章

第一节　采购质量标准制定

一、采购质量标准制定要点

（一）物资分类分析

采购质量标准编制人员首先应对采购物资进行分类处理，并判断各类物资的质量评价要素，具体如表 8-1 所示。

表 8-1　采购物资分类及质量评价要素

物资类别	质量评价要素
食品、饮料、烟酒类	◎ 主要包括等级、用途和成分等
纺织、皮革、木材类制品	◎ 主要包括股数、经纬纱数、原料、加工方式及程度、单位重量、厚度、尺码大小、用途、色泽等
化学品类	◎ 主要包括成分、纯度、外观形状、重量、粉状粗细、等级、颜色、用途、生产方式以及反应时间等
基本金属类	◎ 主要包括含碳量、合金的相对成分、长度、厚度、内径、镀锌、涂漆、用途、冷轧或热轧、加工方式以及成分、单位重量、拉力、用途、规范标准等
一般金属制品	◎ 主要包括原料、用途、尺码、外形等
机械设备类	◎ 主要包括用途、产量、型式、操作方式以及限度、构造等
仪器类	◎ 主要包括用途、精密度、型式、操作方式以及限度、构造等
非金属矿产品类	◎ 主要包括比重、可燃性、闪光点、纯度、用途、加工方式以及程度、厚度、尺码大小等

（二）确定技术规格

采购质量标准编制人员在质量管理部和工艺技术部的协助下，根据各类物资的质量评价要素确定相应的技术规格，为编制工作做好充分准备。

（三）编制采购标准

采购质量标准编制人员谨慎选择编制方法，并参考工厂以往的数据资料和同行业的平均水平，依照采购质量标准的内容结构逐项开展编制工作，并将初步编制完成的采购质量标准提交总经理审核。

采购质量标准不仅要满足工厂自身的采购质量要求，还应得到供应商的肯定，最好可以通过 ISO 9000 质量认证。

（四）修改与完善

1. 采购质量标准编制人员根据总经理的审批意见，汇总质量管理部和工艺技术部的指导意见后，修改初步编写的采购质量标准，最终确定采购质量标准的内容，并选择适宜的形式制作采购标准文件。

2. 采购部和质量管理部还应根据国家和行业相关产品的质量标准要求，以及工厂生产设备更新换代和新产品质量要求，及时对采购质量标准进行修改和完善。

（五）下发执行

最终确定的采购质量标准经总经理审批通过后，立即下发生效。采购部组织相关采购人员认真学习标准文件，采购总监负责监督采购质量标准的实际执行情况。

二、采购标准编制规范

制度名称	采购标准编制规范		受控状态	
			编　　号	
执行部门		监督部门	编修部门	

第1章　总则

第1条　目的

为了保证工厂采购工作有标准可依，确保采购物资质量稳定、满足生产使用要求，最终达到降低成本、提高工厂经营效益的目的，特制定本规范。

第2条　使用范围

本规范适用于采购标准编制工作。

第3条　人员职责

1. 采购部主要负责编制采购标准。

2. 生产部门提供采购物资的清单。

3. 质量管理和工艺技术部提供技术支持。

4. 其他部门提供相关的信息支持。

（续）

第4条　名词解释

采购标准是指为了明确本工厂生产过程中所用的外购原材料、辅助材料、燃料、零部件、元器件等（以下简称"采购物资"）的质量要求而制定的标准。

第2章　采购标准编制要求

第5条　编制原则

采购部采购标准编制人员应掌握编制原则，并以编制原则为指引开展具体工作。

第6条　编制依据

工厂的一整套采购标准必须遵照国家行政管理机关颁布的安全、质量和操作等标准，而不可任意更改现行标准。

第7条　采购标准必须根据技术要求编写

为确保采购标准能够正确指导采购活动，保证采购物资的精确性和适用性，采购标准编制人员应依据技术部门和质量部门提供的技术参数来编写。

第8条　采购标准必须简明、完整

采购标准文件应包含日常采购的所有物资用品和与其相对应的采购参数，并按要求使用规范正式的文字，以便使用人员理解和操作。

第3章　采购标准的主要内容

第9条　物资类型、品名和编号

采购标准编制人员应根据采购物资进行种类划分，并明确品名和编号，以提高采购物资申请和审批工作的规范性、统一性。

第10条　使用和入库时间要求

为确保资金和物资的有效利用，应对各部门采购物资的权限进行明确。

第11条　供应商选择建议

采购部门应先对供应商资质进行审核，提供合格供应商名录，以便指导采购工作。但供应商名录不得作为强制性要求，仅能作为指引性意见。

第12条　质量要求

1. 质量管理部应根据采购物资清单提供物资质量依据和标准。

2. 技术部门应提供各类物资的型号、性能等具体参数和相关描述。

第13条　数量要求

为最大化实现采购量和消耗量的平衡，采购标准编制人员应分析历史生产计划和使用量的匹配情况，为确定物资采购数量提供依据。

第14条　最高限价

最高限价是采购价格控制的重要手段，财务部和采购部相关人员应借助历史采购记录和供应商报价，共同商议并加以确定。

（续）

第15条　审批程序

采购标准编制人员应明确请购申请审批程序，并对人员权限和职责进行明确规定。

第4章　采购标准编制方法

第16条　借鉴优秀企业的采购标准

如工厂现阶段缺乏现成的资料和编写经验，采购标准编制负责人应先借鉴行业内优秀企业的采购标准，并根据需要进行修改和借鉴。

第17条　参考有关质量标准

由于工厂采购活动涉及多种物资，采购标准编制人员应充分利用政府机关、商业机构制定的各类物资的质量标准，并通过工厂内部的技术测试制定适用的标准。

第18条　借用供应商的物资标准

通过汇总供应商提供的物资标准，结合工厂使用要求，先对共性项目进行确定，然后对特殊要求进行针对性编写，有效缩短编制时间。

第5章　采购标准最终形式

第19条　采购表单文件

采购表单文件包括采购物资分类表、请购单等，通过简洁的质量标准说明和简单的形式进行采购标准控制。

第20条　采购标准手册

采购标准手册采用纸质书本的形式明确各部门责任以及具体质量标准，体系清晰、内容详尽，有助于新员工上岗学习和在工作实操中查阅。

第21条　电子化采购标准

采购部应将采购标准以表格形式存入电脑，并发送至各相关部门学习和执行，在应用过程中通过网络来查询、提交申请和办理审批，有利于节省成本、推进无纸化办公。

第6章　附则

第22条　本规范由采购部负责起草和修订。

第23条　本规范经工厂总经理审批后生效实施。

修订记录	修订标记	修订处数	修订日期	修订执行人	审批签字

三、采购标准编制流程

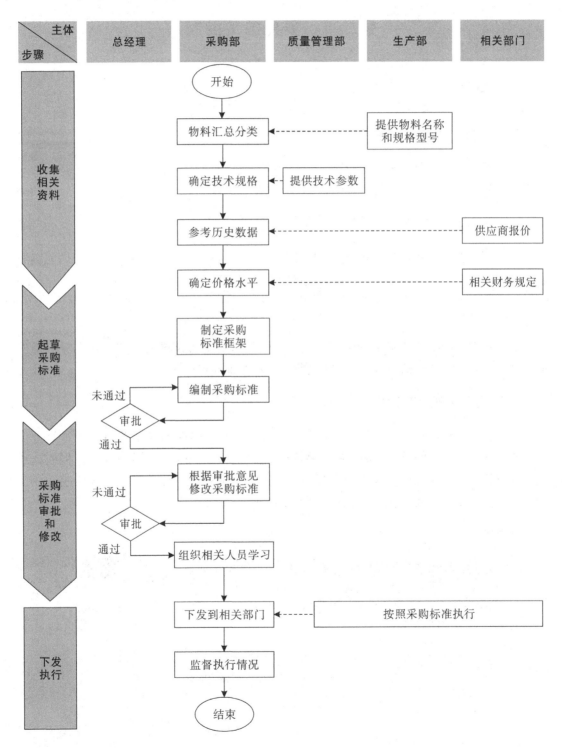

第二节 委托加工控制

一、委托加工质量控制要点

（一）收集厂商信息

采购部应明确需要委托加工的项目，并分析其具体性质，确定委托厂商的选择标准与要求，向外发布调查表，收集有合作意向的厂商的相关信息。

（二）选择委托厂商

采购部根据反馈回来的厂商信息，按照选择标准进行筛选，向初步合格的厂商明确委托加工的质量要求，并要求其进行试做质量评估。

（三）质量评估

质量管理部和工艺技术部安排相关人员，协助采购部对试做完成的样品进行质量检验，并将检验合格的厂商列入候选名单，提交采购总监审核。

（四）签订委托加工合同

采购总监审批通过后，采购部组织谈判小组与合格厂商进行沟通谈判，通过议价比价，选择性价比最优的委托厂商，签订委托加工合同，正式确定委托合作关系。同时，还应签订委托加工质量保证协议，双方就质量标准、争端解决办法以及责任等问题达成共识。委托加工质量保证协议应当满足如图8-1所示的要求。

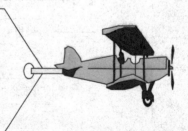

◎ 质量保证协议应当得到双方认可，防止日后可能出现的质量纠纷问题
◎ 质量保证协议应当明确检验方法及要求
◎ 质量保证协议提出的质量要求应当考虑到成本和风险等方面的内容

图8-1 委托加工质量保证协议的要求

（五）委托加工制程监控

工厂可指派专门的驻厂人员，向委托厂商发送加工质量标准和相关的模具、图纸等，提供必要的援助和指导，并对加工制程进行全面监督，控制加工进程和质量要求，保障加工产品保质、保量按时完成。委托加工制程监控主要应注意如图8-2所示的几个要点。

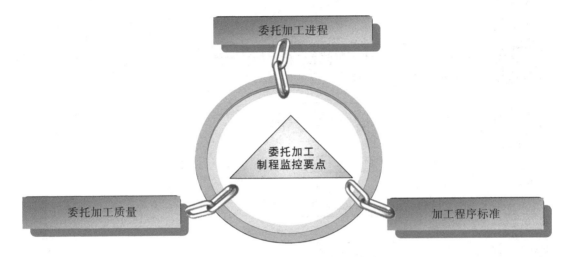

图8-2　委托加工制程监控要点

（六）委托加工产品验收

委托厂商完成加工任务后，采购部应组织验收人员进行加工产品的验收工作，确保数量、质量等各方面符合要求后，通知仓库管理人员办理入库手续。

二、委托加工质量控制流程

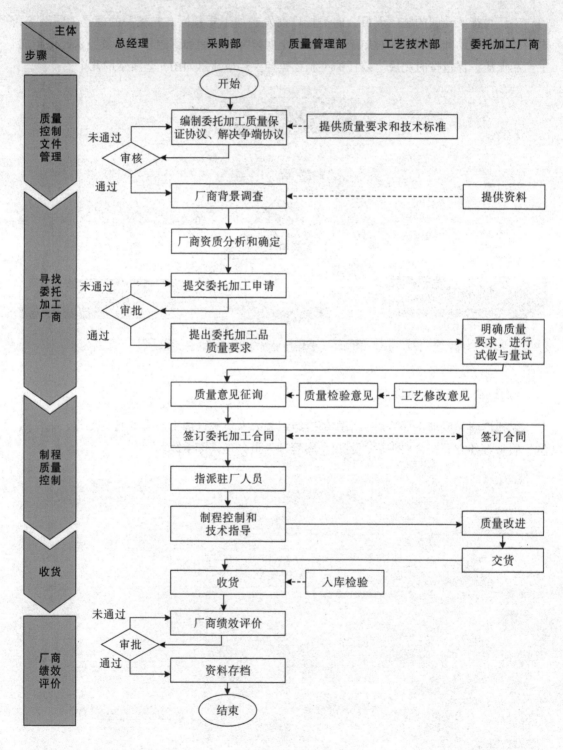

三、委托加工质量控制方案

文书名称	委托加工质量控制方案	编　　号	
		受控状态	

一、背景

为了进一步做好委托加工的质量控制工作，使本工厂委托加工方能提供适质、适量的产品，确保工厂委托加工的产品均能符合要求，特制定本方案。

二、适用范围

委托加工项目的厂商选择、制程控制以及质量验收等工作均应按照本方案进行。

三、人员职责

相关采购人员及委托加工质量监督验收人员负责依照本方案严格开展质量控制工作。

四、委托加工的时机和分类

（一）委托加工的时机

1. 本工厂人员、设备不足，生产负荷已达饱和时。

2. 特殊零件无法购得现货，也无法自制时。

3. 委托加工厂商有专门性的技术，采用委托加工方式能获得质优价廉的产品。

4. 配合本工厂销售、生产需要，需通过委托加工厂商完成新产品零配件的试作、量试及大量委托加工等作业时。

（二）委托加工的分类

1. 成品委托加工：指由本工厂提供材料或半成品供委托加工厂商制成成品，加工后即可交工厂销售部门当作成品销售的方式。

2. 半成品委托加工：指由本工厂提供材料、模具或半成品供协作厂商制造，外协加工后尚需送回本工厂经过再加工方能形成成品的方式。

3. 材料委托加工：由于本工厂无法生产产品制造所需的某种材料，需要委托加工从而满足本工厂生产需要的方式。

五、委托加工厂商的选择

委托加工厂商的资质直接影响到委托加工产品的质量，选择委托加工厂商时应遵循以下程序和要点。

（一）委托加工厂商的调查

1. 为了解委托加工厂商的动态及产品品质，采购人员应随时调查，为那些希望与本工厂建立委托加工关系并且符合条件的供应商（委托加工）建立资料档案，作为日后选择委托加工厂商的参考。

2. 采购外协人员应依据供应商（委托加工）调查表每半年复查一次，以了解厂商的动态，同时依变动情况更正原有资料。

3. 在每批号订单结束后，将委托加工厂商试作、外协的实绩记录于供应商（委托加工）调查表，以作为日后选择厂商的参考。

（二）委托加工厂商的选定方法及基准

1. 工厂采用审查及实地调查相结合的方式对供应商进行调查，形成"委托加工申请表"和"实地调查报告"两项文件。

（续）

2. 审查基准一般包括资信情况、供应能力、产品价格、管理水平四个方面。

（三）试用、试制与量试

1. 试用：当供应商通过审查选择之后还须经过试用，待试用考核达到标准时才能成为本工厂协作厂商。

2. 试制：采购人员根据工艺技术部提供的零件表、设计图纸等技术资料开立申请单，报请有关部门批准试制。

3. 量试：采购人员将供应商提供的第一批小量试作品送交工程设计人员和质量检查人员检查和确认，如需修改，应统一由工艺技术人员重新绘制零配件成品图，再通知厂商重新送样，直至确认后正常方可进入正式投产阶段。

六、委托加工制程质量控制

（一）制程检验

1. 指定人员：工厂应指定委托加工制程质检专员负责制程检验的检查和记录工作。

2. 巡检方式：制程检验主要采用巡检的方式，即检验专员在委托加工厂商生产现场按一定的时间间隔或检查频率对关键性工序的产品质量和加工工艺进行监督检验。

3. 检验项目：在巡检时，检验专员应严格按检验标准或作业指导书，对关键工序的产品质量、工艺、规程、机器运行参数、物料摆放、标识和加工工艺等进行监督检验。

4. 检验程序：检验专员应对各生产班组执行巡回检验，依据委托加工产品生产工艺规定、"产品制程检验手册"进行判定，将检验结果记录于"委托加工巡回检验报表"，及时反馈给工厂质量管理部经理。

（二）技术辅导

1. 指定人员：工厂应指定委托加工技术辅导专员负责跟进委托加工质量情况，并提供技术支持，改进产品质量。

2. 完善材料：技术辅导人员应提供完善的技术委托加工材料，以确保委托加工厂商的产品满足本工厂的技术标准和工艺要求。需提供的材料主要包括以下种类：产品图纸、加工程序图、操作标准、检查标准、检验标准、材料的规格与数量。

3. 现场指导：技术辅导人员通过现场走动的方式，及时发现实际操作过程中的不当之处，并提出技术改进方案。

4. 相关培训：人力资源部及相关技术工艺人员组织委托加工厂商人员参加工厂培训，使其了解工厂技术标准、工艺要求和验收规格以及如何判定合格，协助其改善工作方法。

七、委托加工产品质量验收

（一）验收程序

委托加工作业完成后，供应商及时将产品送到工厂，仓储部人员应通知质量管理部人员进行验收，验收合格后方可办理入库手续。

（二）验收内容

对委托加工产品的质量验收包括以下四项内容：产品外观、产品结构、尺寸检验（安装尺寸、连接尺寸）、易于检验的性能。

（三）验收记录

1. 质量管理人员应严格按照验收规范和验收方法进行委托加工品的检验，并填写产品质量验收单。

（续）

2. 委托加工品的质量验收员应如实记录验收状况，严把质量关，可收可不收的坚决不收，发现重大质量问题应及时上报。
3. 负责委托加工产品质量检验的人员应定期编制"委托加工产品质量报告"，作为工厂评估委托加工厂商生产质量的依据。
（四）不合格品的处理
对于检验不合格的委托加工产品，质量检验人员有责任如实登记，并通知采购人员与委托加工厂商进行沟通，及时进行返厂加工或采取赔偿措施。

编制人员		审核人员		审批人员	
编制时间		审核时间		审批时间	

四、委托加工制程质量管理制度

制度名称	委托加工制程质量管理制度		受控状态	
			编　号	
执行部门		监督部门	编修部门	

第1章　总则

第1条　目的

为确保委托加工产品的品质满足工厂生产需要，避免因产品质量问题引发后期生产事故，特制定本制度。

第2条　适用范围

本制度适用于委托加工产品的制程质量控制工作。

第3条　人员职责

1. 制程质量控制专员根据"委托加工质量保证协议"以及工厂原料质量要求进行委托加工制程质量检验，并提供相关指导。

2. 委托加工采购人员负责跟进委托加工厂商的生产和交货情况，督促厂商严格履行合同，确保工厂生产的有序进行。

第2章　委托加工制程质量控制要点

第4条　生产环境监控

制程质量控制专员应从生产现场开始实施质量控制工作，生产环境控制内容具体如下。

1. 对质量特性起重要作用的辅助材料和公用设施（如生产用水、压缩空气、电、化学用品等），应加以控制并定期进行验证，以保证对制程影响的统一性。

2. 对产品质量有重要影响的环境条件（如温度、湿度和清洁度），应予以明确的规定，并进行控制和验证。

（续）

第5条　生产人员资格要求

委托加工方生产人员应具备从业资格证书以及相应的实际操作能力，否则不能承担生产任务。

第6条　生产原料检验

1. 投产前，所有的材料和零件均应符合工厂规定的要求。

2. 应对制程中的产品包括制程中的货物进行适当存放、隔离、搬运和防护，以保持其适用性。

第7条　生产工艺流程检验

制程质量控制专员应严格监控委托加工厂商的工艺流程，确保操作流程规范、工艺技术达到工厂质量文件规定的参数水平。

第8条　生产质量检查

制程质量控制专员应对委托加工厂商生产的制品实施抽检，发现质量异常时应及时处理，如系重大或特殊异常应立即向工厂质量经理报告，并及时采取有效措施以免造成不必要的损失。

第3章　委托加工制程质量控制实施

第9条　加强现场管理

制程质量控制专员应采用定期或不定期的方式到委托加工厂商生产现场进行质量抽检工作，通过现场走动的方式及早发现和解决问题。

第10条　及时反馈信息

在委托加工制程控制过程中发现问题时，制程质量控制专员应及时向工厂反馈，不得故意拖延或隐瞒。

第11条　提供技术支持

对于委托加工厂商生产流程或工艺技术上的缺陷，制程质量控制专员应及时上报质量管理部门，并通过内部协调由工艺技术人员提供技术指导，以改进生产质量，确保委托加工品的质量和交货期。

第12条　紧急情况处理

1. 制程质量控制专员在质量检验时发现有严重质量不合格情况，在通知工厂质量管理部的同时，有权责令委托加工厂商停止生产作业。

2. 委托加工厂商因产品质量问题停产后，重新开展生产时必须经过工厂质量管理部验收同意。

第13条　制程控制记录

制程质量控制专员应详细记录委托加工厂商的制程质量状况，作为评价委托加工厂商质量水平的依据。

第4章　附则

第14条　本制度由质量管理部负责起草和修订。

第15条　本制度经工厂总经理审批后生效实施。

修订记录	修订标记	修订处数	修订日期	修订执行人	审批签字

第三节　采购验收实施

一、采购验收实施要点

（一）验收准备

采购部接到供应商的发货通知后，组织验收人员准备好验收标准文件，并通知仓储部做好验收准备。同时采购主管应对验收人员提出指导建议，帮助其根据验收物资性质确定检验内容和检验方法，并准备好相应的验收器具。验收标准文件应当包括如图8-3所示的八项内容。

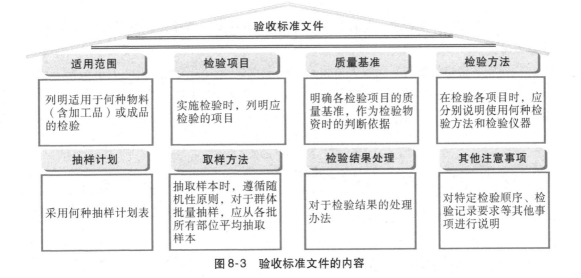

图8-3　验收标准文件的内容

（二）接收物料

验收人员接收物资验收单据，并按照原合同规定的交货地址和时间接收供应商送到的物资和交货单据。

（三）物料检验

验收人员核对采购文件和供应商交货单据，在质量管理部、工艺技术部等相关人员的协助下，按照原定的检验项目，对物资的外观、数量、质量等进行检验，并正确填写检验报告单，提交上级领导审核。

一般情况下，物料的检验方法有如图8-4所示的两种。

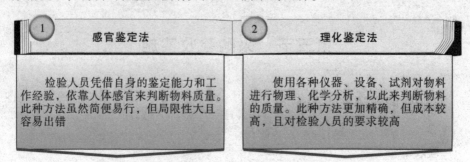

1 感官鉴定法	2 理化鉴定法
检验人员凭借自身的鉴定能力和工作经验，依靠人体感官来判断物料质量。此种方法虽然简便易行，但局限性大且容易出错	使用各种仪器、设备、试剂对物料进行物理、化学分析，以此来判断物料的质量。此种方法更加精确，但成本较高，且对检验人员的要求较高

图8-4　物料检验方法

对于技术性强、大宗的和新物料、特殊物料，还应进行专业测试，必要时可委托具有检验资质的机构或聘请外部专家协助验收。

（四）验收结果处理

1. 对于验收合格的物料，及时通知仓库管理人员办理入库手续，填写"验收入库单"并存档保管。

2. 对于不合格的物料，验收人员将具体情况反馈给采购人员，采购人员根据上级领导指示对超交或短交的物料作出接受、选择性接受或拒接的决定，对质量不合格的物料做出全部拒接或拒收质量不合格品的决定。具体的处理办法如表8-2所示。

表8-2　不合格品的处理办法

措施	适用情况	具体办法
补交处理	交货数量未达到订货数	补交或经请购部门经理同意后可免补交
拒收并退货	不符合质量标准且批次合格率不达标	经领导审批同意后联系供应商办理退货
换货处理	（1）提供不合格品的供应商过往质量记录良好 （2）请购部门不急于使用采购物料	要求供应商换货
返工处理	当批物料检验不合格，经加工可转化为合格品	由供应商或本工厂进行物料再加工，并要求供应商对误工和加工成本进行赔偿
特采处理	物料质检不合格，但不影响最终产品质量	采用偏差接收，并要求供应商对耗费工时成本进行赔偿
全检处理	物料经抽检不合格，但物料急用	对该批物料进行全数检验，接收合格品

二、物料采购验收流程

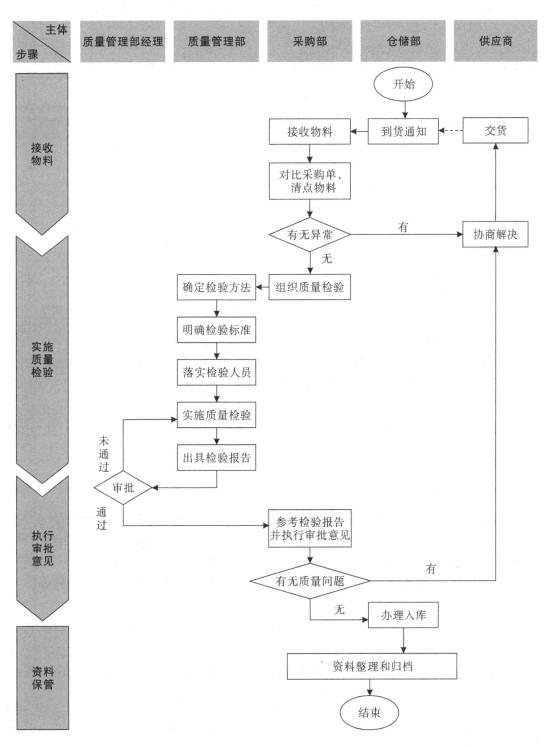

三、采购验收实施细则

制度名称	采购验收实施细则		受控状态	
			编 号	
执行部门		监督部门	编修部门	

第1章 总则

第1条 目的

为进一步做好采购验收工作，确保采购的物料质量符合工厂的采购标准、设备性能满足生产要求，杜绝不合格物资入库、投产，根据工厂物料采购标准、设备采购规程，特制定本细则。

第2条 人员职责

1. 在签订采购合同后，工厂需根据采购对象成立相应的采购验收小组负责验收工作。

2. 验收小组一般由采购部负责组建，其主要任务是完成采购物料验收、设备安装等工作。

3. 验收小组应由采购部负责人、仓储部负责人、质量检验员和技术人员共同组成。

第3条 适用范围

本细则适用于所有工厂采购物料、设备的验收工作。

第2章 物料验收细则

第4条 物料验收准备

1. 明确采购物料检验项目。物料验收小组在对采购物料进行检验之前，首先需清楚该批物料的质量检验项目，如有不明之处需向采购质量控制主管或质量管理部门咨询。

2. 制定物料检验的依据。

（1）工厂本身制订的采购计划。

（2）供应商出示的材质证明书。

（3）采购部和质量管理部制定的物料采购标准。

3. 选择物料检验的方式。

（1）全数检验：适用于采购数量少、价值高、不允许有不合格品或工厂指定进行全检的物料。

（2）免检：适用于大量低值辅助性材料，或从经认定的免检厂采购的货物，以及因生产急用而特批免检的货物。对于后者，采购货物检验专员应跟踪该批货物在生产时的质量状况。

（3）抽样检验：适用于数量较多且经常使用的物料，一般工厂的采购物料均采用此种检验方式。

第5条 物料验收实施

1. 采购部根据到货日期、到货品种、规格、数量等，提前通知物料验收小组准备采购物料验收工作。

2. 采购物料运到后，物料验收小组库管员检查采购物料的品种、规格、数量（重量）、包装情况，填写"采购物料检验报告单"，同时对该批采购物料进行"待检"标识。

（续）

3. 验收小组检验人员到待检区域按"采购物料检验控制标准及规范程序"对物料进行检验，填写"采购物料检验报告单"交采购物料检验主管审核。

4. 物料检验小组将以"采购物料检验报告单"的审批意见作为检验结果处理的依据。

第6条 验收结果处理

1. 检验专员将审批的"采购物料检验报告单"作为检验合格物料的放行通知，由库管人员办理入库手续。库管人员对采购物料按检验批号标识后入库，只有入库的合格品才能由库管人员控制、发放和使用。

2. 验收中不合格的采购物料根据工厂"不合格品控制程序"的规定进行处置，不合格的采购物料不允许入库，由采购人员移入不合格品库，并进行相应的标识。

第3章 设备验收细则

第7条 设备验收准备

1. 设备到货之前，采购人员应将采购订单或购货合同送交设备验收小组，以提前做好设备验收、入库的准备工作。

2. 采购部应向供应商索取装箱清单、标样测试分析报告、配置报告及批文、仪器设备的相关说明等资料。

3. 从国外进口仪器设备时，除上述资料外，采购部还需向供应商索取装运单、外商发票、技术条款、进出口登记表、海关免税证明、进口委托协议书等资料。

第8条 设备验收实施

1. 采购人员应该向设备验收小组人员说明所购设备的名称、数量、规格、用途、特殊要求以及注意事项，如怕潮、怕积压、易碎等。

2. 设备验收小组工作人员根据采购部提供的装箱清单，检查装箱数量是否齐全、外观质量是否完好无损，并如实填写开箱记录单。

3. 检查随设备发送的备品附件、工具、原件资料是否齐全，造册登记，由专人保管。

4. 检查包装情况，慎重选择拆箱方法，严防开箱时损坏设备及附件。

5. 设备的技术资料、图纸，应该由设备管理部人员收集好并分类存档。

6. 采购人员应与仓储部人员一起拆箱，按照票据明细认真核实设备的品种、数量、规格、型号、外形等。

7. 设备验收小组配合设备管理部、使用部门做好设备的安装和调试工作。

8. 由供应商提供安装、调试服务的设备，验收小组需现场配合，并监督其安装、调试工作。

9. 对有差错或有质量问题的设备，采购人员应及时与供应商联系。

10. 采购部相关人员需跟踪设备试运转情况，了解设备实际使用性能，发现问题及时与供应商联系。

第9条 验收结果处理

1. 设备及零配件验收合格后，采购人员要根据发票上注明的品名、规格、型号、单位、单价、数量以及金额填写"验收入库单"一式三联，一联作为财务部记账联，一联作为仓库的记账卡，一联作为采购部核算联。

（续）

2. 对于验收不合格的设备，由采购部人员与供应商联系进行退换处理。如因设备不合格导致工厂经济损失，采购人员应会同工厂法务人员依照采购合同追究供应商的责任。

第4章　验收争议处理

第10条　分析争议原因

若验收人员与供应商就验收结果发生争议时，验收人员应及时分析、明确争议原因，并采取恰当的方法解决争议问题。

第11条　处理争议问题

1. 数量验收争议：仓储部重新核对交货数量，确保无人工失误后，分析检验工具的适用范围、使用条件等是否对数量造成了影响，如无问题，应与供应商共同点收数量。

2. 检验程序争议：若供应商对检验程序、检验操作存在异议，检验人员在供应商到场后应重新按照规范进行检验。

3. 质量标准争议：如果供应商对工厂质量标准有异议，采购部应准备好采购合同和技术质量协议等文件，与供应商沟通协商解决措施，必要时可通过诉讼或仲裁的方式解决。

第5章　附则

第12条　本细则由采购部、质量管理部共同制定。

第13条　本细则经工厂总经理审批后生效实施。

修订记录	修订标记	修订处数	修订日期	修订执行人	审批签字

四、设备采购检验操作方案

文书名称	设备采购检验操作方案	编　号	
		受控状态	

一、方案背景

为确保采购的设备符合工厂生产要求，提高工厂质量管理水平，特制定本方案，采购设备验收相关人员需参照本方案开展验收作业。

二、验收人员

参与设备验收的人员包括采购检验专员、采购质量控制主管、使用部门技术人员、设备管理人员等。

三、设备质量检验内容

对采购设备进行质量检验的项目及要求如下表所示。

（续）

设备质量检验项目及要求明细表

检验项目	具体要求
外观检查	1. 检查设备内外包装是否完好，有无破损、碰伤、浸湿、受潮、变形等 2. 检查设备及附件外表有无残损、锈蚀、碰伤等 3. 如发现上述问题，应做详细记录，并拍照留据
数量验收	1. 以采购申请、供货合同和装箱单为依据，检查主机、附件的规格、型号、配置及数量，并逐件清查核对 2. 认真检查随机资料是否齐全，如说明书、操作规程、检修手册、保修卡、产品检验合格证书等 3. 大型精密设备和成批购置的办公自动化设备的技术资料（包括计算机驱动程序等软件）要留一份存设备管理部 4. 做好数量验收记录，写明验收地点、时间、参加人员、箱号、品名、应到和实到数量
质量验收	1. 严格按照合同条款、使用说明书、操作手册的规定和程序进行安装、试机 2. 对照说明书，认真进行各种技术参数测试，检查设备的技术指标和性能是否达到要求 3. 质量验收时要认真做好记录，若出现质量问题，应将详细情况书面通知供应商，视情况决定是否退货、更换或要求供应商派员检修

四、检验操作及报告

（一）按检验项目内容验收

设备到厂后或者集成系统安装调试后，设备验收人员根据验收要求到现场对设备外观、数量和质量进行检查验收。

（二）填写验收报告单

1. 采购 10 000 元以上的任何设备时均需填报验收报告，验收报告中要明确表述采购理由、验收依据、外观验收情况、数量及主要附件验收情况、技术质量验收情况。

2. 对不符合验收标准的处理意见要一一说明。

3. "设备采购验收报告单"的格式如下表所示。

（续）

设备采购验收报告单

采购专员：_____ 　　　　　　　　　日期：____年__月__日

设备名称		规格型号		出厂日期	
出厂编号					
供应商				到货日期	
单位		数量		主要附件	
单价		经费来源			
验收详细记录	设备外观情况				
	设备数量情况				
	技术指标情况				
采购验收 人员意见	签字：　　　　　　　　　　　　　　　　日期：____年__月__日				
仓储部门 验收意见	签字：　　　　　　　　　　　　　　　　日期：____年__月__日				
使用部门 负责人意见	签字：　　　　　　　　　　　　　　　　日期：____年__月__日				
设备管理部 意见	签字：　　　　　　　　　　　　　　　　日期：____年__月__日				
备注	验收完毕，应立即持验收报告单到设备管理部办理固定资产登记和入库手续				

（三）配件、工具等验收

　　采购专员负责将配件、工具等送交设备部仓库，同时组织相关人员对实物的数量、质量等进行验收，然后由设备部办理入库手续。配件、工具等货品检验报告单的格式如下表所示。

（续）

配件、工具检验报告单

序号	名称	规格型号	验收情况表述	验收人	验收日期
1					
2					
…					
采购经办人			使用部门		

编制人员		审核人员		审批人员	
编制时间		审核时间		审批时间	

第四节　不合格购品处理

一、不合格购品处理要点

（一）编制处理办法

采购质量管理人员根据日常采购过程中的实际情况，编制不合格购品处理办法，明确处理方法、相关责任等，并呈报总经理审批，作为不合格购品处理工作的指导文件。

（二）判断不合格购品

物资验收人员根据采购质量标准对到货物资进行检验，如实填写检验报告单。如发现不合格购品，应在检验报告单上清楚描述不合格类型及不合格程度等信息，送交采购部处理。

采购经理查看不合格购品的检验报告单，并对其进行审核判定。

（三）制定处理意见

采购部根据审核通过的不合格购品检验报告单，依照不合格购品处理办法的相关规定制定具体的处理方案，并提交采购经理审核。

（四）实施不合格购品处理

处理意见经采购经理审批通过后，采购人员立即联系供应商依照执行，并将处理记录归档保存，作为相关人员绩效考核以及供应商等级考评的重要依据。

二、不合格购品处理流程

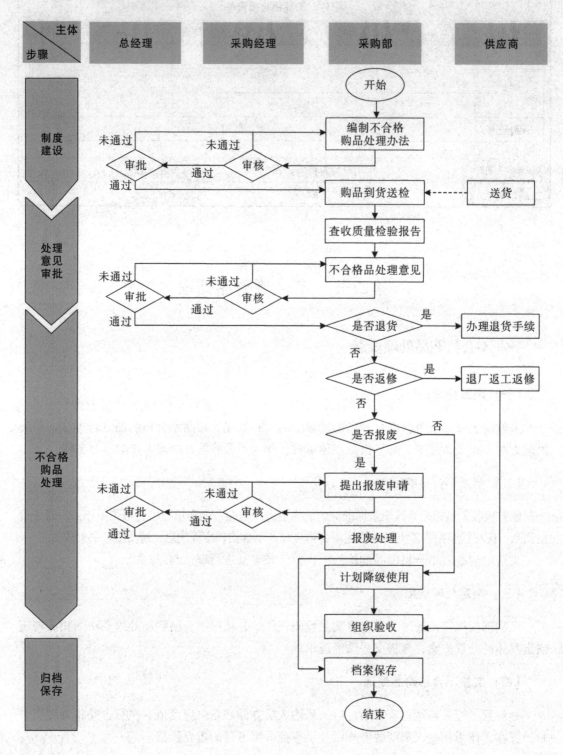

三、不合格购品处理规定

制度名称	不合格购品处理规定		受控状态	
			编 号	
执行部门		监督部门	编修部门	

第1章 总则

第1条 目的

为了加强对采购不合格品的识别和控制，严禁不合格品流向生产工序，避免造成重大损失，特制定本规定。

第2条 适用范围

本规定适用于不合格购品的控制和管理工作。

第3条 职责

1. 质量检验人员负责对不合格品进行评审并作出处理决定。

2. 采购人员负责不合格购品的具体处理工作。

第2章 不合格购品的判定

第4条 不合格购品的定义

不合格购品是指根据产品采购要求、工艺文件、技术标准进行检验和试验后，发现存在有一个或多个质量指标不符合规定要求的产品。

第5条 不合格购品的种类

1. 对采购原材料进行检验发现的不合格品。

2. 对采购半成品进行检验发现的不合格品。

3. 对采购成品进行检验发现的不合格品。

4. 其他原因发现的不合格品。

第6条 不合格购品的判断依据

质量管理部和采购部负责共同编制"采购物资质量检验规范"、"检验标准书"并将其作为判定不合格品的依据，其制定依据如下。

1. 工厂提供的检验规范、标准或样品。

2. 国际标准、国家标准、行业标准。

3. 设计指标、技术参数。

4. 工厂品质方针、策略。

5. 同行业或同类型产品样品。

6. 质量管理历史资料。

7. 其他可参考的数据。

（续）

第3章　不合格购品的处理

第7条　发现不合格购品

到货检验发现不合格品时，检验员需在"检验报告"中清楚描述不合格的类型及程度，同时在采购物资上作出"不合格"标识，仓库将其隔离，采购部通知供方，依实际情况决定协商解决方案。

第8条　上报处理

采购部根据协商结果，填写"不合格品处理单"，经质量管理部、工艺技术部签署意见后由主管副总批准，并给出处理意见。

第9条　返修或返工

1. 返工：消除已发现的不合格所采取的处置措施。

2. 返修：减轻不合格程度，使不合格品满足预期用途的处置措施。

第10条　让步接收

让步接收时，经主管副总批准后，采购部凭"不合格品处理单"直接办理入库。当合同有要求时，让步接收需经客户同意。

第11条　退货或拒收

对于退货或拒收的购品，采购部和仓储部应按照工厂退货流程办理，同时在该送检批物资外箱标签上盖"退货"字样，并挂"退货"标牌。

第12条　报废处理

若不合格品的不合格程度严重且无法返修，则按照工厂报废流程申请报废。

第4章　附则

第13条　本规定由采购部负责起草和修订。

第14条　本规定经工厂总经理审批后生效。

修订记录	修订标记	修订处数	修订日期	修订执行人	审批签字

第五节　采购质量改善

一、采购质量改善实施要点

（一）制定质量改善方案

采购部收集现有的采购质量问题，组织部门人员进行分析、讨论，明确采购工作的不足之处，并据此制定采购质量改善方案，经总经理审批通过后，正式开展采购质量改善工作。

（二）建立健全采购质量管理制度

采购部应协同质量管理部制定采购质量管理制度，并不断健全、完善该制度，以明确采购质量控制管理工作相关人员职责和采购质量事故问题的责任界定，为采购质量考核工作提供标准，从而保障采购质量控制工作的顺利进行。

（三）组织人员培训

采购部与人力资源部协调合作，依照改善方案的相关规定，对采购人员进行全方位的素质培训，以提升其各方面的素质与能力。

（四）提高供应商水平

1. 加强供应商考核评级工作。根据改善方案的要求，弥补以往供应商考核制度中存在的不足之处，全面改善供应商考核评级工作，对不合格的供应商进行降级或淘汰处理，优化合格供应商列表。

2. 工厂应适时对合作供应商提供必要的帮助工作和改进建议，督促其完善自身的质量体系和技术水平，以确保其供应的物资能满足工厂的需求和标准。

（五）加强采购质量控制

对于日常的采购工作，采购部应加强质量控制，从最初的供应商选择到采购物资到货检验，每步都要做好质量把控工作，保证采购物资的质量合乎标准。

二、采购质量改善管理流程

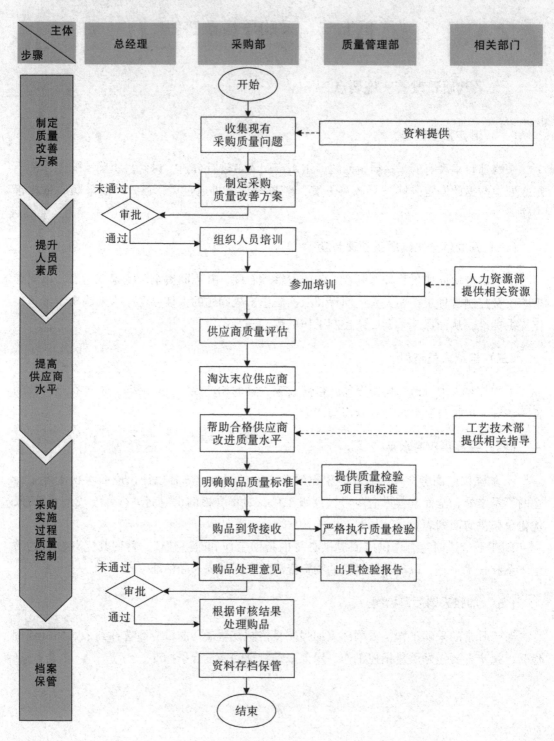

三、采购质量改善实施方案

文书名称	采购质量改善实施方案	编　号	
		受控状态	

一、背景

为确保采购质量控制在可接受的范围以内，保证生产的安全性和连续性，以指导采购质量改善活动，即如何对采购过程中与质量相关的因素进行控制和改进，特制定本方案。

二、相关人员

（一）采购部

采购部人员应通过培训提升自身职业素质，选择资质合格的供应商，帮助供应商完善内部质量体系建设，并加强采购实施过程的质量控制。

（二）质量管理部

质量管理部人员协同采购部人员制定"采购物资检验细则"，明确检验项目和合格水平，并严格实施采购物资到货检验工作，防止不合格品入库。

（三）工艺技术部

工艺技术人员应对供应商提供必要的工艺技术指导，加强制程质量控制，提前预防质量问题发生。

（四）人力资源部

人力资源部负责提供相应的培训服务，以提高人员素质水平，规范作业程序。

三、提升采购人员素质

采购部会同人力资源部定期汇总因人员素质因素所导致的采购质量问题，并有针对性地组织开展人员培训。培训内容如下表所示。

采购人员素质培训内容

培训分类	细分	具体说明
职业道德培训	主要提高采购人员的觉悟和修养	1. 胸怀坦荡，大公无私 2. 有很强的工作责任心和敬业精神 3. 树立良好的职业道德，将工厂利益放在首位 4. 有质量控制意识，严格把好质量关
专业知识培训	政策、法律知识	包括国家出台的各种相关法律、价格政策，最大化维护工厂的利益
	业务基础知识	包括谈判技巧、商品知识、安全知识、供方制程控制、合同履行跟进
	社会心理	了解供应商心理活动，把握其心理需求，提高采购工作的效率和质量
执行能力培训	分析能力	包括对供应商背景分析、报价分析以及产品价值分析
	表达能力	沟通是实现合作的重要途径，能否正确表达采购物资的数量、价格、规格对所采购物资的质量有着重大的影响
	预测能力	通过合理的预测，能够提前发现合同履行过程中可能发生的问题，摆脱被动的地位，有利于为工厂争取更大的利益

（续）

四、提高供应商水平

（一）供应商的选拔管理

采购人员应对供应商进行严格遴选，通过背景调查、资质审核等方式对供应商进行排名，针对排名靠后的供应商，令其在规定的时间内进行改善，否则予以降级或淘汰处理。

（二）供应商的改进管理

供应商质量改进工作可以从以下两个方面开展。

1. 完善质量体系建设。对于有战略合作关系的供应商，工厂应严格考察其内部质量控制体系，如发现其流程上存在缺陷，应提出改进意见，通过管理制度建设、先进理念推广等方式帮助其完善质量体系的建设。

2. 提供必要技术支持。工艺技术部人员应通过巡检等方式，及时掌握供应商的运作情况，并提供必要的技术引导和工艺标准，以确保供应商能够生产出符合本厂要求的物资。

五、加强采购质量控制

（一）准备采购相关资料

在确定采购项目之后，采购人员应掌握采购物料的质量标准和使用要求，明确采购物资的数量、规格，并对历史采购数据有所了解，以便正确地选择供应商。

（二）谈判和签署采购合同

采购人员在与供应商谈判的过程中，应坚持采购物资质量要求，并在合同协议中对违约责任进行明确。

（三）采购物资到货检验

1. 采购物资送到后，仓储人员应先通知采购人员，由采购人员核对采购订单并进行外观查验、数量清点。

2. 质量检验人员应严格根据质量检验要求进行检验，并如实编写质量检验报告。

3. 质量管理部经理和采购经理对质量检验报告进行审批后，采购人员依据审批意见进行物资处理：合格物资入库备用，不合格物资依照工厂"不合格购品处理细则"处理。

编制人员		审核人员		审批人员	
编制时间		审核时间		审批时间	

采购交期控制

第九章

第一节　采购跟催

一、采购跟催实施要点

（一）跟踪订单状况

采购跟单员自订单下达后，应密切跟踪供应商的订单处理、执行情况，及时了解采购物资的生产进程、生产质量和运输过程，全面把握订单状况。具体的订单跟踪内容如图9-1所示。

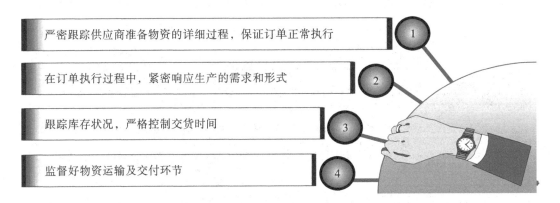

严密跟踪供应商准备物资的详细过程，保证订单正常执行	1
在订单执行过程中，紧密响应生产的需求和形式	2
跟踪库存状况，严格控制交货时间	3
监督好物资运输及交付环节	4

图9-1　订单跟踪内容

（二）确定跟催策略与方法

采购跟单员根据供应商评级情况、订单重要程度以及目前的生产进程情况，确定定期、不定期及重点、非重点的跟催策略或策略组合，并选择合适的跟催方法开展跟催工作，保证如期交货。

（三）各阶段跟催工作

1. 下单阶段跟催：此时供应商着手准备订单的生产工作，采购跟单员应确保将质量标准、生产规范等文件交给供应商，并向供应商提供必要的支持和援助，同时也要对供应商的生产负荷加以调查，从而确认其能否如期交货。

2. 生产阶段跟催：此时订单物资已经处于生产阶段，采购跟单员应保证物资的生产进程符合订单的交期要求，对由于各种原因造成的进程缓慢或终止，应给予督促和提醒，必要时协助其进行生产或另择供应商。

3. 交货阶段跟催：此时订单物资已基本完成生产，采购跟单员应密切跟踪物资的运输状况和验收状况，保证物资按时运到交货地址，对验收不合格的情况，应根据相关制度规定及时予以处理。

（四）订单异常处理

若跟催工作中发现订单的异常状况，如进度落后、质量不符合标准等，采购跟单员应及时拟定订单异常处理方案，经采购经理审批通过后，督促供应商尽快采取处理措施，必要时可考虑重新选择供应商。常见的订单异常情况及相应处理办法如图9-2所示。

交期异常处理

◎ 采购跟单员需在下单后及时跟踪订单情况，随时掌握订单交货进度，并经常与供应商联络，及时获知交期异常情况
◎ 采购跟单员得知异常后，应及时向采购经理和请购部门反馈信息，以便及时进行补救或调整
◎ 采购跟单员需采取积极措施，尽量挽回损失，可以采用跟催法催交货物，也可依具体情况变更采购订单或替换供应商等

品质异常处理

◎ 供应商发现品质异常且无法自行解决时，应以书面形式将问题反馈给相应的采购跟单员；采购跟单员及时将问题反馈给采购经理，向其请示解决办法
◎ 采购部与请购部门协商决定是否进行特采，必要时由采购部召集请购部门到供应商生产现场协助解决异常

下单异常处理

◎ 采购跟单员如发现订单等单据没有及时发出，应立即联系下单人员
◎ 如发生下单错误的情况，采购跟单员应与供应商协商能否撤单，尽可能避免呆废料；如不能撤单，采购部应与相关部门沟通能否将问题订单内部消化
◎ 如果订单不能撤销也不能内部消化，责任部门应承担相应的惩罚，并承担损失费用

突发异常处理

◎ 因发生重大事故或自然灾害而造成供应商短期内无法恢复生产以及发生突发事故造成原料严重短缺的情况，属于突发异常
◎ 出现突发异常时，采购跟单员应及时向采购经理汇报，并通过多种渠道了解市场行情，采取一系列有效措施，力求减少损失

图9-2　订单异常状况及相应的处理办法

二、采购跟催管理流程

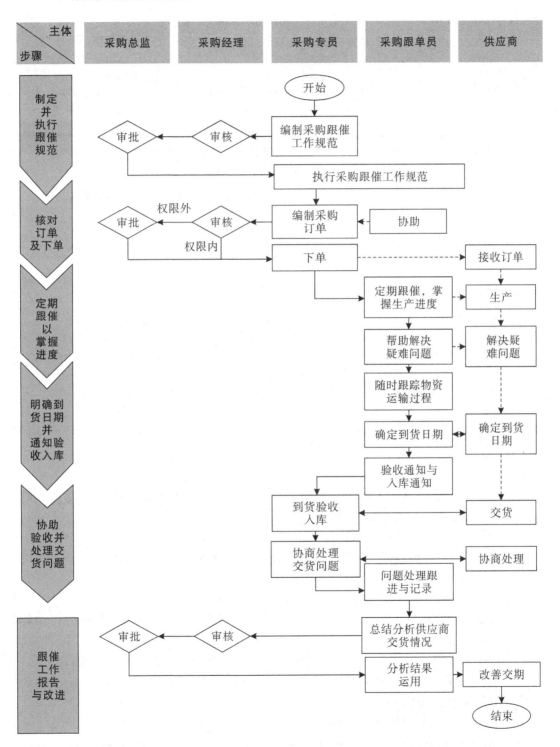

步骤 \ 主体	采购总监	采购经理	采购专员	采购跟单员	供应商
制定并执行跟催规范	审批	审核	开始 → 编制采购跟催工作规范 → 执行采购跟催工作规范		
核对订单及下单	审批	审核（权限外/权限内）	编制采购订单 → 下单	协助	接收订单
定期跟催以掌握进度			定期跟催，掌握生产进度 / 帮助解决疑难问题 / 随时跟踪物资运输过程		生产 / 解决疑难问题
明确到货日期并通知验收入库			确定到货日期 / 验收通知与入库通知		确定到货日期
协助验收并处理交货问题			到货验收入库 / 协商处理交货问题 / 问题处理跟进与记录		交货 / 协商处理
跟催工作报告与改进	审批	审核	总结分析供应商交货情况 / 分析结果运用		改善交期 → 结束

三、采购跟催管理办法

制度名称	采购跟催管理办法		受控状态	
			编　　号	
执行部门		监督部门	编修部门	

第1章　总则

第1条　为保证生产经营活动的正常进行，确保采购交期满足工厂物资需求，同时保持合理的库存量，促进采购合同或订单的正常执行，结合工厂的实际情况，特制定本办法。

第2条　工厂采购部所有采购订单的跟催除另行规定外，均需参照本办法执行。

第3条　采购跟单员按采购订单所载明的物资、品名、规格、数量及交期等进行跟踪。

第4条　采购跟催的基本要求如下。

1. 适当的交货时间。

2. 适当的交货质量。

3. 适当的交货地点。

4. 适当的交货数量。

5. 适当的交货价格。

第2章　订单跟踪

第5条　采购跟单员需审核订单，确认无误后发给供应商，并要求供应商签字回传，审核内容包括以下三点。

1. 确认订购的物资，包括物资名称、规格型号、数量、价格、质量标准。

2. 确认物资需求量，编制订单说明书。

3. 确认交期。

第6条　采购跟单员跟踪掌握供应商物资准备过程，如遇中途相关变更的，需立即解决，不可延误。

第7条　采购跟单员需及时发现与生产经营需求紧密联系的物资紧急缺货，并马上联系供应商，必要时可帮助供应商解决疑难问题，保证物资供应及时。

第8条　采购跟单员需随时跟踪物资运输过程，确保及时进行到货检验与收货入库。

第9条　跟单员与供应商确定到货日期，通知质量管理部检验人员进行物资检验，发现问题时，及时与供应商联系并协商处理检验问题。

第10条　跟单员协助采购专员等进行收货接收工作，参与办理物资入库。

第11条　采购部需按照合同约定的支付条款进行付款，采购跟单员进行跟踪，督促付款人员按合同约定办理。

第3章　催货管理

第12条　采购跟单员需明确催货的目的是使供应商在规定的时间内送达所采购的物料，确保工厂生产经营活动的正常进行，减少不必要的损失。

第13条　采购跟单员在跟单催货作业时，可采用以下四种方法。

（续）

1. 按订单跟催：按订单预定的到货日期提前一定时间进行跟催。

2. 联单法：将订单按日期顺序排列好，提前一定时间进行跟催。

3. 将订单统计成报表，提前一定时间进行跟催。

4. 定期跟催：每周固定时间将要跟催的订单整理好，打印成报表定期统一跟催。

第 14 条　若供应商未按时交货，可能影响工厂正常的生产经营活动，采购部需向供应商发送"催货通知"并采取以下措施。

1. 联系供应商，获得确切的交货时间。

2. 及时通知需求部门准确的到货时间。

3. 咨询工艺技术人员、材料工程师等，看有无可替代材料。

4. 如果供应商交货超期或质量差，且短期内无法改善的，采购部应该寻求其他供应货源。

5. 实施紧急采购作业。

第 15 条　"催货通知"如下所示。

催货通知

日期：____年__月__日

敬启者：

　　查　　贵_____与本工厂签订的下列合同业已到期，迄今未交货，请于一周内交清为荷。

　　此致

敬礼！

查照　　　　　　　　　　启

到期未交货的物资一览表

订约日期	合同编号	物资名称与规范	数量	单位	约定交货日期	备注

第 4 章　考核与奖惩

第 16 条　采购部填写"供应商交货基本状况一览表"，对供应商的交货情况进行分析、评估，判定其等级。

（续）

供应商交货基本状况一览表

编号：_____   日期：___年__月__日

序号	供应商编号	供应商名称	所属行业	交货批数	合格批数	特采批数	退货批数	交货评分
1								
2								
3								

审核人：_____   填表人：_____

第17条　对于一般供应商，采购部采取定期和不定期检查的方式，对供应商交期过程进行跟踪管理。

第18条　对于非常重要的供应商，或者交期过程经常出现问题的供应商，工厂派遣常驻人员，对供应商进行技术指导、监督、检查。

第19条　采购部需与非常重要而且绩效优秀的供应商建立事业伙伴关系，签订长期采购合同。

第20条　对于按时或提早交货的供应商给予一定的奖励，如比较优厚的付款条件等。

第21条　在采购合同中，尽可能地加重对供应商违约或单方面解约的惩罚。

第22条　跟单员必须保持对供应商的尊重，在跟单与催货的过程中必须注意言行举止，自觉维护工厂的良好形象。

第5章　附则

第23条　本办法由采购部制定，解释权、修改权归采购部所有。

第24条　本办法经总经理审批后生效，修改废止时亦同。

修订记录	修订标记	修订处数	修订日期	修订执行人	审批签字

四、物料跟催实施方案

文书名称	物料跟催实施方案	编　号	
		受控状态	

一、目的

为规范、有效地进行物料跟催，确保采购交期，减少不必要的损失，特制定本方案。

二、适用范围

本方案适用于采购物料的跟催作业各项相关事项。

（续）

三、职责权限

1. 采购部是采购物料跟催工作的归口管理部门，负责采购下单、过程跟踪、到货验收、交货问题处理等各项工作。

2. 采购部跟单员在采购经理及主管的领导下，负责采购跟单作业的执行工作。

四、跟催工作方法

采购跟催的方法如下表所示。

采购跟催方法运用说明

跟催方法		具体说明
订单跟催	联单法	将订购单按日期顺序排列好，提前一定时间进行跟催
	统计法	将订购单统计成报表，提前一定时间进行跟催
定期跟催		于每周固定时间将要跟催的订单整理好，打印成报表，统一定期跟催
善用物料跟催表		利用物料跟催表可以掌握供料状况、明确跟催对象、确保进料及时
运用物料跟催箱		在采购部办公室内设置一个物料跟催箱，取代传统翻页打钩法，在跟催箱里规划32格，前31格代表1个月31天，第32格是急件处理格

五、跟催工作规划

（一）跟催工作规划重点

1. 确定交货日期及数量。

2. 了解供应商主要生产设备的利用率。

3. 供应商提供生产计划表或交货日程表。

4. 给予供应商合理的交货时间。

5. 了解供应商物流管理及生产管理能力。

6. 准备替代来源。

（二）拟定采购进度时间控制表

1. 规划合理的购运时间。采购部将请购、采购、供应商准备、运输、检验等各项作业所需的时间予以合理的规划。

2. 预定流程进度。采购部可在采购订单或合同中明确规定供应商应编制预定时间流程进度表，进度表中应包括全部筹划供应作业的时间。

3. 进度对比。采购部应明确规定供应商必须编制实际进度表，将实际进度与预定进度进行对照，说明延误原因及改进措施。

（三）与销售、生产部门加强沟通联系

由于市场状况变幻莫测，采购部需与销售部密切联系，关注销售市场情形。销售、生产计划若有调整的必要，相关部门必须征询采购部的意见，便于采购部及时停止或减少购货、追加或新增订单等，并尽快通知供应商。

（续）

（四）其他

1. 供应商不能如期交货的原因有很多，且有些属于不可抗力因素，因此采购人员应未雨绸缪，多联系其他来源，工艺人员也应多寻求替代品，以备不时之需。

2. 采购部在签订采购合同时，应加重违约罚款或解决责任。

3. 若需求急迫时，应对如期交货或提早交货的厂商给予奖励，或给予其比较优厚的付款条件。

六、过程监控

（一）生产过程监控重点

1. 了解供应商备料情形。

2. 提供必要的材料、模具或技术支援。

3. 了解供应商的生产效率。

4. 加强交货前的跟踪工作。

5. 及时通知交货期及数量变更。

6. 尽量减少规格变更。

（二）一般物料的采购监控

采购方应在开立订单或签订合约时决定监控的程度，当采购物料为一般物料时，采购部作一般的监控。

1. 注意是否确实能按规定时间收到验收表。

2. 电话查询。

（三）重要物料的采购监控

1. 采购部审核供应商的计划供应进度，并通过各项资料获得供应商的实际进度，如供应商的制程管制资料、生产汇报中所得资料或供应商按规定送交的定期进度报表等。

2. 采购重要物料时，除要求供应商按期报送进度表外，采购部还应实地前往供应商工厂访问查证，此项查证应在采购合同中明确约定。

3. 必要时，工厂可派专人到供应商处驻场监控。

七、跟催实施

1. 下单后，请供应商提供生产计划或生产日程表，据以掌握进度。

2. 按时打电话查询进度，或由采购人员、品管人员前往查看，或由供应商提供目前实际进度状况报告。

3. 建立跟催表或管制卡，切实掌握实际进度，具体如下表所示。

采购订单跟催表

编号：_____　　　　　　　　　　　　　　　　　　　　跟单员：_____

物资		订购日期	订购单号	订购数量	规格	供应商	计划交货日	实际入库		备注
编号	名称							数量	交货日期	

审核人：_____　　　　　　　　　　　　　　　　　　　　审批人：_____

（续）

4. 将目前累计交货结果（数量、品质）以报表或警示的形式告知供应商，促其改善。
八、跟催工作考核
采购部跟催工作考核内容如下。
1. 对交货延误的原因进行分析。
2. 分析是否必须转移订单即更换供应商。
3. 执行供应商的奖惩办法。
4. 完成交易后，回收剩料、模具、图表等。
5. 选择优良供应商，签订长期合约。

编制人员		审核人员		审批人员	
编制时间		审核时间		审批时间	

第二节 交期控制

一、交期控制实施要点

（一）制定合理交期

合同谈判过程中，采购部不仅要考虑自身的内部要求，还应估算供应商供货准备、运输等环节所需时间，制定合理的交期范围。同时，在签订合同之前，采购人员还应在物流部门的指导下，与供应商确定合理的运输方式，确保物资按时、安全交付。

（二）明确交期违约责任

采购部应在明确交货期限的基础上同供应商就交期违约责任达成共识，并以合同条款的形式进行明确规范，对供应商产生约束力，以确保供应商按时交货。

（三）交期管理控制

采购专员需将订单进度控制工作细化，预定订单的进度，以便在每一关键点跟踪订单，确保供应商的生产进度与订单要求一致。

当供应商的生产进程相对订单要求落后或有落后趋势时，采购跟单员应及时通知供应商加快生产进度，并通过各种催货策略和方法加快供应商的生产进度，避免出现交期延误。

（四）总结与改进

供应商交货后，采购专员需及时进行工作经验总结，若出现交期延误现象，应分析原因并拟定对策，为改进下一采购订单的交期控制工作提供帮助。一般而言，交期管控工作的改进策略包括但不限于如图 9-3 所示的六个方面。

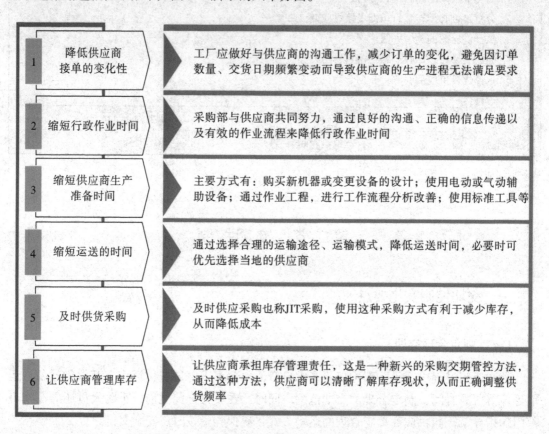

1	降低供应商接单的变化性	工厂应做好与供应商的沟通工作，减少订单的变化，避免因订单数量、交货日期频繁变动而导致供应商的生产进程无法满足要求
2	缩短行政作业时间	采购部与供应商共同努力，通过良好的沟通、正确的信息传递以及有效的作业流程来降低行政作业时间
3	缩短供应商生产准备时间	主要方式有：购买新机器或变更设备的设计；使用电动或气动辅助设备；通过作业工程，进行工作流程分析改善；使用标准工具等
4	缩短运送的时间	通过选择合理的运输途径、运输模式，降低运送时间，必要时可优先选择当地的供应商
5	及时供货采购	及时供应采购也称JIT采购，使用这种采购方式有利于减少库存，从而降低成本
6	让供应商管理库存	让供应商承担库存管理责任，这是一种新兴的采购交期管控方法，通过这种方法，供应商可以清晰了解库存现状，从而正确调整供货频率

图 9-3　采购交期管控工作改进策略

二、采购交期控制流程

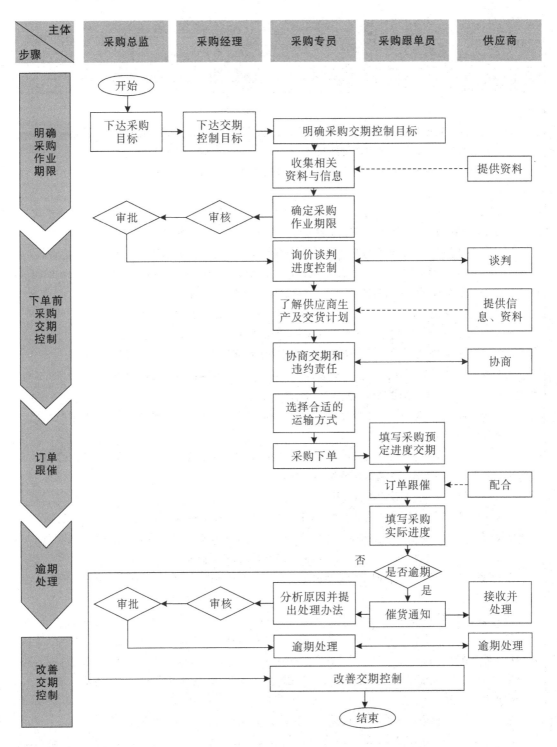

三、采购交期控制规定

制度名称	采购交期控制规定		受控状态	
			编　　号	
执行部门		监督部门	编修部门	

第1章　总则

第1条　为有效控制采购进度，加强交期管理，确保生产经营活动的顺利进行，特制定本规定。

第2条　本工厂采购物资的交期管理工作，除另有规定外，均依本规定执行。

第3条　采购交期是指从采购订货之日到供应商送货到库之日这一段时间，交期由以下六项前置时间所构成。

1. 行政作业前置时间：指采购部与供应商之间共同为完成采购行为所必须进行的文书及准备工作。

2. 原料采购前置时间：指供应商为了完成客户订单，向其供应商采购必要的原材料花费的时间。

3. 生产制造前置时间：指供应商内部的生产线制造出订单上所定货物的生产时间。

4. 运送前置时间：指当订单完成后，将货物从供应商的生产地送到客户指定交货点所花费的时间。

5. 验收检验前置时间：即到货卸货与检查物资种类、数量、质量等的时间。

6. 其他零星前置时间：包括不可预计的外部或内部因素所造成的延误以及供应商预留的缓冲时间。

第4条　采购部在采购经理的指导下负责采购交期管理工作，确保按时收货。

第2章　下单前的交期管理

第5条　采购人员在同供应商进行洽谈时，应事先估算供应商准备、运输、检验等各项采购作业所需的时间，提出合理的交货期限，并在采购合同中注明。

第6条　采购人员进行采购谈判时需了解供应商生产设备利用率，并请供应商提供其生产进度计划及交货计划。

第7条　采购人员在进行采购谈判时，应在明确交货期限的基础上同供应商达成对交期违约责任的共识，并形成合同条款，在采购合同中予以明确。

第8条　采购部、工艺技术部需收集、查找替代品。

第9条　采购部可根据物资数量及性质、路途的远近、交通条件等因素，选择合适的运输方式。

第10条　选择工厂自运时，采购负责人需设计合理的运输线路，以节省运输费用和运输时间。

第3章　供应商生产阶段的交期管理

第11条　采购跟单员需及时掌握备货进度，了解备货具体进展，分析判断是否会出现交期延后或提前的情况。

第12条　采购跟单员需确认采购物资的生产工艺与规范，确认有无不实之处。

第13条　工厂尽量避免规格变更，若生产规格有变动修改时，需及时通知供应商并予以确认，核对并正式发布新的工艺图纸。

第14条　若供应商提出无法按照新的工艺图纸生产制造时，采购部需进行详细的调查了解，并与工艺技术部协商处理办法。

第15条　工厂向供应商提供必要的材料、模具、技术支援。

（续）

第16条　若发生设备故障时，采购部需与供应商接洽，协调解决对策，进而调整交货期。

第17条　跟单员需加强交货前的催货工作，了解并掌握供应商的生产效率及进度状况。

第18条　如遇交期及数量变更，跟单员需及时联络并通知供应商。

第19条　若供应商发生火灾、水灾等事故，工厂可视损害情况调整交货期或改由其他的供应商供货，并将处理措施上报总经理或采购总监审核。

第4章　交货验收管理

第20条　交货验收时发现交货数量不足的，采购部及时与供应商联系，催促其交货，并确认交货期。若交货期已过，工厂已不需要该物资时，采购部与供应商办理订单取消手续。

第21条　交货验收时发现数量过量的，采购部予以退还，但若有其他订单数量不足时，采购部与供应商办理调换手续。

第22条　交货验收时发现不合格品时，采购部需配合质量管理部确认不合格的原因，并与供应商协商处理办法，进行退货或调货处理。

第23条　对于经分析符合特采条件的物资，采购部需办理特采申请程序，经相关领导审批通过后，按特采作业程序验收入库。

第24条　检验合格的物资需按照搬运规范搬运入库，仓储部人员（事先进行仓位准备）办理相关入库手续并登记台账。

第25条　交期提前太多会对工厂造成不良的影响，对此，工厂可酌情采取拒收入库的措施，交期提前太多的主要影响有以下三点。

1. 导致库存成本增加。

2. 导致流动资金周转率下降。

3. 导致库存空间不足。

第26条　采购部需对交期延误的原因进行分析并研拟对策，确保类似问题不再发生。具体交期延误的原因分析与处理方法请参照工厂的"交期延误处理方案"。

第5章　考核评估

第27条　工厂将采购交期考核列为供应商考核的重要项目之一，以督促供应商提高交期达成率。

第28条　采购部需依供应商考核结果与配合度，考虑更换、淘汰交期不佳的供应商，或减少其订单，提高供应商的供货水平和产品质量。

第29条　采购部在必要时需加重对交期延误或违约的惩罚力度，并对优良供应商予以适当的回馈。

第30条　因工厂内部原因导致交期延误的，工厂需追究经办人责任。

第6章　附则

第31条　本规定由采购部制定，解释权归采购部所有。

第32条　本规定经总经理审批后生效，修改废止时亦同。

修订记录	修订标记	修订处数	修订日期	修订执行人	审批签字

第三节 交期延误处理

一、交期延误处理要点

（一）分析延误原因

发生交期延误后，采购专员应立即分析延误原因，排查供应商、工厂以及双方沟通等因素，并确定交期延误责任方。一般而言，供应商交期延误的原因主要有如图9-4所示的四种。

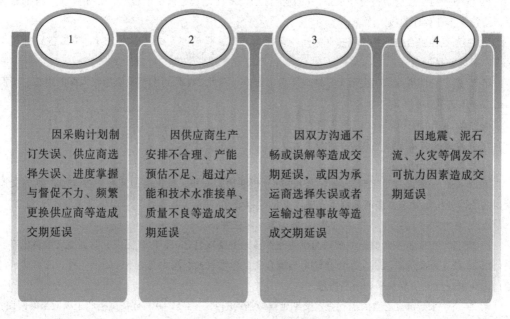

1	2	3	4
因采购计划制订失误、供应商选择失误、进度掌握与督促不力、频繁更换供应商等造成交期延误	因供应商生产安排不合理、产能预估不足、超过产能和技术水准接单、质量不良等造成交期延误	因双方沟通不畅或误解等造成交期延误，或因为承运商选择失误或者运输过程事故等造成交期延误	因地震、泥石流、火灾等偶发不可抗力因素造成交期延误

图9-4 交期延误的原因

（二）拟定解决方案

采购专员依据延误原因和责任方拟定相应的解决方案，经采购经理以及采购总监审核通过后，立即与供应商联系以解决问题。交期延误的具体解决措施如表9-1所示。

表9-1 交期延误解决措施

延误原因	解决措施
工厂自身原因	◎ 加强采购人员交期意识，提高采购人员素质，对相关责任人进行相应处罚（如果对工厂生产经营造成严重损失的，应记失职一次，严重者应处以罚款）
供应商原因	◎ 及时进行订单跟催，同时寻找应急货源（如联系其他备选供应商或寻找替代物资），并要求供应商根据合同条款承担相应的违约责任
双方沟通原因	◎ 采购部首先应加强内部控制，改进采购工作业务水平；其次应加强同供应商的沟通，建立完善、畅通的沟通机制
其他原因	◎ 对因偶发不可抗力因素造成的交期延误，采购人员应与供应商协商处理，并积极协助保险公司进行处理，力求减小双方损失

（三）沟通协商解决

采购专员按照解决方案与供应商沟通协商，以便及时解决问题。无论是何种原因引发的交期失误，双方都应以"保证物资供应，不影响正常生产经营"为主要出发点，力求将双方的损失降到最低。

（四）工作改善

交期延误发生后，延误责任方除了按合同约定承担责任赔偿外，采购专员还应对延误原因和处理方案进行分析总结，积累交期管理的工作经验。

二、交期延误处理流程

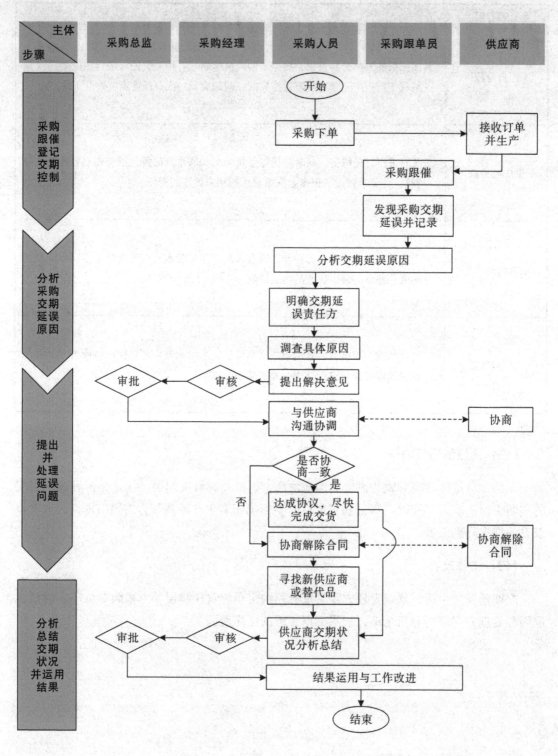

三、交期延误处理方案

文书名称	交期延误处理方案	编　　号	
		受控状态	

一、目的

为妥善处理供应商延误交货的违约行为，尽量避免给工厂造成损失，确保本工厂的合法利益，特制定本方案。

二、供应商延误交货的四种情况

1. 供应商未按照合同约定的时间、地点准时交货。

2. 供应商在交货期限届满以后的一段合理时间内，经催告后仍未交货。

3. 供应商在交货期限届满以后的一段合理时间内虽然交货，但所交货物或所交提单证上记载的货物根本不是或实质上有别于采购合同约定的物资，且拒不交付替代物或替代单证。

4. 因为各种不可抗力等因素导致供应商不能及时交货。

三、特别说明

因各种不可抗力导致供应商不能及时交货的情况不属于违约，采购人员应及时与供应商沟通联络，及时采取相应措施，尽量减少工厂损失。以下主要就供应商延误交货的其他情况提出处理方案。

四、交期延误的原因分析

若供应商在合同的有效期内未能按时交货，采购专员应积极与供应商沟通协调，了解供应商延误交货的真正原因，以便采取有效的方法进行处理。供应商交期延误的原因分析如下表所示。

交期延误的原因分析表

责任方	造成交期延误的原因	
供应商	1. 接单量超过生产能力	2. 技术、工艺能力不足
	3. 对时间估计错误	4. 品质管理不当
	5. 经营者的顾客服务理念不佳	6. 欠缺交期管理能力
工厂采购部	1. 供应商选定错误	2. 业务手续不完整或某环节有所耽误
	3. 价格不合理	4. 下单量超过供应商之产能
	5. 步骤更换供应商	6. 付款条件过于严苛
工厂其他部门	1. 请购前置时间不足	2. 技术资料不齐备
	3. 设计变更或标准调整	4. 订货数量太少
	5. 对供应商的品质辅导不足	6. 点收、检验等工作延误
	7. 未按合同约定按时付款	

（续）

责任方	造成交期延误的原因	
双方沟通不良	1. 未能掌握一方或双方的产能变化	2. 指示、联络不确定、不到位
	3. 技术资料交接不充分	4. 品质标准沟通不一致
	5. 单方面确定交期，缺少沟通	6. 首次合作出现偏差
不可抗力	自然灾害、经济因素、国家政策、法律因素等	

五、拟定具体解决处理方案

1. 工厂原因导致交期延误的处理：若延误交货属工厂产品的技术问题，采购专员可同工厂工程师一起到供应商处，协助供应商尽快解决技术问题。

2. 供应商原因导致交期延误的处理：若由于供应商的某些原因而导致交货延误，采购专员经过分析后，可通过以下四种方式解决问题，具体如下表所示。

供应商延误交货的解决方案

解决方式	具体操作方法
沟通解决	◆ 与供应商高层取得联系，通过和平方式解决问题，促使供应商尽快交货
继续履行	◆ 与供应商协调，要求供应商继续履行合同，设定新的交货期限
解除合同，责令对方赔偿损失	◆ 依照法律规定或合同约定，通知供应商解除采购合同，并要求供应商按合同约定赔偿自身的经济损失，同时寻找新的供应商或替代品
采取补救措施	◆ 主要是指修理、更换、重做、退货、减少价款等
备注：以上几种方式可结合使用，以工厂经济损失最小化、使问题得到尽快解决为原则	

3. 采购专员经过认真分析后，提出切实可行的解决方案，上交采购经理审核。采购经理审核通过后，采购专员根据解决方案与供应商进行沟通，双方尽快达成共识。

六、延误交货处理实施

1. 在与供应商进行沟通后，若供应商拒不配合交货，则采购专员应积极寻找新供应商，同时按照解决方案进行处理。

2. 若需要诉诸法律，则采购专员应收集齐全有关资料，咨询法律顾问，由专业律师诉讼解决。

七、预防供应商延误交货办法

1. 采购订单发出后，采购跟单员应定期打电话或抽时间拜访供应商，向其询问进度，及时了解物资的生产情况，以便及时发现和处理问题。

2. 在与供应商沟通的过程中，若发现供应商有诚信问题，相关采购人员应尽快与对方的负责人联系并上报领导。

3. 采购跟单员可通过电话方式提醒供应商的交期责任，让供应商保证决不因人为因素而造成延误交货。

（续）

4. 尽量拓展采购渠道，这样既可避免因供应商供应不及时而造成工厂的生产或经营问题，还可以在采购时比价、比质，以获得最佳的采购价。但需注意采购时的质量检验，保证本工厂产品质量的稳定性。

5. 采用集中采购的方式，及时编制采购计划，变中小采购为大宗的采购，变小客户为主要客户，从而获得采购的主动权，赢得供应商的重视。

八、供应商交期改善

1. 与供应商共同明确交期改善指标，并使其了解计算基准，避免出现标准混乱现象。

2. 统计交期问题的形态并了解其发生的原因，同时统计经常发生延迟交货行为的供应商，对其进行重点管理。

3. 定期向供应商公布交货绩效，查看交期统计记录，并与交期计划目标进行比较。

4. 与供应商制定改善交期准确性的行动方案与对策。

5. 对供应商进行持续的追踪考核，直至其交期获得改善为止。

编制人员		审核人员		审批人员	
编制时间		审核时间		审批时间	

采购作业绩效管理

第十章

第一节　采购绩效指标

一、采购绩效指标编制

（一）采购职责

采购绩效考核指标应与采购相关职能相一致，采购职责主要包括采购相关规章制度的建立、采购组织的建立与分工、采购计划的制订与执行、采购实施及考核等。采购职责的具体内容如图 10-1 所示。

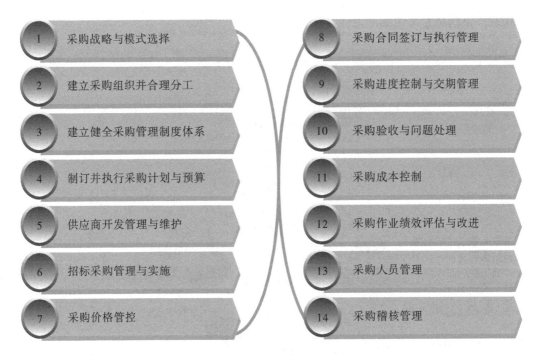

1	采购战略与模式选择	8	采购合同签订与执行管理
2	建立采购组织并合理分工	9	采购进度控制与交期管理
3	建立健全采购管理制度体系	10	采购验收与问题处理
4	制订并执行采购计划与预算	11	采购成本控制
5	供应商开发管理与维护	12	采购作业绩效评估与改进
6	招标采购管理与实施	13	采购人员管理
7	采购价格管控	14	采购稽核管理

图 10-1　采购职责说明

（二）采购工作目标

采购绩效指标设计与绩效评估应以采购工作目标为中心，采购工作目标如图 10-2 所示。

图 10-2　采购工作目标说明

（三）采购绩效考核指标设计

采购绩效考核内容与指标设计需结合采购工作目标与采购职责，其具体内容如图 10-3 所示。

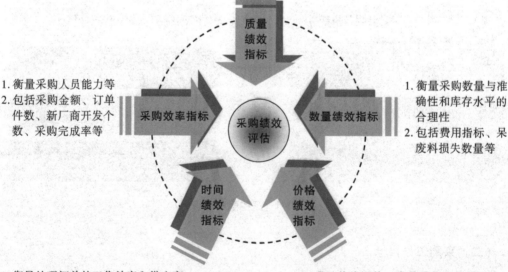

图 10-3　采购绩效考核内容与指标设计

二、采购绩效指标体系范例

表 10-1 为某工厂的采购绩效指标体系示例，供读者参考。

表 10-1　采购绩效指标体系设计表示例

采购绩效指标	具体指标	指标公式/说明
质量绩效指标	进料验收合格率	$进料验收合格率 = \dfrac{阶段内采购物资合格批次}{阶段内采购物资总批次} \times 100\%$
	在制品验收合格率	$在制品验收合格率 = \dfrac{阶段内在制品验收合格数}{阶段内在制品数} \times 100\%$
	退货率	$退货率 = \dfrac{阶段内采购物资退货数}{阶段内采购物资总数} \times 100\%$
数量绩效指标	呆废料金额	呆废料原值
	呆料、废料处理损失	呆料、废料处理损失 = 呆废料原值 − 呆废料处理值
	库存金额	库存物资所占金额总数
	库存周转率	$库存周转率 = \dfrac{期内出库原材料总成本}{原材料平均库存成本} \times 100\%$
时间绩效指标	紧急采购费用差额	紧急采购费用差额 = 物资正常采购下所发生的费用 − 物资紧急采购费用
	停工断料工时损失	因停工断料而影响、损失的工时

（续表）

采购绩效指标	具体指标	指标公式/说明
价格绩效指标	实际价格与标准成本的差额	实际价格与标准成本的差额 = 实际的物资采购价格 − 物资标准价格
	实际价格与过去移动平均价格的差额	实际价格与过去移动平均价格的差额 = 实际的物资采购价格 − 过去采购的平均价格
	当期采购价格与基期采购价格之比	当期采购价格与基期采购价格之比 = $\dfrac{本期物资采购价格}{上期物资采购价格}$
效率（活动）绩效指标	采购金额	——
	采购计划完成率	采购计划完成率 = $\dfrac{采购计划完成量}{同期采购计划总量}$ × 100%
	采购成本降低率	采购成本降低率 = $\dfrac{上期采购成本 − 本期采购成本}{上期采购成本}$ × 100%
	新供应商开发个数	——
	订单处理的时间	——
	错误采购次数	——
管理类指标	采购人员离职率	采购人员离职率 = $\dfrac{期内采购人员离职人数}{采购人员总人数}$ × 100%
	协作满意度	相关部门、供应商等对合作的满意程度（通过问卷调查获得）

第二节 采购绩效评估

一、采购绩效评估流程

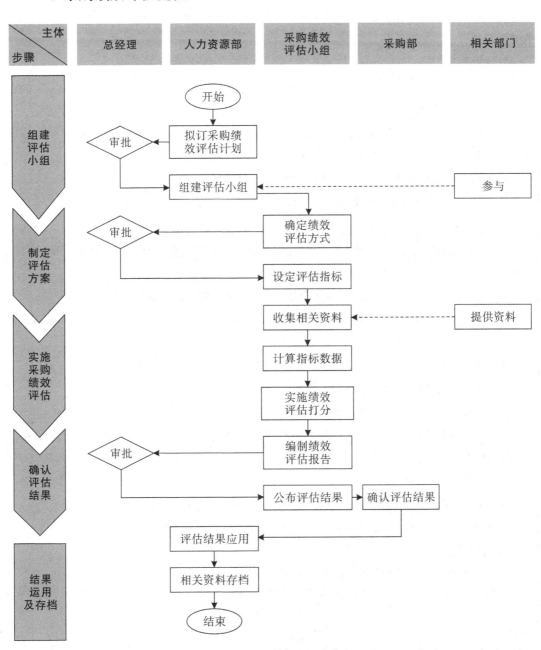

二、采购绩效评估方案

文书名称	采购绩效评估方案	编　　号	
		受控状态	

一、目的

为了确保工厂采购目标的达成，提高采购人员的工作积极性，为采购绩效改进提供相关依据，特制定本方案。

二、适用范围

本方案适用于工厂物料、设备及其他物资采购工作的绩效评估。

三、评估小组成员及职责

人力资源部经理负责组建采购绩效评估小组，对采购工作实施情况进行评估，并通过评估为采购绩效改善提供依据，评估小组具体成员及其职责如下。

1. 组长：由总经理担任，负责提出年度绩效评估总体要求，并对评估结果进行审核。

2. 副组长：由人力资源部经理担任，负责监督评估过程并处理评估中出现的突发事件。

3. 组员：由以下各部门相关人员担任。

（1）人力资源部人员：负责采购绩效评估方案的制定、组织实施，并将绩效结果运用到人事决策中。

（2）财务部相关人员：负责提供采购成本数据，并对相关绩效作出评价。

（3）生产部相关人员：提供采购品质、数量及供应商服务等方面的资料，并对相应评估项目作出评价。

四、其他相关人员职责

1. 采购部人员负责提供各相关数据、资料，并参与执行采购绩效评估。

2. 供应商代表向评估小组提供相关资料及反馈意见。

3. 人力资源部根据情况聘请外界专家或顾问对采购制度、组织、人员及工作绩效进行客观分析，并协助进行采购绩效评估。

五、采购绩效评估方式

本厂采购绩效评估工作采用量化考核方式，从时间绩效、品质绩效、数量绩效、价格绩效、效率绩效五个方面对采购工作进行衡量与评价。

六、采购绩效评估表

采购绩效评估表的格式如下表所示。

（续）

采购绩效评估表

评估项目	指标	权重（%）	评估标准					评估得分
			100分	90~99分	80~89分	60~79分	60分以下	
时间绩效	是否导致停工影响经营	10	从不	当期没有	无记录	3次以下	3次以上	
品质绩效	进料品质合格率	15	100%	90%~99%	80%~89%	65%~79%	65%以下	
	物资使用不良率	10	0	5%以下	5%~10%	11%~15%	15%以上	
数量绩效	呆料物资金额	10	__元以下	__~__元	__~__元	__~__元	__元以上	
	库存周转率	10	__%以上	__%~__%	__%~__%	__%~__%	__%以下	
价格绩效	采购成本降低率	10	__%以上	__%~__%	__%~__%	__%~__%	__%以下	
	采购价格降低额	10	__元以下	__~__元	__~__元	__~__元	__元以上	
效率绩效	采购完成率	15	__%以上	__%~__%	__%~__%	__%~__%	__%以下	
	订单处理时间	10	__天以内	__~__天	__~__天	__~__天	__天以上	
总分 = $\sum$（绩效指标得分 × 指标所占权重）								

七、采购绩效评估实施

1. 采购绩效评估小组成员根据各评估指标进行相关资料收集与分析。

2. 采购绩效评估小组对采购绩效工作进行评估打分。

3. 评估小组副组长组织统计并计算分数，取平均数作为结果。

4. 将结果交总经理签字审批后，作为采购绩效评估结果。

八、采购绩效评估结果运用

1. 采购绩效评估结果可划分为下表所示的五个等级。

（续）

采购绩效评估结果等级划分

等级	划分标准	说明
S	95分（含）以上	采购绩效评估成绩杰出
A	90~99分	采购绩效评估优秀，采购工作执行效果良好
B	70~89分	采购绩效评估合格，基本符合采购工作要求
C	60~69分	采购工作水平有待提高
D	60分以下	采购绩效不合格，采购工作水平急需提高

2. 采购绩效评估结果的应用主要包括以下三方面。

（1）确认工厂采购目标达成情况，并为下阶段采购目标的制定提供参考。

（2）根据采购绩效评估结果，分析采购工作的不足之处，从而制定采购绩效改进方案。

（3）作为对部门及员工个人实施奖惩的参考依据。

编制人员		审核人员		审批人员	
编制时间		审核时间		审批时间	

三、采购绩效评估申诉制度

制度名称	采购绩效评估申诉制度		受控状态	
			编　　号	
执行部门		监督部门	编修部门	

第1条　目的

为确保采购部绩效评估工作的公平、公正和客观，保证评估质量以及员工的合法权益，规范工厂的采购绩效管理，完善采购绩效管理体系，对绩效评估申诉进行体制化约束，特制定本制度。

第2条　适用范围

本制度适用于采购绩效评估申诉管理工作。

第3条　相关人员职责

1. 采购经理以及权限范围内的相关领导对绩效评估申诉结果进行签字确认。

2. 人力资源部作为第三方出具处理意见。

3. 人力资源部人事专员根据人力资源部出具的最终处理意见更新员工的绩效评估结果。

第4条　申诉有效期与受理主体

1. 申诉有效期为绩效沟通结束后的____个工作日之内，如遇法定节假日或休息日可顺延。

2. 采购人员如对绩效评估结果不清楚或者持有异议的，可以书面形式向人力资源部申诉。

（续）

第5条 绩效评估申诉流程说明

采购绩效评估申诉流程如下表所示。

采购绩效评估申诉流程说明表

步骤	涉及人员	步骤说明
1	采购人员	◆ 采购人员如对评估结果不满，可向人力资源部提出申诉并应将申诉原因和理由记入申诉表
2	人力资源部	◆ 人力资源部在接到采购人员申诉后，进行调查核实，并将调查情况记录到申诉表中
3	人力资源部	◆ 人力资源部根据了解到的实际情况和公司相关制度，出具第三方解决意见或建议
4	人力资源部	◆ 人力资源部人员与申诉者进行面谈，并在申诉表中签署意见
5	采购经理	◆ 采购经理审核申诉表处理意见并签字确认
6	人力资源部人事专员	◆ 人力资源部人事专员将申诉表归档保存

第6条 其他申诉说明

1. 采购人员对绩效评估结果不满而提出申诉的，在申诉期间，原考核结果及处理决定依然有效。

2. 采购人员在申诉过程中出现以下行为时，人力资源部将驳回申诉，并视问题严重程度对申诉人员予以处理。

（1）无适当理由，超过申诉期限的。

（2）对于申诉事项无客观事实依据，仅凭主观臆断的。

（3）故意捏造事实，诬告、陷害他人的。

（4）其他有违背申诉公平原则的行为。

第7条 解释部门

本制度由人力资源部负责解释。

第8条 生效日期

本制度自颁布之日起实施。

修订记录	修订标记	修订处数	修订日期	修订执行人	审批签字

第三节 采购绩效改善

一、采购绩效改善流程

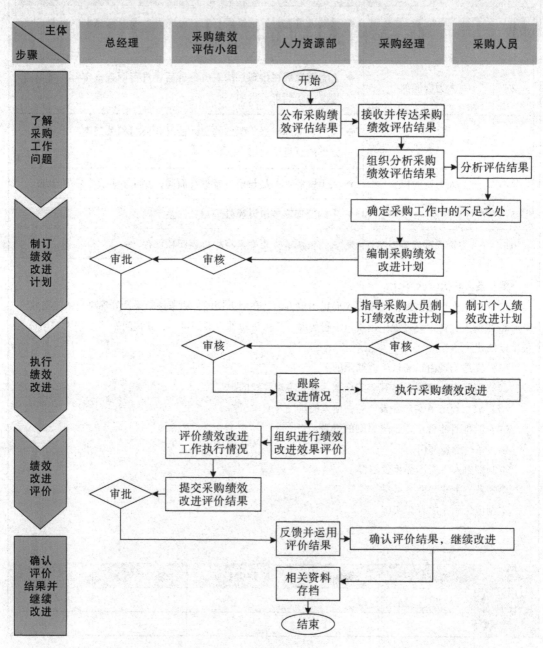

二、采购绩效改善方案

文书名称	采购绩效改善方案	编　　号	
		受控状态	

一、目的

为提高采购绩效，规范采购绩效管理，完善工厂绩效管理体系，不断增强整体核心竞争力，特制定本方案。

二、适用范围

本方案适用于采购工作及采购人员绩效改进与提升相关工作事项。

三、职责

1. 总经理负责采购绩效改进计划的审批工作。

2. 人力资源部负责整体组织和控制采购绩效改进工作。

3. 采购绩效评估小组负责跟踪采购绩效改善情况，并及时指出不足之处。

4. 采购经理负责制订采购绩效改进计划，并协助下属员工制订个人绩效改进计划。

5. 采购人员负责按照采购绩效改进计划执行改进工作。

四、提高采购绩效的工作重点

结合本厂的具体情况，采购绩效改进与提升工作可分为三个阶段，即绩效改进计划阶段、绩效改进执行阶段、绩效改进评价及反馈阶段。

五、绩效改进计划阶段管理

（一）制订绩效改进计划

1. 经过采购绩效评估后，人力资源部向采购部反馈绩效评估结果。

2. 采购经理在收到结果反馈后，应与采购部人员进行充分的沟通，就绩效目标达成共识，具体包括以下内容。

（1）分析采购绩效评估结果。

（2）找出采购工作中存在的不足之处。

（3）针对存在的问题制订合理的绩效改进计划。

（二）拟订绩效改进计划的注意事项

1. 计划内容要有实际操作性，即拟订的计划内容需与采购工作待改进的问题相关联且是可以实现的。

2. 计划要获得管理者与员工双方的认同，即管理者与员工都应该接受这个计划并保证实现该计划。

3. 符合 SMART 原则，即绩效改进计划要满足具体、可衡量、可达到、相关联、有时限性五点要求。

（三）绩效改进工具

1. "采购工作绩效改进计划表"的格式如下表所示。

（续）

采购工作绩效改进计划表

部门		绩效改进周期		___年__月__日～___年__月__日

1. 改进的内容

待提高的方面	绩效目标	完成情况	完成时间	上级领导需提供的支持

2. 绩效改进结果评价（改进阶段结束后填写）

采购绩效评估小组评价	
总经理评价	
部门负责人（签字）	总经理（签字）

2. "采购人员绩效改进计划表"的格式如下所示。

采购人员绩效改进计划表

姓名		所在岗位		所属部门	
直接上级		绩效改进周期		___年__月__日～___年__月__日	

1. 改进的内容

待提高的方面	绩效目标	完成情况	完成时间	上级领导需提供的支持

2. 绩效改进结果评价（改进阶段结束后填写）

直接上级评价	
采购绩效评估小组评价	
责任人（签字）	采购经理（签字）

（续）

六、绩效改进执行阶段
1. 采购绩效改进计划经过审批后，人力资源部应对采购人员进行绩效跟踪，收集、整理各项采购绩效指标、数据，并将改进过程中存在的问题及改进工作的进展情况及时、准确地记录到绩效改进表上。 2. 采购部应按照改进计划执行，并在部门内建立健全"双向沟通"制度，包括周/月例会制度、周/月总结制度、汇报/述职制度、观察记录制度、周工作记录制度等。 3. 采购绩效评估小组应随时就出现的有关绩效问题进行沟通、指导。
七、绩效改进确认及反馈阶段管理
1. 采购绩效评估小组综合人力资源部、采购部及其他相关人员提供的改进信息，客观、公正地对采购工作情况及采购人员绩效改进情况进行确认，将对改进情况的评价内容填入绩效改进计划表，并向采购人员反馈。 2. 收到采购绩效改进评价后，责任人应对改进评价进行签字确认。 3. 未达到改进要求的责任人，应按照评价内容对不合格项进行进一步改进，人力资源部应根据其改进情况对其进行相应的培训或处罚。

编制人员		审核人员		审批人员	
编制时间		审核时间		审批时间	

第四节　采购人员绩效考核

一、采购人员考核指标体系

采购部可根据采购业务绩效指标和采购人员的相关职责，设计各级采购人员的绩效考核指标体系，以下主要列举了采购总监、采购经理、采购主管、采购专员四级人员的考核指标体系。

（一）采购总监考核指标体系

维度	KPI指标	指标计算公式/说明	绩效目标值	权重
财务	采购成本降低率	采购成本降低率 $= \dfrac{上期采购成本 - 本期采购成本}{上期采购成本} \times$ 100%	考核期内采购成本降低率达到____%	10%

（续表）

维度	KPI 指标	指标计算公式/说明	绩效目标值	权重
内部运营	采购计划完成率	采购计划完成率 $= \dfrac{实际的采购总金额（数量）}{同期计划采购金额（数量）} \times 100\%$	一般设置为100%	15%
	采购物资到货及时率	采购物资到货及时率 $= \dfrac{准时到货的采购物资批数}{本期所有采购物资批数} \times 100\%$	一般设置为100%	10%
	采购质量合格率	采购质量合格率 $= (1 - \dfrac{不合格的采购物资数量}{采购物资总数量}) \times 100\%$	考核期内采购质量合格率达到____%	15%
	供应商履约率	供应商履约率 $= (1 - \dfrac{供应商违约次数}{本期所有采购总数}) \times 100\%$	考核期内供应商履约率达到____%	10%
	部门协作满意度	调查各部门对协作工作的满意程度	考核期内部门协作满意度评分达到____分	10%
客户	供应商开发计划完成率	供应商开发计划完成率 $= \dfrac{考核期内新开发的供应商数量}{考核期内计划开发的新供应商数} \times 100\%$	一般设置为100%	10%
	供应商满意率	供应商对采购工作满意度的对比分析	考核期内供应商满意率达到____%	5%
学习与发展	培训计划完成率	培训计划完成率 $= \dfrac{实际完成的培训次数}{计划培训的次数} \times 100\%$	一般设置为100%	5%
	核心员工保有率	核心员工保有率 $= \dfrac{核心员工实际保有数}{核心员工人数} \times 100\%$	考核期内达到____%	10%

（二）采购经理考核指标体系

项目	指标	指标计算公式/说明	权重
工作业绩（60%）	采购成本控制	实际工作中的采购成本是否控制在预算范围内	5%
	采购事故经济损失	由于采购原因导致的供应不足或库存积压所产生的经济损失	5%
	采购计划完成率	$采购计划完成率 = \dfrac{实际的采购总金额（数量）}{同期计划采购金额（数量）} \times 100\%$	10%
	采购质量合格率	$采购质量合格率 = \left(1 - \dfrac{不合格的采购物资数量}{采购物资总数量}\right) \times 100\%$	10%
	供应商开发计划完成率	$供应商开发计划完成率 = \dfrac{考核期内新开发的供应商数量}{考核期内计划开发的新供应商数} \times 100\%$	5%
	供应商履约率	$供应商履约率 = \left(1 - \dfrac{供应商违约次数}{本期所有采购总数}\right) \times 100\%$	5%
	部门协作满意度	调查各部门对协作工作的满意程度	10%
	培训计划完成率	$培训计划完成率 = \dfrac{实际完成的培训次数}{计划培训的次数} \times 100\%$	5%
	核心员工保有率	$核心员工保有率 = \dfrac{核心员工实际保有数}{核心员工人数} \times 100\%$	5%
工作能力（25%）	信息收集与处理能力	及时收集和处理各部门需求信息，并以此编制采购工作计划的能力	5%
	管理控制能力	对本部门下属员工的激励、指导、培训情况和对本部门员工工作的管理控制情况	10%
	思维能力	考虑问题的全面性、深入性	5%
	协调沟通能力	与各方面沟通协调以及人际交往的能力	5%
工作态度（15%）	以身作则	表率作用如何，是否严于律己，遵守制度、纪律的情况	5%
	基本态度	工作自觉性、积极性，对工作的投入程度，进取精神、勤奋程度、责任心等	5%
	执行力	对上级指示、决议、计划的执行程度，以及对下级的检查和跟进程度	5%

（三）采购主管考核指标体系

项目	指标	指标计算公式/说明	权重
工作业绩（70%）	采购计划完成率	$采购计划完成率 = \dfrac{实际的采购总金额（数量）}{计划采购金额（数量）} \times 100\%$	10%
	供应商开发计划完成率	$供应商开发计划完成率 = \dfrac{考核期内实际开发的新供应商数量}{考核期内计划开发的新供应商数} \times 100\%$	5%
	物资到货及时率	$物资到货及时率 = \dfrac{准时到货的采购物资批数}{本期所有采购物资批数} \times 100\%$	5%
	物料配送及时率	$物料配送及时率 = \dfrac{及时配送完成的物料数量}{配送物料总数} \times 100\%$	5%
	采购质量合格率	$采购质量合格率 = (1 - \dfrac{不合格的采购物资数量}{采购物资总数量}) \times 100\%$	10%
	供应商评估报告按时完成率	$供应商评估报告按时完成率 = \dfrac{规定时间内完成的评估报告数}{应完成的评估报告总数} \times 100\%$	5%
	库存周转率	$库存周转率 = \dfrac{考核期内总出库金额}{考核期内平均库存金额} \times 100\%$	5%
	库存货损率	$库存货损率 = \dfrac{考核期内库存货损金额}{当期库存总额} \times 100\%$	5%
	采购事故发生次数	物料采购、供应、配送、仓储等发生事故的次数	5%
	事故处理及时率	$事故处理及时率 = \dfrac{及时处理事故的次数}{发生事故的次数} \times 100\%$	10%
	员工考核合格率	$员工考核合格率 = \dfrac{考核合格的员工数}{员工考核人数} \times 100\%$	5%
工作能力（15%）	问题解决能力	面对问题时采取措施或行动的主动性、有效性及工作中对上级的依赖程度	5%
	协调沟通能力	与各方面沟通协调以及人际交往的能力	5%
	下属培养能力	对下属员工的重视程度及在日常工作中的帮助与培训效果	5%
工作态度（15%）	以身作则	表率作用如何，是否严于律己，遵守制度、纪律的情况	5%
	基本态度	工作自觉性、积极性，对工作的投入程度，进取精神、勤奋程度、责任心等	5%
	执行力	对上级指示、决议、计划的执行程度，以及在执行过程中对下级工作的检查和跟进程度	5%

（四）采购专员考核指标体系

项目	考核指标	指标计算公式/说明	权重
工作业绩（80%）	采购任务完成率	采购任务完成率 = $\dfrac{实际采购数量}{计划采购总数量} \times 100\%$	15%
	采购物资到货及时率	采购物资到货及时率 = $\dfrac{准时到货的采购物资批数}{本期所有采购物资批数} \times 100\%$	10%
	采购质量合格率	采购质量合格率 = $(1 - \dfrac{不合格的采购物资数量}{采购物资总数量}) \times 100\%$	15%
	不合格物料退货及时率	不合格物料退货及时率 = $\dfrac{不合格物料及时退货数量}{采购物料总量} \times 100\%$	5%
	订单差错次数	采购订单发生数量、时间、金额等错误的次数	10%
	新供应商开发数	考核期内新开发供应商的数量	10%
	供应商履约率	供应商履约率 = $(1 - \dfrac{供应商违约次数}{本期所有采购总数}) \times 100\%$	5%
	供应商档案完备率	供应商档案完备率 = $\dfrac{现有供应商档案数}{所有供应商数} \times 100\%$	10%
工作能力（10%）	商务谈判能力	在与供应商的谈判过程中有效地达成共识并最大限度争取和维护工厂利益的能力	5%
	订单跟催能力	发送订单后，为保障供应商按时交货而对其进行适当、有效的跟催的能力	5%
工作态度（10%）	基本态度	工作自觉性、积极性，对工作的投入程度，进取精神、勤奋程度、责任心等	5%
	纪律性	实际作业过程中对各项纪律的遵守情况	5%
其他	个人行为	考核期内对节约采购成本等有重大贡献，或有值得表彰的优秀行为的可酌情加分；有重大违纪行为或导致发生责任事故的，酌情予以减分	

二、采购人员考核流程

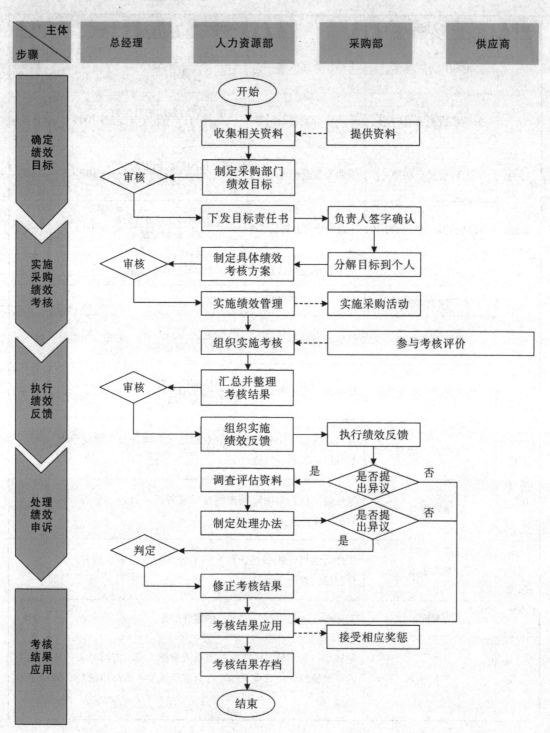

三、采购人员考核制度

制度名称	采购人员考核制度		受控状态	
			编 号	
执行部门		监督部门	编修部门	

第1章 总则

第1条 目的

为保证本厂所需物资供应及时，确保采购质量，提高员工的工作绩效和工作积极性，从而提高采购工作整体绩效，最终实现本厂的经营目标，特制定本制度。

第2条 适用范围

本制度适用于采购部所有正式员工，下列人员不在此列。

1. 试用期人员。

2. 停薪留职及复职未达半年者。

3. 连续缺岗天数达30天以上者。

第3条 职责划分

1. 总经理负责考核工作的审批与决策。

2. 人力资源部负责采购人员考核工作的计划、组织与执行，并根据考核结果对相应人员进行奖惩。

3. 采购部负责提供考核所需资料，配合执行考核工作。

第4条 采购人员考核原则

1. 明确化、公开化原则。人力资源部进行采购人员考核前应明确考核标准、考核程序、考核责任与相关规定，并向全体员工公开，在实施过程中严格遵守各项规定。

2. 客观性原则。考核过程中，考核人员应避免掺入主观认识及感情色彩，做到"用事实说话"，考核结果应建立在客观事实的基础上。

3. 差别化原则。考核结果等级之间应当有鲜明的差别界限，不同的考核结果在工资、晋升、使用等考核应用方面应体现明显差别，以发挥考核的激励作用。

4. 及时反馈原则。考核结果应及时反馈给被考核者，并向其进行说明解释，肯定其成绩和进步，指出其存在的不足之处，帮助其制定改进办法。

第2章 具体考核实施

第5条 考核时间

工厂采购人员考核包括月度考核、季度考核及年度考核，具体实施时间如下表所示。

（续）

考核实施时间		
考核类别	考核实施时间	考核结果应用
月度考核	次月 1 日～5 日	月绩效工作判定的依据
季度考核	次季度第 1 个月的 1 日～10 日	1. 作为薪资、职位调整的依据 2. 作为季度培训计划安排与季度奖金判定的依据
年度考核	次年 1 月 1 日～15 日	1. 作为薪资、职位调整的依据 2. 作为年度培训计划安排与年终奖金判定的依据

第6条 考核方法

本厂采购人员主要采用量化考核与全方位评价相结合的方法进行考核。

第7条 考核内容

1. 人力资源部应根据采购人员的职位说明书和其工作内容、工作要求、绩效目标等确定考核内容，并编制评分标准及表格。

2. 考核内容应包括采购工作绩效、工作能力、工作态度三部分。

第8条 考核实施相关要求

1. 人力资源部人员在考核过程中应认真计算指标值，慎重评价打分，凡在考核中消极应付且在评价考核过程中出现严重失误者，将给予扣除绩效工资和奖金等处罚。

2. 考核评分人员必须公正、公平、认真、负责，一经发现不负责或不公正者，将给予降职、扣除当月绩效奖或扣分处理。

3. 采购人员应全面配合实施绩效考核，不得弄虚作假，欺骗考核人员或隐瞒事实，一旦发现违反者，将其当月考核分数记为零，并扣除当月奖金。

4. 考核工作必须在计划规定的时间内完成。

第3章 考核结果沟通与面谈

第9条 考核面谈时间

采购人员考核面谈应在考核结束后七天内安排实施。

第10条 面谈负责人员

采购人员考核面谈主要由采购经理及采购主管负责实施。

第11条 考核面谈注意事项

1. 努力使面谈双方建立相互信任的关系，并站在被考核者的角度思考。

（续）

2. 应态度平和、言语恰当、耐心沟通，避免造成对立或冲突。

3. 不过多讨论被考核者的性格优劣，主要关注其发展方向及改进方式。

4. 鼓励被考核者表达自己的观点，并认真进行分析和探讨。

第12条　绩效面谈记录的应用

绩效面谈记录将作为员工下一步绩效改进的目标及相关培训安排的参考依据。

第13条　考核结果应用

考核结果将被运用于以下四个方面。

1. 提供采购人员绩效改进的依据。

2. 作为对员工个人或相关部门实施奖惩的参考依据。

3. 为员工职位变动、教育与培训提供较为有效的参考依据。

4. 提高采购人员的工作积极性。

第4章　考核申诉

第14条　申诉申请

1. 被考核人如对考核结果不清楚或有异议，可以采取书面形式向人力资源部绩效管理人员申诉。

2. 申诉书内容包括申诉人姓名、所在部门、申诉事项、申诉理由等。

第15条　申诉受理

人力资源部绩效管理人员接到员工申诉后，应在三个工作日做出是否受理的答复。对于无客观事实依据、仅凭主观臆断的申诉不予受理。

第16条　申述处理

1. 员工所在部门考核管理负责人对员工申诉内容进行调查。

2. 考核管理负责人与员工直接上级、共同上级、所在部门负责人进行协调、沟通。

3. 不能协调的，报人力资源部进行协调。

4. 人力资源部应在接到申诉申请书的五个工作日内明确答复申诉人处理结果。

5. 总经理拥有申诉处理的最终决策权。

第5章　附则

第17条　人力资源部负责本制度的制定、修改、废除等工作。

第18条　本制度报总经理审批后，自颁布之日起实施。

修订记录	修订标记	修订处数	修订日期	修订执行人	审批签字

四、采购专员考核执行方案

文书名称	采购专员考核执行方案	编　号	
		受控状态	

一、目的

通过绩效考核，传递工厂的经营发展目标和采购目标，引导员工提高工作绩效，挖掘员工潜能，实现工厂与员工个人的双赢。

二、适用范围

本方案适用于本厂采购部采购专员的绩效考核。

三、职责划分

人力资源部负责采购专员考核工作的计划、组织、协调及结果处理。

四、考核频率

采购专员考核包括月度考核、季度考核及年度考核三种。

五、考核办法

采购专员考核采用量化考核与全方位评价相结合的方式进行，各项考核所占权重如下。

1. 自我评估：占考核得分的20%。

2. 上级领导评估：占考核得分的45%。

3. 同事评估：占考核得分的25%。

4. 供应商（客户）评估：占考核得分的10%。

六、考核内容

工厂主要从工作态度、工作能力与工作业绩三方面对采购专员进行考核，相关内容如下表所示。

采购专员考核内容说明表

评估内容	权重	指标示例
工作业绩	80%	采购任务完成率、采购质量合格率、订单差错次数、供货及时率等
工作能力	10%	商务谈判能力、订单跟催能力等
工作态度	10%	基本工作态度、纪律性等

七、考核工具

1. "采购专员考核评价表"的格式如下表所示。

采购专员考核评价表

编号：_____　　　　　　　　　　　　日期：___年__月__日

被考核者		所在岗位		所属部门		
考核者		所在岗位		与被考核者关系	□本人　　□直接上级	□同事　　□供应商

（续）

项目	指标	权重	评分标准	得分
工作业绩（80%）	采购任务完成率	15%	考核期内，采购任务完成率达到100%，得满分；每低____%，扣____分；低于____%，不得分	
	采购物资到货及时率	10%	考核期内，采购物资到货及时率达到100%，得满分；每低____%，扣____分；低于____%，不得分	
	采购质量合格率	15%	考核期内，采购质量合格率达到____%，得满分；每低____%，扣____分；低于____%，不得分	
	不合格物料退货及时率	5%	考核期内，不合格物料退货及时率达到____%，得满分；每低____%，扣____分；低于____%，不得分	
	订单差错次数	10%	考核期内，订单差错次数控制在____次以内，得满分；每超出____次，扣____分；高于____次，不得分	
	新供应商开发个数	10%	考核期内，新供应商开发个数达到____个，得满分；每少____个，扣____分；低于____个，不得分	
	供应商履约率	5%	考核期内，供应商履约率达到____%，得满分；每低____%，扣____分；低于____%，不得分	
	供应商档案完备率	10%	考核期内，供应商档案完备率达到____%，得满分；每低____%，扣____分；低于____%，不得分	
工作能力（10%）	商务谈判能力	5%	1. 未能就采购费用与供应商达成合理共识，也没能与其建立良好、长久的合作关系，得____分 2. 虽然能够说服供应商减少采购费用，但并未取得对方信任，也未与其建立良好、长久的合作关系，得____分 3. 能够就采购费用与供应商达成合理共识，并且与其建立了良好、长久的合作关系，为工厂的采购成本节约作出贡献，得____分	

(续)

项目	指标	权重	评分标准	得分
工作能力（10%）	订单跟催能力	5%	1. 未能对供应商进行及时的跟催，货物供应延期情况较多，得____分 2. 能够基本完成跟催工作，但跟催质量有待提升，供应商的延期交货情况依然存在，得____分 3. 能够及时、有效地完成跟催工作，供应商交期准时率较高，得____分	
工作态度（10%）	基本态度	5%	1. 未能将工作任务视为责任，需要领导督促才能积极工作，出现错误就逃避，得____分 2. 能够将工作任务视为责任，努力工作，对于工作错误从不逃避，得____分 3. 工作积极主动，能够全身心投入工作，勇于承担工作责任，得____分	
	纪律性	5%	1. 不能严格遵守工作纪律，经常有违纪行为，得____分 2. 基本能够遵守规章纪律，违纪行为较少，得____分 3. 能够严格要求自己，从不违背规章制度，纪律性较强，得____分	

2. 采购专员考核得分计算方法如下表所示。

采购专员考核得分计算说明表

考核成绩	计算方法
自评分	自评分 = 自评得分×20%
直接上级评分	直接上级评分 = 上级评分×45%
同事评分	同事评分 = 同事平均评分×25%
供应商评分	供应商评分 = 供应商平均评分×10%
最终得分	最终得分 = 上级评分×45% + 自评分×20% + 同事平均评分×25% + 供应商评分×10%
备注	工厂绩效考核评分实行百分制

（续）

八、绩效申诉

若被评估者认为评估结果不符合实际情况，可于绩效反馈后七个工作日内向直属上级或人力资源部提出申诉。被考核者进行绩效考核申诉时，需填写"绩效考核申诉表"（见下表）。

绩效考核申诉表

申诉人		所在岗位		所属部门		申诉日期	
申诉事由							
处理意见或建议	1. 2.						
处理结果							
申诉人对处理 结果的意见	1. 2. 3.						
责任部门负责人		人力资源部			总经理		

九、绩效考核结果的运用

绩效考核结果可运用到采购人员晋升、培训及薪酬调整等人事决策上，其对薪酬调整的影响如下表所示。

年度考核结果在薪酬调整方面的应用情况

等级	等级定义	分值	薪酬调整
S	优秀	90～100分	薪酬上调三个等级或升职一级
A	良	80～89分	薪酬上调两个等级
B	中	70～79分	薪酬上调一个等级
C	一般	60～69分	薪资待遇保持不变
D	差	60分以下	扣减5%的工资

编制人员		审核人员		审批人员	
编制时间		审核时间		审批时间	

采购成本控制工具

第十一章

第一节　定量采购

一、定量采购操作流程

定量采购是指预先确定一个订货点和订货批量（一般以经济批量 EOQ 为标准），随时检查库存，当库存量下降到规定的订货点时就立即提出订货，其操作流程如图 11-1 所示。

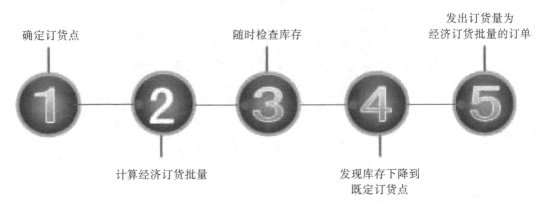

图 11-1　定量采购操作流程

二、经济订货批量计算

经济订货批量（EOQ）是使订货成本和保管成本所占用总成本最小的订货数量。经济订货批量模型如图 11-2 所示。

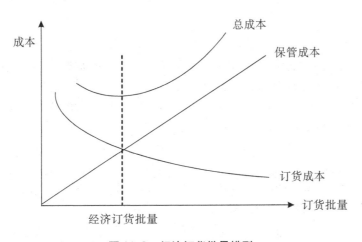

图 11-2　经济订货批量模型

在该模型的简单化形式中，不需要设安全库存，无论时间如何变化，年需求（D）、提前期（L）、价格（C）、每次订货成本（S）、单位商品年保管成本（H）都是常数，订货量（Q）设定为经济订货批量（EOQ），具体计算方法如图11-3所示。

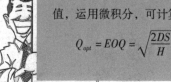

（1）年库存总成本

年总成本＝年购置成本＋年订货成本＋年保管成本，即

$$TC = DC + \frac{DS}{Q} + \frac{QH}{2}$$

（2）经济订货批量（EOQ）

Q 的最小值 Q_{opt} 可称为经济订货批量，是使订货成本与保管成本相等的值，运用微积分，可计算得如下值

$$Q_{opt} = EOQ = \sqrt{\frac{2DS}{H}}$$

图11-3　经济订货批量的计算

三、定量采购执行方案

文书名称	定量采购执行方案	编　号	
		受控状态	

一、项目背景

为有效控制订货成本和库存保管成本，降低缺货风险的同时使得保管成本处于合理水平，并进一步简化订货程序、提高采购效率，特制定本方案。

二、人员职责

（一）采购人员

1. 采购人员负责收集订货成本、库存成本、用料需求、提前期等信息，并进行合理的修整，计算出订货点和计算经济订货批量，以指导定量采购法的实施。

2. 采购人员应就定量订货法的实施要点对相关仓储人员进行告知或培训，并督促供应商严格履行合同，确保定量采购方法的顺利实施。

3. 采购人员在接到采购申请后，应及时开展采购，不得无故拖延。

（二）仓储人员

仓储人员应随时做好库存检查、盘点和报备工作，并向采购人员提供翔实的库存保管成本数据、用料情况等信息，以确保订货量计算的准确性。

（续）

（三）生产人员

生产人员负责提供相应种类的物料需求计划给采购部门，并及时反映物料供应情况，以确保生产的连续性。

三、定量采购法的采用条件和模型建设

（一）定量采购的环境条件

1. 物料需求固定，并在整个时期内保持一致。

2. 提前期（从订购到到货时间）已知并且固定。

3. 单位物料价格水平在一定时期内固定。

4. 存储成本以平均库存为计算依据。

5. 订购或生产准备成本固定。

6. 所有对物料的需求都能得到满足，不允许供应商延期交货。

（二）模型建设

定量采购法的模型和简要说明如下图所示。

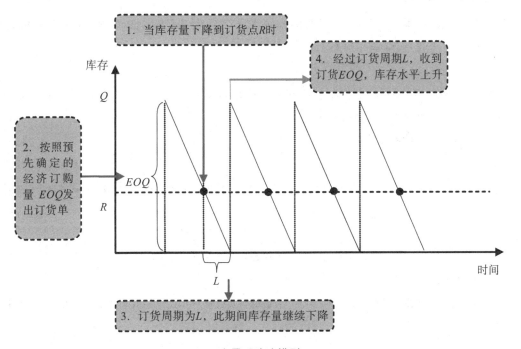

定量采购法模型

四、定量采购法的实施程序

（一）条件确认

1. 采购人员通过对一段时期内物料需求和供应情况的跟踪与分析，掌握物料采购活动的特点，并对比定量采购法的实施条件，明确是否使用此方法进行采购。

（续）

2. 采购人员对合格供商进行背景调查并收集信息。

3. 采购人员在数据分析和掌握供方信息的基础上，向上级提出使用定量采购法的申请。

（二）数值设定

1. 生产部门负责向采购部提供物料需求计划。

2. 仓储部门负责向采购部提供仓储管理数据。

3. 采购部门根据用料计划、库存成本以及供应商报价水平和服务情况等信息，计算订货点和经济订货批量。

（三）人员培训

人力资源部门对相关人员进行培训，以提高人员管理水平，顺利推进定量采购法的实施。

（四）日常管理

1. 仓储人员在日常进行不定期的库存清点，如物料下降到订货点，应立即向采购人员发出订货量为经济订货批量的订单。

2. 生产人员应严格执行生产计划，确保物料的需求和供应处于平衡状态，并加强对质量的检验和控制，如有意外情况应及时向采购人员反馈。

（五）执行采购

采购人员在接到订单后，应与供应商沟通联系，签订合同协议，并跟进供应商的合同履行情况，确保及时到货，不影响工厂的生产进度。

五、定量采购法的执行要点

（一）及时反馈

生产部、仓储部应及时向采购部反映用料情况和物料质量，避免因供货问题或质量问题造成生产损失。

（二）监督实施

采购经理应对定量采购方法的执行情况进行检查和指导，避免出现舞弊现象。

（三）适当调整

采购人员应考虑到需求变动、价格上涨、数量折扣及订货成本、仓储成本的变化，有针对性地修订订货点和经济订货批量。

编制人员		审核人员		审批人员	
编制时间		审核时间		审批时间	

第二节 定期采购

一、最佳采购周期确定

定期采购法是基于时间的订货控制方法，它设定订货周期和安全库存、最高库存量，按订货周期订货，以补充库存。确定最佳采购周期有如图11-4所示的四种方法。

1. 以自然日历习惯为依据设定，如周、月度、季度等

2. 根据工厂的生产周期或者供应周期制定

3. 根据历史采购经验或者工厂经营计划制定

4. 根据经济订货周期计算结果确定

经济订货周期即使年库存成本最低的订货周期，计算公式如下

$$经济订货周期（年/次）=\sqrt{\frac{2\times每次订货费用}{年需求量\times单位物料价格\times存储费率（资金的百分比）}}$$

图11-4 最佳采购周期确定方法

二、定期采购控制方案

文书名称	定期采购控制方案	编 号	
		受控状态	

一、项目背景

为有效地控制采购成本，避免出现缺货情况，并能使得库存维持合理的水平，特制定本方案。

二、人员职责

（一）采购人员

1. 采购人员负责收集关于订货成本、库存成本、用料需求、提前期等信息，并进行合理的修整，计算安全库存和最高库存量。

2. 采购人员应就定期订货法的实施要点对相关仓储人员进行告知或培训，并督促供应商严格履行合同，确保定期采购方法的顺利实施。

（续）

3. 采购人员在接到采购申请后，应及时开展采购，不得无故拖延。

（二）仓储人员

仓储人员应按照规定的订货周期做好库存检查、盘点和报备工作，如实填报各类报表。

（三）生产人员

生产人员负责提供相应种类的物料需求计划给采购部门，并及时反映物料供应情况，以确保生产的连续性。

（四）其他部门

其他部门负责做好培训、考核等支持性工作。

三、定期采购法的采用条件和模型建设

（一）采用条件

采购部采用定期订货方式，除了定期对物料进行检查以核实和确认库存数以外，还应考虑与该种物料的经济订购批量相接近，以提高物资库存控制的经济效益。运用定期订货方式的前提条件有如下几条。

1. 直接运用只适用于单一品种的情况，但是稍加处理可以用于几个品种的联合订购。

2. 不但适用于随机型需求，也适用于确定型需求。

3. 该方法一般用于品种少而价值高、比较重要的物资。

（二）定期采购模型

定期采购模型的简要说明如下图所示。

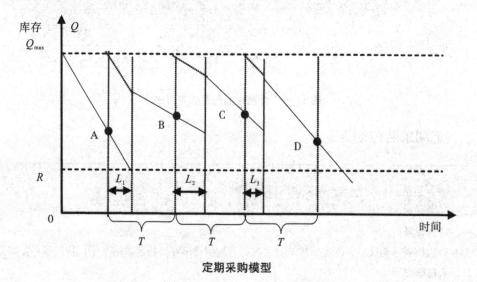

定期采购模型

定期采购模型的运行说明如下。

1. 在系统运行前，先确定订货周期（T）和安全库存（R）、最高库存量（Q_{max}）。

2. 系统时间轴的0点开始运行，检查库存量，库存水平在点A时发出订单，订货量为A点库存量与最大库存量的差值。

（续）

3. 随后进入第一个订货提前期，订货提前期 L_1 结束，所订货物到达，增加库存量。

4. 继续生产活动，经过一个订货周期 T，检查库存量，发出订货量为现有库存和最高库存差额的订单，随后进入第二个订货提前期，提前期结束，所订货物到达，增加库存量。

5. 采购活动沿着以上程序继续推进。

四、定期采购法的实施程序

定期采购法的实施程序如下图所示。

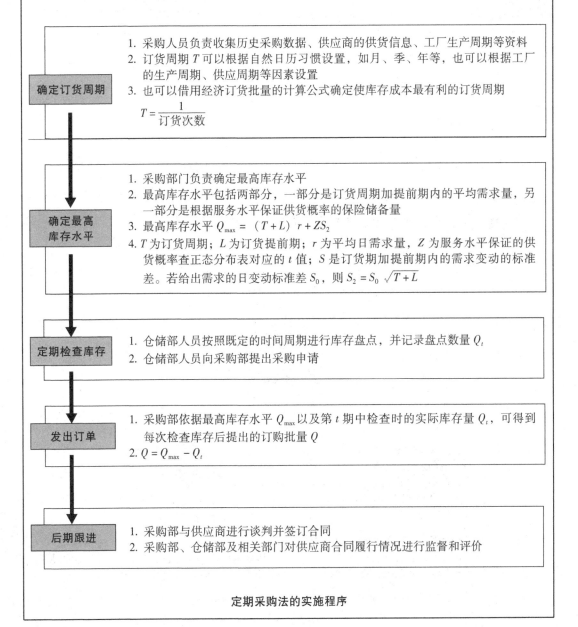

确定订货周期
1. 采购人员负责收集历史采购数据、供应商的供货信息、工厂生产周期等资料
2. 订货周期 T 可以根据自然日历习惯设置，如月、季、年等，也可以根据工厂的生产周期、供应周期等因素设置
3. 也可以借用经济订货批量的计算公式确定使库存成本最有利的订货周期
$$T = \frac{1}{订货次数}$$

确定最高库存水平
1. 采购部门负责确定最高库存水平
2. 最高库存水平包括两部分，一部分是订货周期加提前期内的平均需求量，另一部分是根据服务水平保证供货概率的保险储备量
3. 最高库存水平 $Q_{\max} = (T + L) r + ZS_2$
4. T 为订货周期；L 为订货提前期；r 为平均日需求量，Z 为服务水平保证的供货概率查正态分布表对应的 t 值；S 是订货期加提前期内的需求变动的标准差。若给出需求的日变动标准差 S_0，则 $S_2 = S_0 \sqrt{T + L}$

定期检查库存
1. 仓储部人员按照既定的时间周期进行库存盘点，并记录盘点数量 Q_t
2. 仓储部人员向采购部提出采购申请

发出订单
1. 采购部依据最高库存水平 $Q_{\max}$ 以及第 t 期中检查时的实际库存量 Q_t，可得到每次检查库存后提出的订购批量 Q
2. $Q = Q_{\max} - Q_t$

后期跟进
1. 采购部与供应商进行谈判并签订合同
2. 采购部、仓储部及相关部门对供应商合同履行情况进行监督和评价

定期采购法的实施程序

（续）

五、定期采购法的执行要点

1. 定期采购法容易使库存量过大、库存费用过高，造成库存浪费。仓储人员应及时向采购部门反映库存的真实情况。

2. 每隔一段时间，各相关部门应对供应商供货情况进行评价，并根据生产计划适当修正订购周期和库存标准，以确保定期采购对生产工作的辅助作用。

编制人员		审核人员		审批人员	
编制时间		审核时间		审批时间	

第三节　ABC 分类控制

一、采购物料分类方法

（一）采购物料分类依据

ABC 分类法又称作关键因素法，是按物料重要程度以及占用成本比例将其分成 A、B、C 三类，各字母代表不同分类，且其重要性递减。各级物料的划分依据和控制要点如图 11-5 所示。

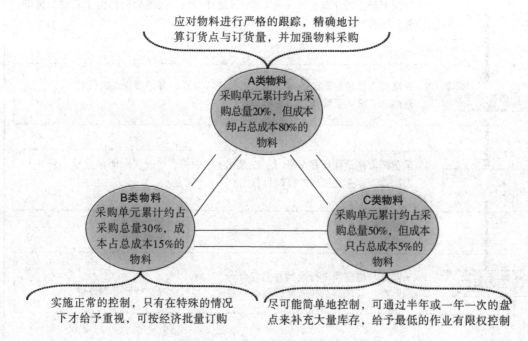

图 11-5　ABC 分类依据和控制要点

（二）采购物料分类步骤

采购物料的分类工作主要建立在对历史采购经验和工厂生产经营计划进行分析的基础上，具体操作步骤如图 11-6 所示。

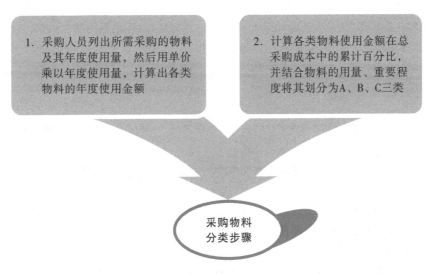

1. 采购人员列出所需采购的物料及其年度使用量，然后用单价乘以年度使用量，计算出各类物料的年度使用金额

2. 计算各类物料使用金额在总采购成本中的累计百分比，并结合物料的用量、重要程度将其划分为A、B、C三类

采购物料分类步骤

图 11-6　采购物料分类步骤

二、ABC 分类控制方案

文书名称	ABC 分类控制方案	编　号	
		受控状态	

一、工厂采购现状

由于本工厂采购物料种类繁多、价格不等、数量不均，各类物料对生产活动的重要性也各有不同，为了进一步提高资金利用率和保持生产的连续性，特制定本方案。

二、人员职责

（一）采购人员

采购人员负责依据物料价格、用量、重要性等因素将采购物料划分为 A、B、C 三类，并对各类物料采用相应的采购控制方法。

（二）仓储人员

仓储人员负责库存的清查盘点工作，并及时向采购部反馈库存信息。

（三）生产人员

生产人员负责向采购部门、仓储部门提供用料需求计划、物料重要性等信息，以便于各部门对物料进行适当控制。

（续）

三、物料分类的依据

（一）A 类物料

该类物料的采购成本占总采购成本的 70% ~ 80%，采购量占采购总量的 10% ~ 20%。

（二）B 类物料

该类物料的采购成本占总采购成本的 15% ~ 20%，采购量占采购总量的 30% ~ 40%。

（三）C 类物料

该类物料的采购成本占总采购成本的 5% ~ 10%，采购量占采购总量的 40% ~ 50%。

四、采购物料的分类

（一）资料收集

1. 采购部人员在物料分类工作前期，应提前向生产部门、仓储部门发出通知，要求相关人员提供有关物料的仓储和使用信息。

2. 采购部人员应向供应商收集各类物料的报价、折扣条件、提前期等数据。

（二）信息分析

采购部人员对资料进行提炼，计算出各类物料的需求量占采购总量的比例、各类物料采购金额占采购总额的比例，并按物料重要性对其进行排序。

（三）类别划分

采购部人员根据信息分析结果结合物料分类的依据，将采购物料划分为 A、B、C 三类。

五、A 类物料采购控制

（一）增加采购次数

该类物料品种较少、重要性强、价值较高，因此采购人员应保持在低库存的情况下增加采购次数，以实现提高资金周转率和保证生产连续性的目的。

（二）控制发料数量

每次发料数量应适当控制，减少发料批量，有效降低二级库存量，避免资金被过度占用。

（三）经常与用料部门联系

采购人员应加强与用料部门的联系，提前了解需求动向，以确保物料供应与需求相匹配。

（四）加强与供应商联系

采购人员应对供应商履行合同的情况进行跟进，避免出现缺货情况，以免造成生产活动的中断。

（五）选择恰当安全系统

设立库存报警点，使安全库存量尽量降到最低水平，并对库存变化进行严密监视，以便及时补货。

六、B 类物料采购控制

该类物料的控制力度介于 A 类物料和 C 类物料之间，可通过月度盘点等方式进行库存补充。

七、C 类物料采购控制

（一）合理增加库存数量

此类物料品种数量多、占用金额少，因此可对安全库存水平进行适当提高，以避免因缺货、紧急报警等情况造成生产、采购活动成本的增加。

(续)

（二）增大发料批量			
可以通过设置最低限度发料数量，减少出库次数，降低处理成本。			
（三）适当降低控制力度			
可通过每季度或年度检查的方式来进行库存补充，以降低日常管理成本。			

编制人员		审核人员		审批人员	
编制时间		审核时间		审批时间	

第四节　VA/VE 法

一、采购价值分析法

采购成本控制可使用价值分析法（VA/VE 法），此方法主要以活动功能为中心，通过分析采购目标、使用替代材料、供应商参与设计等方式进行成本控制，提高经济效益。

采购价值分析法与一般成本控制法的比较如图 11-7 所示。

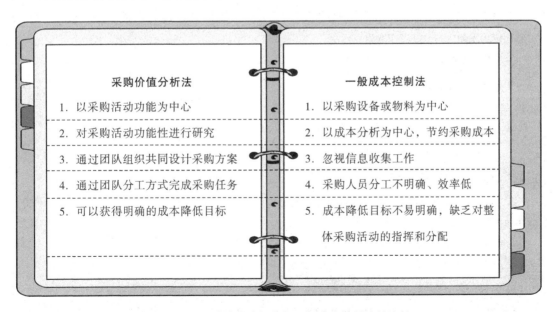

采购价值分析法	一般成本控制法
1. 以采购活动功能为中心	1. 以采购设备或物料为中心
2. 对采购活动功能性进行研究	2. 以成本分析为中心，节约采购成本
3. 通过团队组织共同设计采购方案	3. 忽视信息收集工作
4. 通过团队分工方式完成采购任务	4. 采购人员分工不明确、效率低
5. 可以获得明确的成本降低目标	5. 成本降低目标不易明确，缺乏对整体采购活动的指挥和分配

图 11-7　采购价值分析法与一般成本控制法的比较

二、采购价值分析方案

文书名称	采购价值分析方案	编　号	
		受控状态	

一、项目对象和目标

运用价值分析方法，使工厂××产品的零件采购成本降低____%。

二、采购价值分析小组

1. 采购部负责召集研发、采购、生产和财务等相关部门共同组成价值分析小组。

2. 采购价值分析小组负责分析采购功能，明确采购零件的种类、数量、品质、规格。

3. 价值分析小组中的采购人员负责开展采购工作，财务人员负责对采购效果进行评估。

三、采购对象情报收集和分类

1. 采购人员将采购对象的信息装订成册，保证小组每位成员人手一册，并让其对相应的设计、用料、功能、价格等模块进行仔细审视，找出可改善之处。

2. 准备该类采购对象的材料表，列出全部的料号、名称、规格和数量，并将生产单位产品的实际材料放置于活动地点，以备参考研究之用。

四、对采购原材料成本的分析

1. 分析所需材料表。运用材料表，将各种材料的品名、料号、材质、单位、单价、用量及占总成本的比例等展开，以找出适合以价值分析法降低采购成本的物料。

2. 制作原材料成本比重图。根据材料表分析结果，制作原材料成本比重图，将比重占前三项的原材料确定为采购成本改善工作的重点对象。

五、拟定降低采购成本的执行方案

采购人员根据选定的采购活动改善重点，选择适当的物料，并与供应商进行谈判协商，落实采购工作。

六、检验采购价值分析的效果

1. 质量检查。采购人员和质量检验人员针对产品或采购物料的功能、价值、成本等进行质询，检验是否能够满足生产活动的需求。

2. 成本降低结果核算。财务人员负责对采购成本降低工作进行核算，将成本改善效果以量化的方式予以明确。

编制人员		审核人员		审批人员	
编制时间		审核时间		审批时间	

采购稽核管理

第十二章

第一节　采购稽核管理

一、采购稽核实施要点

（一）建立健全采购稽核体制

工厂应建立健全有效、合理的采购稽核体制，确保采购稽核工作的顺利进行，其具体措施如图 12-1 所示。

1　一项采购作业必须由两个或两个以上的采购人员共同负责，通过相互监督、相互制约来纠正错误和防止舞弊

2　在采购流程上加以限制，增加各个流程的审核层级，以加强监督。还应分工明确，避免出现一人独断和一家独供的状况

3　建立反采购贿赂稽核机制，调查采购作业中可能存在贿赂的不正常现象

4　制定完善的规章制度，严厉处置违规人员和供应商，应该追究法律责任的要坚决追究

5　稽核人员应严格依照规定的操作程序和法定的依据开展工作，不以自己的主观意志或他人的强加意志而转移

6　工厂应树立公平、公正、自律的文化氛围，不让供应商或被稽查人员有行贿的意图

图 12-1　建立健全采购稽核体制的具体措施

（二）收集依据文件

稽核人员负责收集如图 12-2 所示的相关文件，为采购稽核工作提供可靠的依据。

反映采购规范标准的文件		反映采购执行现状的文件
经营计划、生产计划、需求计划、采购计划、采购预算报表、安全存量控制表、验收标准文件、请购单、应付账款明细等	采购稽核依据文件	采购预算报表、请购单、询价单、价格分析表、价格档案、采购合同、谈判记录、采购订单、送货发票、验收单、检验记录表、质量检验报告、付款凭单、相关的违纪违规举报等

图 12-2　采购稽核工作的依据文件

259

（三）实施采购稽核

收集完相应资料文件后，稽核人员正式开展采购稽核工作，稽核方式一般分为定期和不定期两种，具体稽核内容如图12-3所示。

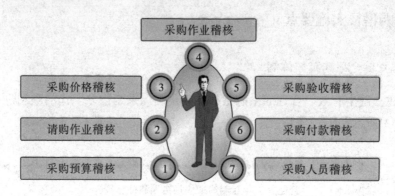

图 12-3　采购稽核内容

（四）编制稽核报告

采购稽核人员将稽核过程中发现的与标准文件存在偏差或作业不规范等各类问题进行汇总分析，明确原因并制定相应的处理措施，编制"采购稽核报告"，经采购总监审核、总经理审批通过后立即执行。

（五）稽核人员的监督

工厂也应强化稽核人员监督机制，保障采购稽核工作的客观、公正，具体可以采用图12-4所示的三种措施。

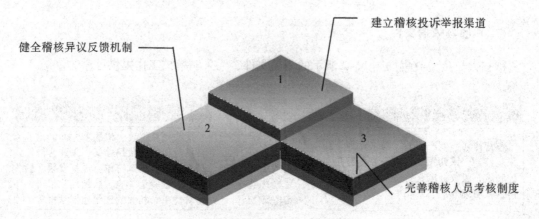

图 12-4　采购稽核人员的监督措施

二、采购稽核报告范本

范本名称	采购稽核报告范本	编 号	
		受控状态	

一、稽核对象

本工厂与采购业务相关的所有人员。

二、稽核时间

____年__月__日至____年__月__日。

三、稽核小组成员

（略）

四、稽核注意事项

1. 稽核过程是否符合国家相关法律法规及工厂制度的规定。

2. 大额采购项目中是否存在违法及不当行为。

3. 招标采购是否符合国家相关规定。

4. 稽核小组成员是否能公平、公正、公开地完成稽核工作。

五、稽核经过及结果

（略）

六、稽核处理意见

经稽核小组审议，现对稽核过程中发现的违规行为进行以下处理。

1. 对于违规人员的处理措施。

（略）

2. 对于违规部门的处理措施。

（略）

3. 对于主管责任人的处理措施。

（略）

4. 对于相关供应商的处理措施。

（略）

七、稽核工作改进意见

（略）

八、稽核小组成员签字

（略）

九、总经理审批意见

（略）

编制人员		审核人员		审批人员	
编制时间		审核时间		审批时间	

第二节　采购预算稽核

一、采购预算稽核流程

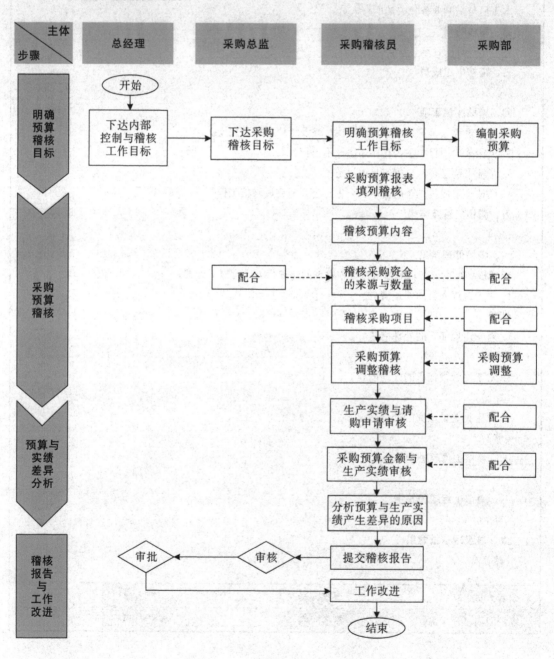

二、采购预算稽核方案

文书名称	采购预算稽核方案	编　号	
		受控状态	

一、目的

1. 查核采购预算编制的资料来源是否确实、可靠。

2. 查核采购预算是否与销售计划、生产计划相适应，销售计划、生产计划改变时，预算的变更及执行是否良好。

3. 采购预算是否确实执行，是否对差异原因进行了追查。

二、稽核时间

工厂每半年固定进行一次采购预算稽核，同时采取不定期稽核的方式。

三、采购预算报表稽核

1. 审核采购预算报表有无漏报、错报、误报的问题。

2. 审核采购预算报表栏目填列是否清楚、明确，有无笼统、含糊不清等现象。

3. 审核采购预算报表栏目内容的逻辑性是否正确，是否存在不合理的关联性。

四、预算编制质量稽核

1. 核对采购预算与销售计划、生产计划是否相符，物料采购与生产安排是否配合。

2. 依销售计划、生产计划进行比较，分析采购预算是否依计划及进度的需要列示。

3. 除年度采购预算外，是否按季或月配合实际销售状况、销售计划、生产计划进行适当的修正。

五、采购资金稽核

1. 审核采购预算项目资金来源是否全部正当，有无资金来源未列入部门预算。

2. 审核资金是否足额，有无留有资金缺口，资金来源不足又无可靠弥补措施的采购预算应予以剔除。

六、采购项目稽核

1. 审核采购项目的真实性：审核采购预算项目中是否存在虚假或重复采购的问题。

2. 审核采购项目的必要性：审核采购预算项目是否属于工厂经营发展需要的采购项目，采购预算是否符合配置标准。

3. 审核采购项目的合规性：审核采购预算是否符合国家的政策法规和工厂的规章制度。

七、核对分析

1. 依各车间生产实绩与请购申请汇总核对是否相符、采购预算金额数量与生产实绩是否配合。

2. 分析预算与生产实绩产生差异的原因，并进行检讨修正。

八、稽核重点

1. 采购预算的编制是否考虑存货定量及定价管制，是否制定了 A、B、C 分类标准。

2. 对于采购预算的执行，逐笔审查其实际申请单或采购分配表的登记控制，是否机动配合实际销售、生产和库存状况进行调整。

3. 出现采购预算与销售、生产状况脱节等不合理现象时，经办人员是否逐月追踪原因，并主动反映或进行检讨。

4. 对于采购预算与实际采购所产生的价差，有无配合预算要求进行修正。

编制人员		审核人员		审批人员	
编制时间		审核时间		审批时间	

第三节　请购作业稽核

一、请购作业稽核流程

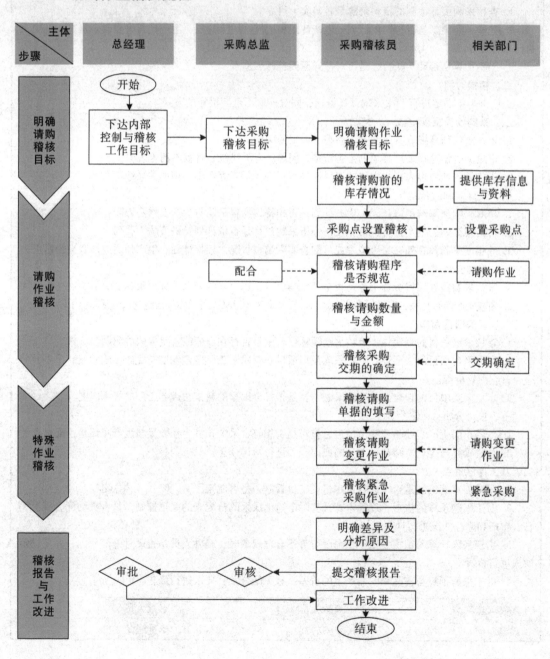

二、请购作业稽核方案

文书名称	请购作业稽核方案	编　号	
		受控状态	

一、目的

1. 查核请购作业是否依规定办理。

2. 审核请购是否与采购预算符合，并依核准权限核准。

3. 查核请购项目是否及时、合理。

4. 查核请购内容是否按规定登记、记录。

二、稽核时间

工厂每半年固定进行一次请购稽核，同时采取不定期稽核的方式。

三、请购前检查稽核

1. 请购前是否检查了所请购原料的库存状况，是否确认无库存品或替代品可代替。

2. 检查物料库存量时，需明确是否达请购点、是否满足需求。

四、请购作业稽核

1. 查核物料请购时点是否考虑前置时间、请购经济批量、请购点等因素。

2. 查核请购作业是否报权责主管核准，请购单填写是否完整、明确、清楚。

3. 查核采购部是否依订单、物料控制人员建议确定采购交期。

4. 是否避免或减少临时紧急请购事件，若有发生，是否查明了紧急临时采购的原因。

5. 查核紧急请购时请购部门是否在申购单上注明急件或特急件，以便于采购。

6. 查核请购物品的规格、数量、交期变更时是否经相关权责主管核准。

五、请购单稽核

1. 查核请购单是否依规定核准数量，金额有无超过采购预算。

2. 查核请购物品的品名、规格、厂牌，检查有无库存或替代品。

3. 查核请购单所需物品的到货日期、数量是否正确。

六、请购稽核重点

1. 查核是否有同一品名物资使用不同的物资序号，致使库存过多又继续请购。

2. 查核请购单规格变更或数量增减是否经权责部门或人员核准。

3. 查核请购申请是否与采购预算符合，有无经主管领导核准。

4. 分析紧急采购原因，判断是否合理。

5. 查核请购是否依照规定的审核、审批程序办理，是否意图逃避核准权限。

6. 请购物资以不指定厂牌为原则，如有特殊要求应查核其是否合理。

七、依据资料

1. 请购单。

2. 安全存量控制表等。

编制人员		审核人员		审批人员	
编制时间		审核时间		审批时间	

第四节　采购价格稽核

一、采购价格稽核流程

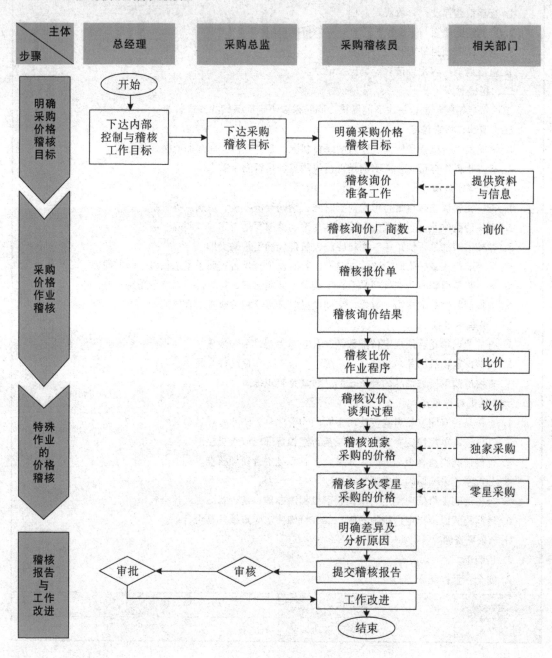

二、采购价格稽核方案

文书名称	采购价格稽核方案	编　　号	
		受控状态	

一、目的

1. 查核采购招标、比价、议价、定价等方式是否合理，是否依工厂规定程序办理。

2. 查核询价方式是否公平、合理，公开接纳更多厂商报价。

3. 规范采购行为，降低产品采购成本。

二、稽核时间

工厂每半年固定进行一次采购价格稽核，同时采取不定期稽核的方式。

三、询价稽核

1. 查核每次询价是否参考了过去的询价记录及目前的有关市场资料，是否经过分析、研究、判断才作出决定，是否建立了优良供应商资料库。

2. 查核未向最低价供应商采购的理由是否充分。

3. 查核当制造物料所需的模具由工厂提供时，是否有知情的厂商仍将此项模具费用包含在报价中。

4. 查核设备报价中是否包含定期或紧急修护所需要的零件费用。

5. 查核独家采购物资外，其他采购物资的询价对象是否有三家以上。

四、比价、议价稽核

1. 查核比价单的发出及公告日期、开标比价日期是否合理，是否依规定办理。

2. 查核是否将国家及地方政府所提供鼓励、奖励措施列为采购国产物资有利的比价条件。

3. 查核对于供应商提供的价格优惠条件，是否未曾考虑及利用。

4. 查核议价是否参考价格底价或采购预算。

5. 查核在与供应商进行谈判前，采购负责人员是否准备充分，包括对产品的性能和技术等方面的了解、对成本价格的研究、对买卖双方优势和弱点的分析等。

6. 查核重大采购时是否要求厂商提供成本分析表。

7. 查核除了货款外是否支付额外费用，如运费等。

8. 查核统一采购供应商有无签订合同，统一采购合同有效期为一年，合同期满前有无重新询价、议价。

9. 查核已签订合同的，若市价上涨或下降时，有无与该厂商重新协商合理价格（于合同书上规定本项条件），已重新协商的库存品是否办理扣补价。

五、稽核工作重点

1. 查核招标、比价、议价等各种方式的确定及执行是否依规定程序办理。

（续）

2. 查核指定品牌、厂商的请购原因是否合理，有无经核准。

3. 查核请购次数多但零星采购的情况，详查其原因。

4. 查核有无先送货后补办手续的现象，了解使用部门与供应商的关系。

5. 查核是否严格执行开标监督，并达到规定的供应商数量。

六、依据资料

1. 询价单。

2. 价格档案。

3. 价格分析表。

4. 采购合同等。

编制人员		审核人员		审批人员	
编制时间		审核时间		审批时间	

第五节　采购作业稽核

一、采购作业稽核流程

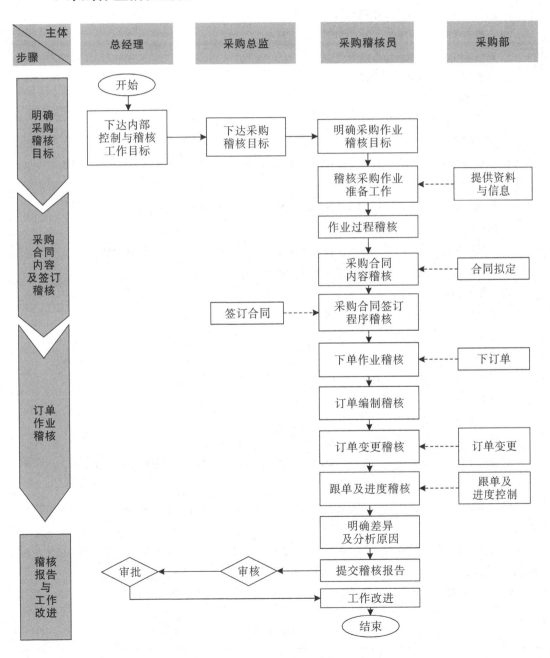

二、国内采购作业稽核方案

文书名称	国内采购作业稽核方案	编　号	
		受控状态	

一、目的

1. 查核国内采购作业是否按规定执行。

2. 查核各项采购合同是否有相关罚则，有无损及工厂利益。

3. 查核采购合同的执行情况是否合理。

4. 查核是否能随时掌握交货情况。

二、稽核频率

工厂固定每半年进行一次采购作业稽核，同时采取不定期稽核的方式。

三、订购稽核

1. 查核是否在议价结果经权责主管核准后才正式向供应商下单，是否详述采购物品品名、规格、数量和交货日期。

2. 依物料分配表核对采购申请单、询价单、报价单及合同内容是否相符。

3. 依订购单查核采购程序是否依规定办理。

4. 查核订单内容修改时是否报呈权责主管核准，是否及时通知供应商并确认回复。

5. 查核是否将供应商资料建档并随时更新记录。

四、合同稽核

1. 查核是否与供应商订立了采购合同书。

2. 查核合同内容是否合法。

3. 查核合同内容、罚则是否周全。

4. 查核合同内容修订、变更时是否依申请审批程序办理，有无损及工厂利益。

五、稽核重点

1. 查核采购部是否考虑采用不同品牌，以降低采购成本。

2. 查核是否建立直接的采购方式，对安全库存、经济订购量的控制是否良好。

3. 查核采购部如预知供应商商无法如期送货时，是否及时采取了相应措施以避免影响生产。

4. 查核紧急采购时是否先请购再交货。

5. 查核采购人员是否跟催供应商交货进度，并将跟催情况记录于订购单管制表，以确保供应商及时交货。

6. 查核市场上有关物料供应大幅度变化时，是否及时通知有关部门并报权责主管核准，以便及时采取应变措施。

六、依据资料

1. 订购单。

（续）

2. 申购单。					
3. 采购单异动申请书。					
4. 采购合同。					
5. 订购单管制表。					
6. 采购发票等。					

编制人员		审核人员		审批人员	
编制时间		审核时间		审批时间	

三、国际采购作业稽核方案

文书名称	国际采购作业稽核方案	编　号	
		受控状态	

一、目的

1. 查核是否按规定办理国际采购相关手续。

2. 查核是否随时掌握国际采购交货情况。

二、稽核方式

工厂不定期对国际采购作业进行稽核。

三、订购作业稽核

1. 查核国际采购的询价、比价和厂商资料是否有详实记录。

2. 查核国际采购人员是否按时记录采购进度，以便于掌握交货进度。

3. 查核开 L/C 信用证、结汇等手续是否依规定办理。

4. 查核申请开立信用状时是否准备了以下文件。

（1）开立信用状申请书。

（2）进口许可证（若该项物资进口时须经许可，应先申请）。

四、在途作业稽核

1. 查核在途物资保险作业是否依交货条件办理（投保运送事宜）。

2. 查核自行安排运送的物资是否事先安排船期。

3. 查核是否不定期追踪物资装船及预定离岸日期，并通知报关人员安排进口报关事宜。

五、稽核重点

1. 查核有关国际采购作业各项费用支付的原始凭证是否报权责主管核准。

2. 查核国际采购结汇的有关原始文件、合同凭证等核对是否无误并签付。

3. 查核在途物资发生遗失、短损时是否依合同规定处理。

（续）

4. 查核是否有结汇费用不符规定或金额不在计划内。

5. 查核各项计费方式是否合理、计息起止日期是否正确、每项费用是否有合理凭证。

6. 查核采购案号相关原始文件、合同凭证等资料有无逐案汇总归档。

六、依据资料

1. 国际采购订购单。

2. 采购变更通知单。

3. 国际采购合同等。

编制人员		审核人员		审批人员	
编制时间		审核时间		审批时间	

第六节 采购验收稽核

一、采购验收稽核流程

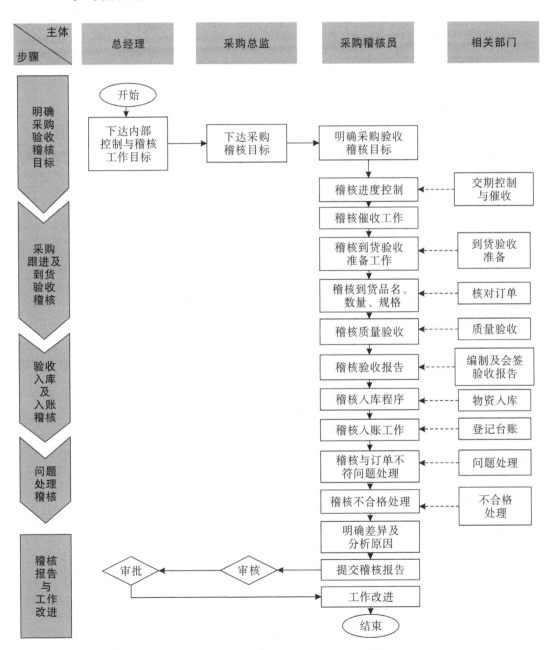

二、采购验收稽核方案

文书名称	采购验收稽核方案	编　号	
		受控状态	

一、目的

1. 查核验收作业程序是否符合规定。

2. 查核不合格品是否依规定处理。

二、稽核频率

工厂每半年固定进行一次采购作业稽核，同时采取不定期稽核的方式。

三、交货期稽核

1. 查核是否设立追查或催办制度，若发生延误交货，采购人员是否采取必要措施进行处理。

2. 查核订购未交数量加库存数量超过未来正常用量很多时，采购部是否与物资需求计划部门商议降低将来订购数量或取消部分订单。

3. 查核当供应商未能如期交货，采购部另向其他供应商下订单时，原未能履约的供应商的订单是否已经取消。

四、验收稽核

1. 查核物资验收仓库人员是否核对品名、规格、数量。

2. 查核质量管理部、工艺技术部等是否派具备专业知识的技术人员负责验收。

3. 查核送来物资的规格、数量是否与订单相符。

4. 查核验收不符或未经过点收的物资是否与其他验收合格品分类放置。

5. 查核是否有已收料但尚未经验收合格即入库、或检验合格的物资尚未入账及重复入账的情况。

6. 查核验收不合格是否报权责主管确认签核，并与供应商联络协商解决方式。

7. 查核当采购验收发现不合格现象时，是否及时出具验收不合格说明文件，以利退货、扣款、折让作业进行。

五、单、账稽核

1. 查核进料验收单据是否填写详细、清楚。

2. 查核进料检验人员接到进料验收单，是否进行进料检验并将检验结果记录于进料检验记录表上。

3. 查核检验人员验收后，验收单是否转入物管入账，同时仓管是否有入账。

六、稽核重点

1. 查核是否坚持短交以补足为原则、超交以退回为原则。

2. 查核分批收取者有无收足，如遇短缺、瑕疵、破损有无立即处理。

（续）

3. 查核物资检验人员是否依据送货传票上的品名、货号、数量、单价逐一点检，并将物资实收数填列于实收栏内。

4. 查核物资检验人员对于验收时遇有品类不符、标签不合的情形是否进行适当处理。

5. 查核检验不符标准但尚可使用，是否予以扣款，不合格品是否退回供应商。

6. 查核检验人员是否收集相关单据送交相关部门检验。

7. 当有物资退回时，查核是否按规定开立放行单交检验人员或门卫人员检视，其品名、数量是否一致，如有不一致是否采取了对策。

七、依据资料

1. 进料验收单

2. 送货传票。

3. 采购物资质量检验报告。

4. 进料检验记录表等。

编制人员		审核人员		审批人员	
编制时间		审核时间		审批时间	

第七节 采购付款稽核

一、采购付款稽核流程

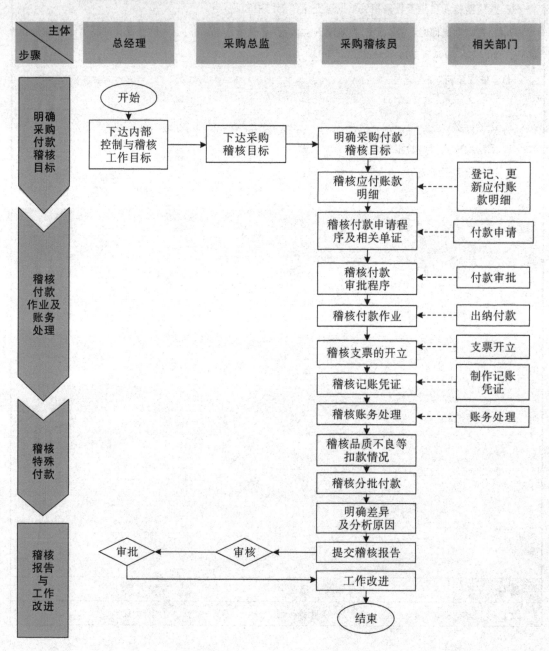

二、采购付款稽核方案

文书名称	采购付款稽核方案	编　　号	
		受控状态	

一、目的

1. 查核付款作业是否依规定办理。

2. 避免给工厂带来资金损失。

二、稽核频率

工厂每半年固定进行一次采购作业稽核，同时采取不定期稽核的方式。

三、付款申请稽核

1. 查核进料验收单、发票等单据是否无误。

2. 查核采购人员是否在规定时间内根据审核无误的进料验收单、发票等单据编制应付账款明细账，呈权责主管审核后送交财务部门。

四、付款审批稽核

1. 查核各种请购与验收手续是否齐全，相关人员是否有签章证明。

2. 查核是否已取得增值税发票或收据。

3. 查核金额部分是否大写。

4. 查核其他事项是否有相关注明。

5. 查核是否加盖收款人增值税发票专用章。

五、付款作业稽核

1. 查核会计人员是否依据应付账款明细表等资料编制记账凭证，是否呈相关主管核准。

2. 查核供应商领取票据后是否盖章签收。

3. 查核出纳完成付款后，是否将付款凭证及各供应商应付账款明细附于凭单后编制记账凭证，转交会计人员冲销应付账款。

4. 查核国际采购时，会计人员是否根据发票、报关单、装箱单与进料验收单核对无误后编制应付账明细表，呈总经理核准后据以编制会计凭证，登记应付账款明细账。

5. 查核国际采购时，出纳人员是否根据发票、合同、报关单填写汇款申请单及付款凭单，经总经理核准并用印后，至银行办理汇款，出纳人员办理汇款取得水单附于付款凭证后，是否编制记账凭证并转交会计人员冲销应付账款。

六、稽核重点

1. 查核各项采购付款是否经权责主管核准并办妥验收手续，结算凭证是否齐全。

2. 查核所有应付账款的付款程序是否经权责主管核准。

3. 查核品质不良等扣款列计是否经过详细核对以确认无误。

（续）

4. 查核若有分批付款情形，会计经办人员是否在有关凭证上注记全部金额、已付金额及未付金额等资料。

七、依据资料

1. 应付账款明细表。

2. 付款凭单。

3. 订购单。

4. 进料验收单等。

编制人员		审核人员		审批人员	
编制时间		审核时间		审批时间	

第八节　采购人员稽核

一、采购人员稽核流程

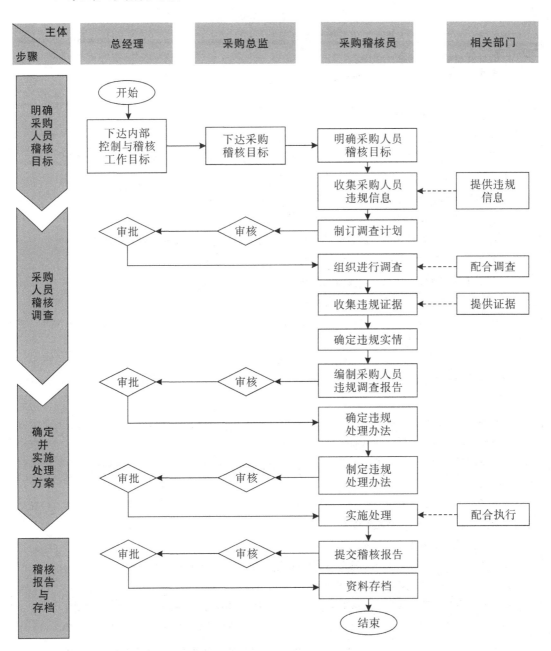

二、采购人员行为规范

制度名称	采购人员行为规范		受控状态	
			编　　号	
执行部门		监督部门		编修部门	

第1章　总则

第1条　为规范采购人员的工作行为，提高采购人员素质水平，维护工厂的合法权益，树立和维护工厂的良好形象，特制定本规范。

第2条　本规范适用于本厂采购部的所有员工及参与采购活动的其他人员。

第3条　职责分工具体如下。

1. 总经理负责采购人员行为规范的审批与决策。

2. 采购总监负责监督日常行为规范的执行情况，并对采购人员进行评价。

3. 采购部人员及其他参与采购活动的相关人员负责按照日常行为规范要求开展采购工作。

第4条　采购人员在日常工作中应遵守以下规定。

1. 遵守国家相关法律法规，遵守工厂的规章制度、工作程序。

2. 恪尽职守，勤奋工作，高质量地完成工作任务。

3. 应保持良好的精神状态，认真接受领导的指示和命令，虚心接受他人的提醒、忠告和批评。

4. 爱惜并节约使用工厂的一切财资、物资。

5. 积极主动地钻研工作技巧，提高工作技能。

6. 主动学习业务知识与技能，提高自身的工作能力。

7. 保守工厂的各种经营管理信息，不得擅自复印机密文件和资料，未经特许不得将相关文件资料带出工厂。

第2章　采购人员日常执业行为要求

第5条　采购人员应合法发展与供应商的关系，在工作过程中遵守所有适用于采购业务的法律、法规。

第6条　采购人员应在采购项目中为工厂获得尽可能优惠的商务条件和服务，并在可控制范围内获得最好的产品质量、最优的价格和服务。

第7条　采购人员在选择供应商时不得带有偏见，应秉持公平、公正原则，严格遵守采购流程和相关制度规范。

第8条　采购人员应遵守回避原则与主动申报原则，当供应商与任何员工或其亲属有私人利益关系时，该员工应主动申报，并做到以下几点。

1. 不得以任何方式牺牲工厂利益而为供应商谋取利益。

2. 不得主动介绍或推荐关联供应商及其产品或以任何方式为供应商进行推销。

3. 不得接受关联供应商的委托为其安排任何接洽或会谈。

第9条　采购人员对供应商的承诺必须得到工厂的合法授权，不得以个人名义对外承诺。

第10条　采购谈判或供应商接待等工作参与人员不得少于两人，禁止与供应商单独接触。

（续）

第 11 条　采购人员在对供应商进行考察或拜访时，应遵循以下三项要求。

1. 采购人员只允许参加供应商提出的符合商业惯例的会议、参观或考察邀请。

2. 采购人员在接到供应商邀请后，应主动向上级主管申报，获得批准后，应按照出差相关规定执行。

3. 采购人员在进行考察、参观或拜访时，应符合法律规定和已知商业惯例标准，一旦发现不符合处，应立即予以拒绝。

第 12 条　采购人员不得直接或间接地索取和接受任何供应商提供的礼物或给出的利益，严禁接受回扣、佣金、小费、现金、代用券等任何形式的馈赠，一经发现，则按收受商业贿赂行为论处。

第 13 条　采购人员应按照工厂规定开展供应商调查、询价、比价、谈判、招标等工作，一旦发现违规操作，则进行相应处罚。

第 14 条　采购人员不得弄虚作假，伪填或涂改发票。

第 3 章　采购信息保密工作要求

第 15 条　采购人员对工厂采购信息具有保密的责任和义务。

第 16 条　采购人员应在被授权的范围内获得采购信息，并对获取的所有采购信息承担保密责任。

第 17 条　采购人员对在采购活动中获得的供应商评估资料、产品状况及报价等信息均负有保密责任，不得在工作以外使用。

第 18 条　采购人员严格遵守以上要求，一旦发现违规行为，工厂立即终止其采购资格并追究法律责任。

第 4 章　附则

第 19 条　本规范自公布之日起生效，由采购部负责解释。

第 20 条　采购部有权对本规范进行修改和补充，修改或补充部分需报总经理审批。

修订记录	修订标记	修订处数	修订日期	修订执行人	审批签字

三、采购违规处理办法

制度名称	采购违规处理办法		受控状态	
			编　号	
执行部门		监督部门	编修部门	

第 1 章　总则

第 1 条　为规范采购人员、供应商及采购稽核人员的行为，保证工厂采购工作做到公平、公正、公开，结合工厂实际，特制定本办法。

（续）

第2条　本办法适用于工厂采购人员、供应商及采购稽核人员的违规处理工作。

第2章　采购人员及供应商违规处理

第3条　采购人员在采购过程中应遵守以下规定。

1. 按照有关规定编制年度采购预算，对于应当进行集中采购的项目，不得自行采购。

2. 不得通过设定不合理条件对供应商实行差别或歧视待遇。

3. 应在规定时间内按照采购文件确定的事项签订采购合同。

4. 不得与供应商违规串通。

5. 不得向供应商泄露有关秘密事项，与供应商有利害关系时应当回避。

6. 自觉接受检查，在采购稽核小组实施稽查审核时，不得隐瞒或提供虚假情况。

第4条　供应商应依法自觉遵守公平竞争和诚实信用原则，并遵守以下规定。

1. 不得提供虚假材料骗取采购资格，从而谋取交易。

2. 不得采取不正当手段诋毁、排挤其他供应商。

3. 不得与采购人员及其他供应商违规串通和谋取其他不正当利益，包括与其他供应商串通报价、对采购人员使用财物行贿手段或允诺给予好处等。

4. 无正当理由不得不与采购人员签订采购合同。

第5条　采购稽核小组应当加强日常监督考核，定期对采购人员、采购部、供应商、评审专家等进行考核。

第6条　采购部未按照规定发布采购信息或信息不实，以及以不合理条件限制或排斥潜在供应商的，依法追究直接责任人的责任。

第7条　采购人员与采购供应商恶意串通、在采购过程中接受贿赂及谋取不正当利益的，或违反工厂采购有关规定给工厂造成重大经济损失或不良影响的，工厂将依法追究有关责任人的责任；构成犯罪的，依法追究其刑事责任。

第8条　采购人员违反其他规定的，视情节轻重，给予通报批评、罚款、降级、降薪、调岗、解聘等处罚；构成犯罪的，依法追究其刑事责任。

第9条　评审专家应当回避而没有回避、在评标过程中有明显倾向和歧视现象，或者违反规定向外界透露评标情况及其他信息的，给予通报批评，并按情节严重程度进行不同处理。

第10条　供应商违反相关规定，工厂应当停止对其采购并进行相关调查，情节轻微的，对其进行降级处理；情节严重的，取消其供应商资格，三年内不能参加本工厂的招标活动或者成为本工厂的供应商；构成犯罪的，本工厂有权向司法机关举报，依法追究其刑事责任。

第3章　稽核小组违规处理

第11条　采购稽核小组负责检查采购人员的不正当行为，采购稽核小组成员应本着公平、公正的原则对采购相关部门及人员进行稽核。

第12条　采购稽核小组成员在执行稽核事项时，不得接受被稽核部门或人员的贿赂，更不能向被稽核部门或人员示意收受贿赂等。

第13条　如采购稽核小组成员滥用职权、玩忽职守，本工厂有权予以解聘，并终身不再录用；情节严重构成犯罪的，移交司法机关，依法追究其刑事责任。

（续）

第14条 采购稽核小组成员对明知违反规定构成犯罪的供应商和采购人员故意包庇不使其受追诉的，本工厂有权予以解聘并处以罚金；情节严重构成犯罪的，本工厂有权移交司法机关，依法追究其刑事责任。

第4章 附则

第15条 本办法由采购部负责制定、解释及修订。

第16条 本办法经总经理签字审批后生效。

修订记录	修订标记	修订处数	修订日期	修订执行人	审批签字

采购方式管理

第十三章

第一节　集中采购

一、集中采购模式分析

集中采购指工厂统一组织所需物资的采购进货业务，体现了工厂采购权利的集中，是工厂赢得市场，保护产权、技术和商业秘密，提高效率和利益的战略安排。其主要模式如下。

（一）集中订货、分开收货和集中付款模式

采购部汇总采购采购申请后，统一制定和调整采购计划和采购价格，选择供应商，下达采购订单，并根据收货通知单组织相应物资收货、检验、入库工作。结算时，财务部汇总所有入库单，与供应商进行统一结算。

（二）集中采购后的调拨模式

采购部根据各部门的采购申请启动内部调拨流程，制定调拨订单并调拨出库。各部门根据调拨订单接收请购物资，仓储管理人员做好相应的出入库记录。

二、集中采购工作流程

为降低采购成本、提高供应效率，工厂可采用集中采购的方式对内部采购需求进行统筹安排，一方面以数量优势作为谈判要点，获得更大的价格折扣和更优的服务质量；另一方面有助于对内部资源的整合和调配，实现精简人力和规避采购活动中的道德风险的目的。

（一）集中采购的特点

集中采购方式的优缺点及适用范围如图 13-1 所示。

优点	缺点	适用范围
1. 获得规模效益，降低采购成本和物流成本 2. 发挥采购特长，利于采购业务活动的协调 3. 易于稳定和供应商之间的关系，实现长期合作 4. 集体决策，有效防止相关人员存在不法行为	1. 过程繁杂，时效性差 2. 缺乏灵活性 3. 缺乏对特殊需要的认可 4. 对采购人员要求较高 5. 缺乏对部门及供应商的关注	1. 大宗和批量的物资采购 2. 易出现质量问题的物资采购 3. 价值较的高物资采购 4. 关键生产零部件的采购 5. 保密性高的物资采购 6. 需求稳定的定期采购

图 13-1　集中采购方式的特点

（二）集中采购的工作流程

集中采购的工作流程如图 13-2 所示。

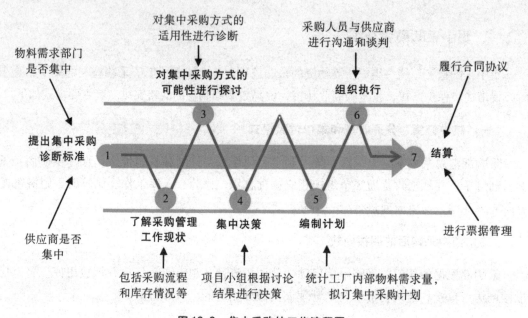

图 13-2　集中采购的工作流程图

三、集中采购实施规定

制度名称	集中采购实施规定		受控状态	
			编　　号	
执行部门		监督部门	编修部门	

第 1 章　总则

第 1 条　目的

为规范集中采购作业，控制采购投入，精简采购成本，进一步发挥采购批量的杠杆作用，特制定本规定。

第 2 条　适用范围

本规定适用于工厂集中采购活动。

第 3 条　相关定义

集中采购是指工厂在一定时间内将内部所有部门的物料需求进行集中，形成一个统一的采购计划，由采购人员与供应商进行洽谈，通过规模采购获得更优价格、更佳服务的一种采购方式。

（续）

第4条 集中采购方式的适用情况

以下情况宜采用集中采购方式。

1. 大宗和批量的物资采购。

2. 易出现质量问题的物资采购。

3. 价值较高的物资采购。

4. 关键生产零部件采购。

5. 保密性高的物资采购。

6. 需求稳定的定期采购。

第2章 集中采购组织管理

第5条 组织结构

工厂进行集中采购活动的作业组织结构如下图所示。

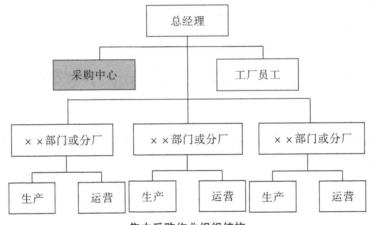

集中采购作业组织结构

第6条 人员职责

1. 采购人员负责对工厂各部门物料需求情况进行汇总分类，制订和实施集中采购计划。

2. 仓储人员负责库存的盘点和登记工作，并向采购部提供各类物料的存货情况。

3. 各相关部门负责向采购部门人员提供物料需求计划。

第3章 集中采购实施控制

第7条 统一采购需求汇总

1. 采购人员应明确使用集中方式进行采购的物料范围。

2. 工厂各部门向采购部提交指定品种范围内的物料需求计划。

3. 仓储人员清点库存，并将清点结果提交至采购人员处。

4. 采购人员根据物料需求计划和库存现状确定集中采购数量。

第8条 采购批量控制

采购人员应统一控制采购物料的最大订货批量和最小订货量，以合理利用资金，并充分发挥集中采购方式在数量折扣方面的优势。

（续）

	第9条　供应商的选择

第 9 条　供应商的选择

采购人员对供应商的技术水平、资质信用、供货能力、财务状况等各个因素进行考评，选择适合的供应商。

第 10 条　采购价格控制

采购价格是集中采购工作的重要控制内容，采购人员需严格遵守工厂价格政策，不允许超出最高限价，以达到降低成本的目的。

第 11 条　采购合同签订

为确保采购计划的顺利实现，采购人员应在合同中对供货时间、数量和质量水平以及违约责任进行明确，避免出现交货延期、发生质量事故等情况。

第 12 条　合同履行跟进

采购人员应加大对集中采购合同履行情况的跟踪力度，确保供应商严格执行合同条款。

第 4 章　附则

第 13 条　本规定由采购部负责起草和修改。

第 14 条　本规定经工厂总经理审批后生效。

修订记录	修订标记	修订处数	修订日期	修订执行人	审批签字

第二节　联合采购

一、联合采购模式分析

联合采购是一种新型的采购模式，主要指各工厂以采购联盟的形式与供应商进行谈判和订购。

（一）联合采购的方式

1. 组织战略结盟。工厂加入联合采购小组或与其他企业组织联盟，再互相交换采购信息，寻求共同物资，执行联合采购。

2. 物资合并采购。工厂通过对需求物资分析与市场需求物资调查，寻找有共用物资的企业或组织，并与其建立合作关系，采购时双方将通用采购物料汇总，通过统一归口进行采购。

（二）联合采购的优点

1. 降低采购价格。通过联合采购的方式，不仅增加了采购数量，而且也增强了谈判时的实力优势，使得谈判议价的成功率大大提升，采购价格得到相应的降低。

2. 提高管理水平。通过联合采购方式，可以实现采购管理和实施上的联合，这样不仅可以通过对比使工厂认识到自身管理的缺陷与不足，还能提高工厂整体的管理水平。

3. 缩减采购成本。通过联合采购的方式，不仅可以降低采购价格，还能通过共享、均分的方式，实现管理费用、仓储费用、运输费用等采购成本的缩减。

（三）联合采购的缺点

联合采购主要有如图 13-3 所示的四个缺点。

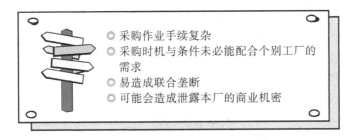

◎ 采购作业手续复杂
◎ 采购时机与条件未必能配合个别工厂的需求
◎ 易造成联合垄断
◎ 可能会造成泄露本厂的商业机密

图 13-3 联合采购的缺点

二、联合采购工作流程

联合采购的工作流程如图 13-4 所示。

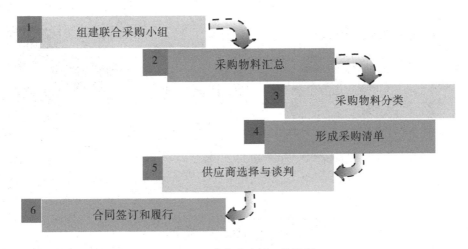

1 组建联合采购小组
2 采购物料汇总
3 采购物料分类
4 形成采购清单
5 供应商选择与谈判
6 合同签订和履行

图 13-4 联合采购的工作流程

三、联合采购实施细则

制度名称	联合采购实施细则		受控状态	
			编　号	
执行部门		监督部门	编修部门	

第1章　总则

第1条　目的

为了更好地实现提高工厂的经济效益和降低采购成本的目标，特制定本细则。

第2条　解释说明

联合采购一般是指汇集同行业内数个企业共同的物料需求，向同一供应商订购的采购方式，它主要包括如下三种模式。

1. 区域内的企业共同组成的联合采购。

2. 由某一厂商牵头组织的联合采购。

3. 由某一协会组织所组织的联合采购。

第3条　适用范围

本细则适用于工厂联合采购活动相关事项。

第2章　联合采购方式选择与组织组建

第4条　采用联合采购方式的情况

1. 政府对某些需求量少、重要性强的物料实施进口管制，工厂通过联合采购增大采购数量，才能够引起供应商报价的兴趣。

2. 某类物料属于卖方市场，买方实力单薄，通过联合采购方式能够获得谈判优势。

第5条　联合采购组织

联合采购组织的运作情况如下图所示。

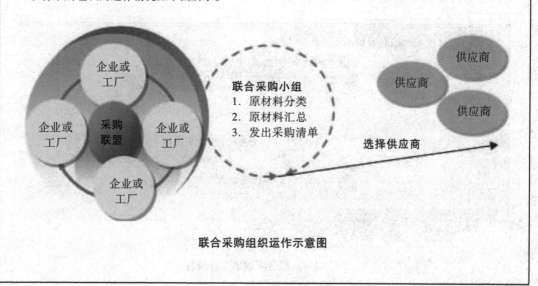

联合采购组织运作示意图

（续）

第 6 条　人员职责

1. 采购人员负责制订联合采购计划，参与供应商选择、谈判，并跟进联合采购合同履行情况。

2. 仓储人员负责清点和记录库存，并向采购人员提供有关数据。

3. 生产人员负责向采购部提供相关的物料需求计划，并及时反馈生产过程中的原料质量问题。

第 3 章　联合采购的实施要点

第 7 条　参加联合采购小组

采购人员可通过参加行业协会组织、接受供应商邀请等方式参加联合采购小组，并从成员商业信誉、财务状况、业务范围等方面考察组织的议价能力和执行能力。

第 8 条　确定联合采购物料

采购人员应根据联合采购小组的采购经验、采购项目，确定工厂需要以联合方式采购的物料种类。

第 9 条　确定联合采购数量

采购物料的数量将对资金占用、库存成本、生产进度产生重要的影响，采购人员应综合考虑以上因素，确定采购物料的数量。

第 4 章　附则

第 10 条　本细则由采购部负责起草和实施。

第 11 条　本细则经工厂总经理审批后生效。

修订 记录	修订标记	修订处数	修订日期	修订执行人	审批签字

第三节　电子采购

一、电子采购模式分析

电子采购是指用计算机系统代替传统的文书系统，通过网络支持系统完成采购工作的一种业务处理方式。因为主要是在计算机网络上进行的，所以电子采购又称为网上采购，它一般有以下三种模式。

（一）利用买方系统采购

买方系统是工厂利用自身内部局域网或与贸易伙伴形成的外部网，建立并控制的电子商务系统。这种模式的优点是对采购供需信息响应快、节省采购时间、容易对采购开支进行跟踪和控制；缺点是这种模式的可靠运行需要工厂投入大量的运营维护费用。

（二）利用卖方系统采购

供应商为了增加市场份额，以计算机网络作为销售渠道实施一个或多个产品或服务的营销活动。这种模式的优点在于卖方的电子商务系统容易访问，工厂无需任何投资，并能接触到更多的供应商；缺点是采用这一模式时，工厂难以跟踪和控制采购开支。

（三）利用第三方系统采购

第三方系统不单属于买方或卖方，而是多方或第三方在互联网上建立的提供专业服务的系统，一般有中介市场、采购代理、联盟采购三种类型。无论采用哪种采购模式，工厂均无需大量投入，只需购买第三方的服务，利用第三方的技术进行网络采购。

二、电子采购的优点

一般而言，电子采购有如图13-5所示的六项优点。

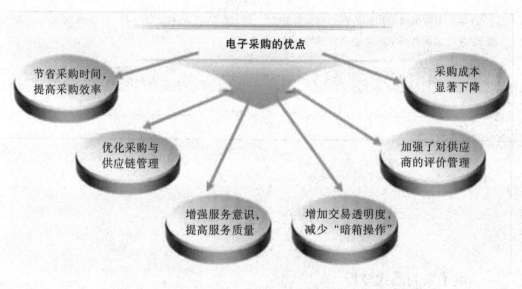

图13-5　电子采购的优点

三、电子采购工作流程

工厂电子采购的工作流程如图13-6所示。

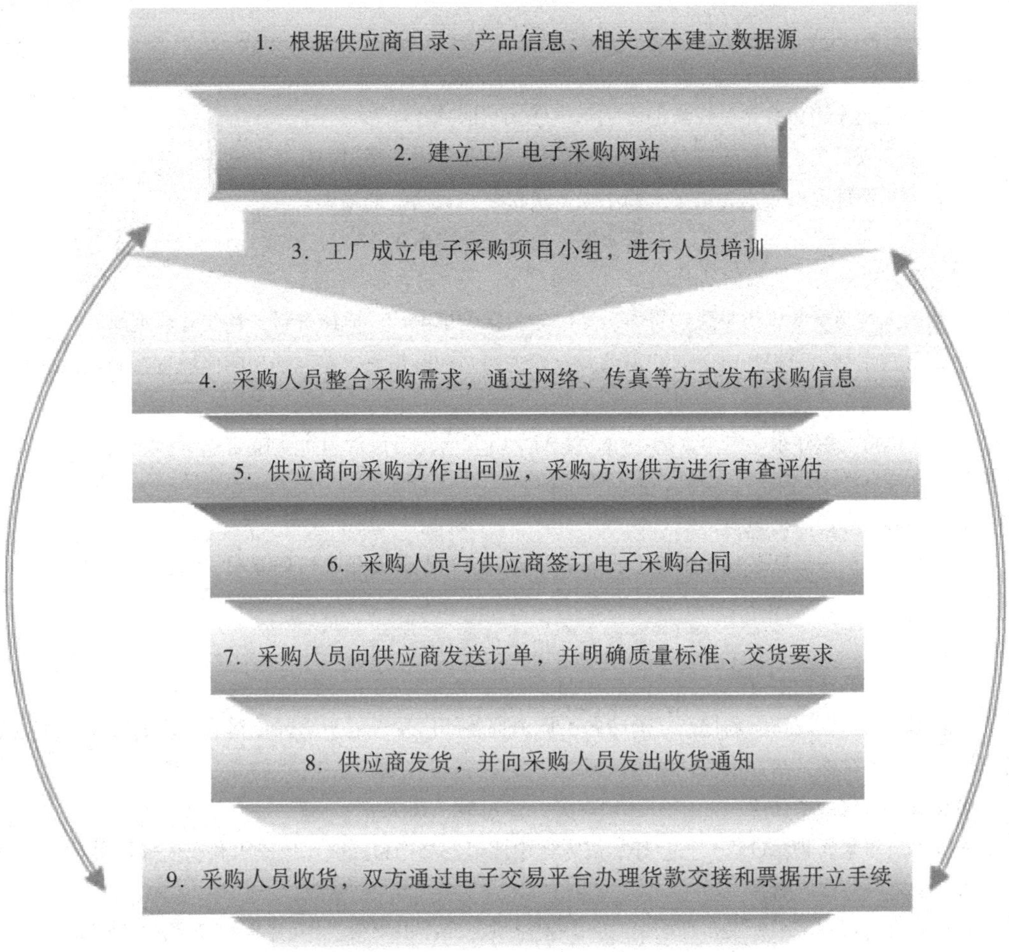

图 13-6 电子采购工作流程

四、电子采购管理规范

制度名称	电子采购管理规范		受控状态	
			编　号	
执行部门		监督部门	编修部门	

第 1 章　总则

第 1 条　目的

为了优化采购流程，降低采购管理成本和采购价格，缩短采购周期，改善供应商管理，特制定本规范。

第 2 条　适用范围

本规范适用于工厂电子采购工作。

（续）

第3条　人员职责

1. 电子采购小组负责相关资料的收集、电子采购的具体实施。

2. 信息部人员负责工厂采购数据库、采购网站、相关电子渠道的建设和维护。

3. 人力资源部人员负责为电子采购小组人员提供相关的技能培训。

第2章　电子采购准备工作

第4条　建设工厂采购网站

1. 采购人员负责收集历史采购资料、工厂物料采购标准、供应商资料，并建立数据库。

2. 信息技术部人员根据电子采购需求开发相关网站功能模块，并对各功能模块进行测试。

第5条　成立采购小组

采购经理负责组建采购电子采购小组，采购小组成员应当包括项目实施过程所涉及的各个部门的人员，包括信息技术、采购、仓储、生产等部门。

第6条　人力资源部组织培训

人力资源部应根据新系统使用要求、电子采购实施要点开设相关培训课程，以提高采购人员的工作技能。

第3章　电子采购具体实施

第7条　采购计划制订

采购小组人员在制订采购计划之前应向工厂内部各部门发送电子采购申请表，由各部门填制后汇总至采购小组处，作为制订采购计划的依据。

第8条　采购需求描述

采购人员对采购物料进行分类，并从数据库中调出各类物料标准，按要求制成采购订单。

第9条　供应商的选择

采购人员通过网络平台发布采购信息，并要求供应商提供相关资料，以评选合格供应商。

第10条　电子议价谈判

采购人员与供应商进行在线议价，并对交货时间、交货地点、付款方式等细节进行确认。

第11条　签订合同协议

在对沟通结果无异议的情况下，双方签订电子采购合同，采购合同应对采购物料的质量标准、双方违约责任作出明确规定。

第12条　合同履行跟进

采购人员应跟进供应商供货情况，并与供应商保持经常性的在线信息沟通，确保生产活动的顺利进行。

第4章　附则

第13条　本规范由采购部负责起草和制定。

第14条　本规范经工厂总经理审批后生效。

修订记录	修订标记	修订处数	修订日期	修订执行人	审批签字

第四节 JIT 采购

一、JIT 采购实施要求

JIT 采购也称准时化采购，其基本原理是以需定供，即在恰当的时间、恰当的地点发出订单，要求供应商以恰当的数量、恰当的质量提供恰当的物资。JIT 采购模式以供应商管理以及产品质量为核心，不仅可以大幅减少库存成本、提高采购质量，还能降低采购价格、减少采购过程中的资源消耗。工厂需满足以下三个条件，方能选用 JIT 采购方式。

(一) 与供应商建立长期战略合作关系

JIT 采购模式需要在工厂与供应商建立长期互利合作战略关系的基础上方能推行，只有供应商充分合作，才能保证物料的及时供应。当工厂进行产品研发或技术改造时，供应商也应积极参与。工厂还有义务帮助供应商改善生产水平和提升生产效率，保证供应商的生产能力能够满足工厂的经营需求。

(二) 具备强大的信息技术支持

工厂与供应商之间应保持完整的、及时的信息交流，唯有如此方能使 JIT 采购工作稳定、正常运行。

(三) 建立畅通的运输通道

即时供应必然会导致供货频率的增加，因此畅通的运输通道是 JIT 采购的必要基础，这样不仅有利于控制运输成本，还能避免供货延期导致工厂的生产经营受影响。

二、JIT 采购工作流程

JIT 采购的工作流程如图 13-7 所示。

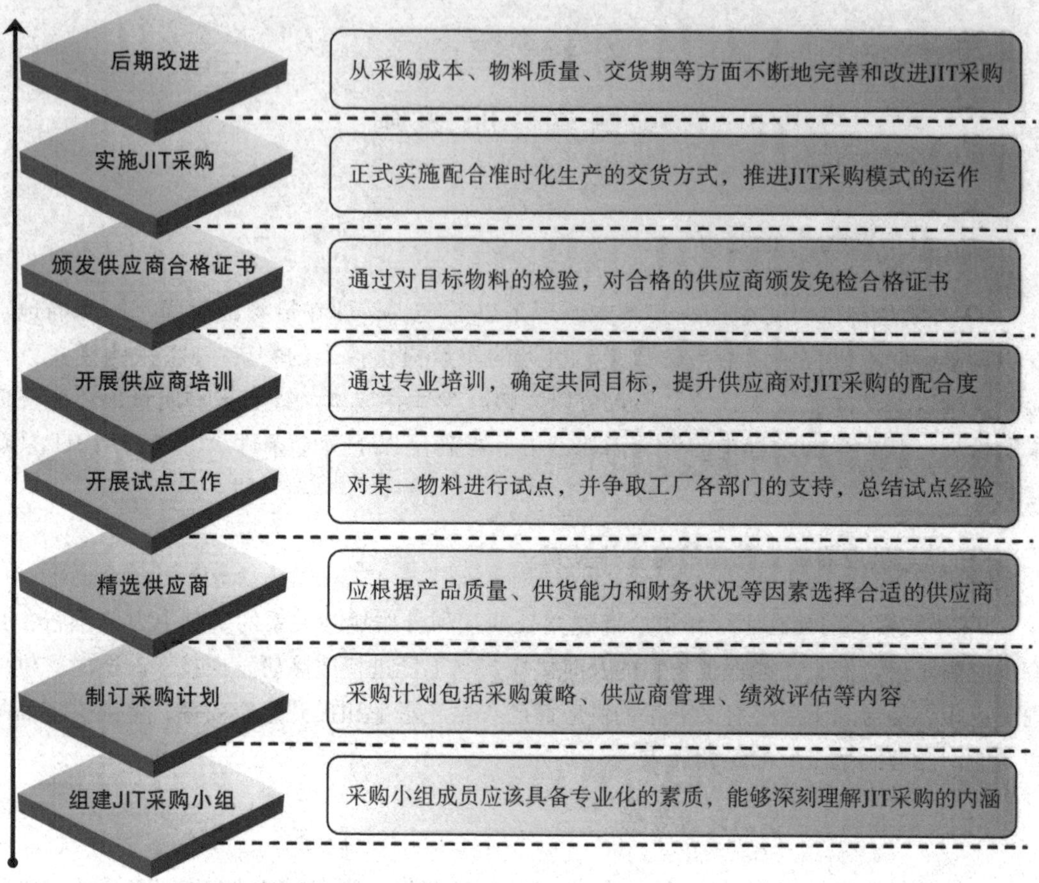

后期改进	从采购成本、物料质量、交货期等方面不断地完善和改进JIT采购
实施JIT采购	正式实施配合准时化生产的交货方式，推进JIT采购模式的运作
颁发供应商合格证书	通过对目标物料的检验，对合格的供应商颁发免检合格证书
开展供应商培训	通过专业培训，确定共同目标，提升供应商对JIT采购的配合度
开展试点工作	对某一物料进行试点，并争取工厂各部门的支持，总结试点经验
精选供应商	应根据产品质量、供货能力和财务状况等因素选择合适的供应商
制订采购计划	采购计划包括采购策略、供应商管理、绩效评估等内容
组建JIT采购小组	采购小组成员应该具备专业化的素质，能够深刻理解JIT采购的内涵

图 13-7　JIT 采购工作流程

三、JIT 采购实施细则

制度名称	JIT 采购实施细则		受控状态	
			编　号	
执行部门		监督部门	编修部门	
第 1 章　总则				

第 1 条　目的

为了保证在生产活动持续进行的同时将库存水平、物料缺陷降到零点，实现在需要的时候将需要的物料送达指定地点的供应方式，特制定本细则。

第 2 条　适用范围

本细则适用于 JIT 采购工作。

（续）

第2章 组建 JIT 采购小组

第3条 组建 JIT 采购小组

采购小组组建工作由采购经理负责，JIT 采购小组成员由采购活动所涉及的各个部门人员组成，包括采购部、财务部、仓储部、人力资源部等。

第4条 JIT 采购小组具体职能

1. 负责供应商管理工作，包括对供应商的信誉和能力进行评估、与供应商谈判、双方签订 JIT 采购合同，以及对供应商开展培训等。

2. 负责采购成本控制工作，如订购费用审核、物料价格控制以及供应商维护成本管理等。

第3章 JIT 采购过程控制

第5条 制订采购计划

为保证准时、保质、保量采购生产所需物料，采购小组人员应依据生产计划、物料使用情况制订采购计划，并将采购批量维持在较低的水平。

第6条 供应商的选择

采购人员应充分重视与供应商的长期合作关系，注重对供应商的合作能力进行评价。供应商评价标准应包括产品质量、交货期、价格、技术能力、应变能力、批量柔性、交货期与价格的均衡、价格与批量的均衡等。

第7条 开展试点工作

为降低供应风险，采购人员应选择将某种产品、某条生产线或某些特定原材料作为试点，进行 JIT 采购的试点工作。

第8条 交货的准时性

采购人员应与供应商就交货时间、交货方式进行明确，避免因为延迟交货或误点导致生产的中断。

第9条 供应商的培训

采购人员应根据供应商合同履行情况、双方合作问题与其进行及时沟通，并对供应商开展有关 JIT 运作方式的培训工作，促进双方达成一致的目标，共同协调好 JIT 采购工作。

第4章 附则

第10条 本细则由采购部负责起草和修订。

第11条 本细则经工厂总经理审批后生效。

修订记录	修订标记	修订处数	修订日期	修订执行人	审批签字

第五节　国际采购

一、国际采购风险控制

国际采购由于跨越了国家界限，增加了许多不确定因素，使得采购工作的风险性大大增强，因此开展国际采购时更应注重风险控制。国际采购中存在的风险主要有以下几种。

（一）国际供应商选择风险

1. 供应商造假风险。针对供应商身份、资质造假或假冒等情况，采购人员应在供应商选择阶段对供应商的身份进行调查，防止此类情况的发生。

2. 供应商串通、舞弊风险。针对供应商操纵投标环境和国际市场，在投标前串通、舞弊等情况，采购部应在采购前充分调查国际市场，了解国际市场的实际情况，加强对此类情况的甄别能力。

3. 供应商调查准确性风险。由于跨国原因，可能会导致供应商调查结果不够准确，从而影响到后续的评选工作。采购部应加强国际供应商的调查能力，并从多种渠道了解国际供应商的各方面信息，必要时可与权威调查机构合作，保证调查工作的严谨与调查结果的真实性、准确性，在状况不明或信息不充足的情况不可轻易下结论。

（二）收货时间风险

1. 运输延误风险。由于跨国运输运途遥远，且要办理相关证件和通过海关稽查，因此运输延误风险性较高。采购部应考虑各种可能发生的情形，设置合理的交期期限，帮助供应商制定合理的运输方式和运输路线，提醒供应商提前办好相关证件，并注意运输过程中的安全管理和意外防护，尽量避免运输延误现象的发生。

2. 跟催困难风险。因跨国原因，工厂难以对供应商进行实时的跟催，因此容易发生交期延误的情况。采购部应在签订合同时对交期延误责任及处理方法进行明确规定，并通过各种联络途径把握供应商的生产进程，尽量避免延误行为的发生。

（三）政策因素风险

1. 政策冲突风险。国际采购中可能存在本国与供应商所在国的国家政策发生冲突的情况，因此采购部在进行供应商调查时，应当对供应商所在国的相关政策规定进行分析。

2. 政策不稳定风险。针对供应商所在国政策不稳定而造成的风险，采购部应分析该供应商所在国的具体情况，必要时对该类供应商不予考虑。

（四）隐含成本风险

在国际采购过程中，往往忽略了某些成本计算，导致采购成本增加。针对此类情况，采购部应对诸如进口关税、支付方式、外币折算费用、开立信用证费用、检验费用、保险费用等成本进行明确规定并详细计算。

（五）国际货币风险

在国际采购过程中，汇率波动会引起采购风险，可能会导致工厂的经济损失。工厂应根据实际情况，适时咨询专业人士，对国际货币形势进行分析，避免此类情况的发生。

1. 交易汇率风险。在运用外币进行计价收付的交易中，经济主体因外汇汇率变动可能会蒙受经济损失。

2. 折算汇率风险。财务部在对资产负债表的会计处理中，将功能货币转换为记账货币时，汇率变动可能会导致账面损失。

3. 经济汇率风险。意料之外的汇率变动影响到工厂材料的数量、价格、成本，可能会导致工厂未来一定时期内收益或现金流量减少。

（六）采购价格风险

在国际采购过程中，市场产品更新换代，导致原材料价格降低，如果工厂不及时变更采购策略，则可能造成一定的经济损失。采购部在进行市场调查时，应针对此类情况进行调查分析，充分做好市场预测与风险控制工作。

（七）采购合同风险

1. 法律性风险。在商议合同条款时，未能充分考虑到双方所在国家的相关政策和法律规定，导致合同内容存在与法律相冲突的问题。针对此类情况，双方首先应仔细学习对方国家的相关法律政策规定，在谈判商议合同条款时，应请专业的法律顾问从旁协助，及时指出并纠正此类问题。

2. 合同条款严密性风险。由于合同条款不够严密，双方权利、责任以及各类条款不够清晰明确或存在漏洞，导致合同执行中的冲突问题得不到合理的解决。采购部在制定合同时，因充分考虑到各种情况，并请专业法律人士指导，确保合同内容的严密与有效。

3. 理解偏差风险。由于语言问题，导致双方对合同内容的理解存在偏差或合同规定存在歧义。采购部在与供应商谈判商议合同内容时，最好使用国际通用语言，并且在谈判过程中任命精通外语者担任谈判小组成员，避免此类情况的发生。

（八）海关稽查风险

海关稽查是国际采购过程中非常重要的环节，风险也较多。工厂应充分考虑到以下五种情况，事先做好充分准备，并制定应对之策。

1. 进口货物质量或品种不符合国家海关和商检的相关规定，导致货物被拒绝通关。

2. 海关查验时间或商检时间过长，导致货物不能够及时到达。

3. 因物资价格、归类、化验等问题影响正常通关，并被海关予以相关处罚。

4. 因合同过期、单据遗失、单货不符、报关单无效等，造成进口物资无法正常通关。

5. 进口通关的税务筹划工作没有做好，导致出现物资关税过高的情况。

二、国际采购工作流程

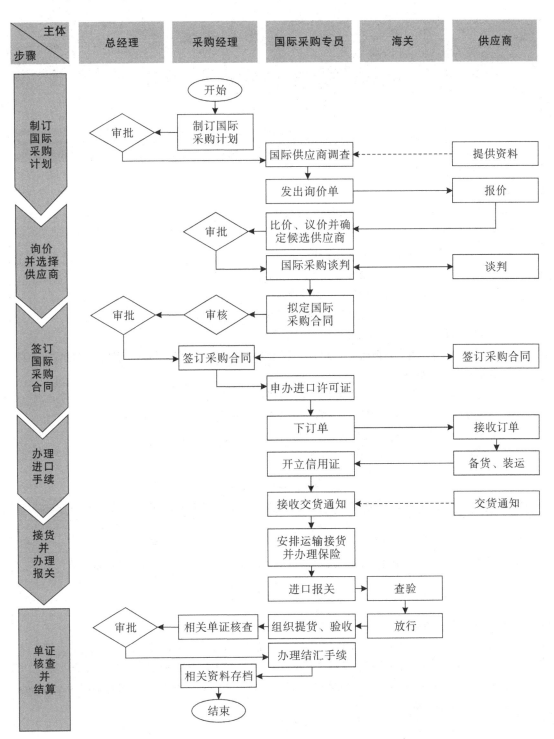

三、国际采购管理规范

制度名称	国际采购管理规范	受控状态	
		编　　号	
执行部门		监督部门	编修部门	

第1章　总则

第1条　目的

为规范国际采购相关工作，遵循国家进出口贸易相关规定和国际准则，提高国际采购管理水平，结合本厂的实际情况，特制定本规范。

第2条　适用范围

本厂国际采购相关工作，除另行规定外，均需参照本规范执行。

第3条　职责分工

1. 总经理负责国际采购工作的审批与决策。

2. 采购经理负责国际采购计划的制订与组织实施，并对供应商进行评价与审核。

3. 国际采购专员负责落实国际采购任务的具体工作。

第2章　国际采购申请与审批管理

第4条　国际采购申请与审批流程

1. 工厂各部门于每月5日前向采购部提出采购申请，采购部根据请购信息对市场情况进行分析调查，选择采用国际采购的物资。

2. 采购部编制国际采购计划，并交规定权限者进行审批决策。

3. 通过审批后，国际采购专员制定详细采购方案，并交采购总监进行审批确认。

第5条　国际采购计划审批权限划分

国际采购计划的审批权限具体如下表所示。

国际采购计划审批权限划分表

审批人	审批权限
总经理	预计总金额在20万元（含）以上的国际采购计划
采购总监	预计总金额在5万（含）～20万元（不含）的国际采购计划
采购经理	预计总金额在5万元（不含）以下的国际采购计划

第6条　国际采购审批注意事项

1. 国际采购的成本。国际采购订单中采购成本包括产品价格、出口许可证、出口包装、运费、保险、关税、港口装卸费和其他费用，采购人员及采购计划审批人员应考虑到以上成本及相应风险。

2. 货款支付。国际采购人员及采购计划审批人员应考虑本厂办理信用证、付款结算方式等工作的执行难易程度，审核国际采购方式的合理性。

（续）

3. 采购价格。采购人员应根据采购物资的国际价格波动情况及汇率波动情况进行分析预测，从而确定可采用国际采购方式采购的物资。

第3章　国际采购调查与谈判管理

第7条　供应商调查

国际采购专员应根据国际采购计划进行供应商调查，相关信息应通过以下途径获得。

1. 国际行业厂商名录。

2. 贸易展销会。

3. 贸易公司。

4. 驻外代理机构。

5. 贸易咨询机构。

6. 国外供应商在国内设立的办事处或其他公司机构。

7. 国外贸易杂志、销售手册或目录等。

第8条　国际采购谈判流程

经过调查筛选后，国际采购专员组织与候选供应商进行谈判，谈判流程包括以下四步。

1. 采购经理制定国际采购谈判目标。

2. 国际采购专员负责组建国际采购谈判小组，谈判小组负责对谈判内容及谈判程序进行规划。

3. 国际采购专员组织实施国际采购谈判。

4. 通过谈判，双方达成一致意见后签订采购合同。

第9条　国际采购谈判技巧

1. 谈判前，谈判人员应对对方国家的风俗习惯、文化及谈判内容进行充分了解和准备。

2. 谈判过程中，谈判人员应多听少说，尽量了解对方的目的，增加谈判筹码。

3. 谈判人员应尽量避免直接拒绝对方，以免出现尴尬局面。

4. 避免使用易引起误会的多义词、双关语、俚语、成语。

第4章　进口许可证申请管理

第10条　提交申请

1. 签订采购合同后，国际采购专员负责向发证机关提交符合相关规定的申领进口许可证的正式函件。

2. 申请函件内容包括进口商品的名称、数量、金额、主要用途以及外汇来源、对外成交单位等。

第11条　审核、填表

发证机关在收到上述有关申请材料后对其进行审核，审核同意后，国际采购专员应按规定要求填写"进口货物许可证申请表"，加盖工厂公章后送交发证机关。

第12条　发证

国际采购专员应在申请表送交后的三个工作日内到发证机关领取"进口货物许可证"。

第13条　进口许可证管理要求

1. 领取许可证后，严禁任何人私自涂改进口许可证内容。

2. 因工厂需要而更改许可证内容时，必须经总经理审批后，由国际采购专员向原发证机关申述理由，并向其提交"进口货物许可证更改申请表"，由原发证机关按规定进行审批签发。

3. 若采购物资在有效期内没有发出订货，国际采购专员应向发证机关申请展期。

第5章　信用证管理

第14条　申请开立信用证程序

获得进口许可证后，国际采购专员根据采购计划向供应商发出订货单，并根据国际惯例和国家相关规定向银行申请开立信用证，具体申请程序包括以下六步。

1. 选择开证银行。

2. 与开证银行谈妥保证金比例。

3. 递交有关合同的副本及附件。

4. 填写开证申请书，按合同条款规定，写明对信用证的各项要求，内容需清晰、明确、完整。

5. 备妥进口许可证等有关文件交银行审验。

6. 缴付保证金和开证手续费。

第15条　信用证开立时间

申请开立信用证的时间需符合合同规定。合同没有规定时，一般安排在合同规定的装运期前一个月到半个月左右。

第16条　信用证开立相关要求

1. 信用证开立内容必须与采购合同相关内容一致。

2. 开证时间应掌握适当，过早开立会增加费用支出。

3. 若开证以对方提供出口许可证（复印件）或履约担保书作为条件，采购人员则必须在收到供应商确实已领到许可证或担保书的正式通知后方可开证。

4. 信用证开立后若需要修改，无论哪一方提出，均应经双方协商同意后方可办理。

第6章　报关验收及索赔

第17条　报关

1. 国际采购专员在收到供应商发出的接货通知后，应于承运单位的运输工具申报入境之日起14日内向海关办理进口申报手续。

2. 国际采购专员在报关时，应按相关法规要求填写"进口货物报关单"，并递交以下七项单据。

（1）进口许可证及其他批准文件。

（2）提单或运单。

（3）发票。

（4）装箱单。

（5）减免税或免验证明。

（6）报验单或检验证书。

（7）产地证及其他海关认为有必要提供的文件。

第18条　货物验收与索赔

1. 到货开箱检查发现国际采购物资缺损、质量低劣或因到货延迟给己方造成经济损失时，由国际采购专员负责组织实施索赔。

（续）

2. 属于质量问题或损坏者，国际采购专员应首先申请国际商检部门进行检验和技术鉴定，取得公证手续后填写有关资料和证明文件，按照合同中确认的索赔和仲裁条件向供应商提出索赔。

3. 索赔的范围如下表所示。

国际采购索赔范围说明表

索赔原因	具体说明	赔偿责任追索
设备缺损	订购的设备按装箱单查出短缺或不配套	由供应商负责赔偿
在途缺损	设备在运输途中出现除意外事故（灾害、交通事故）引起的缺损	运输单位应负完全责任
包装破损	设备到目的地时，发现包装破损，并开箱验证有损失	属于保险公司责任范围之内的，向保险公司索赔
交货延期	因交货延期影响工厂生产或导致工厂在价格和资金利息上受到损失	按具体情况及合同规定向供应商或运输单位索赔

4. 向供应商或运输单位索赔时应具备的凭证和清单如下所示。

（1）承运单位签发的"卸货证明单"及"缺损明细表"。

（2）商检部门出具的检验报告。

（3）提货单副本。

（4）供应商的原发票。

（5）供应商的原包装清单。

（6）应付赔款的清单。

5. 向保险公司索赔时的凭证和清单如下。

（1）保险单。

（2）提单副本。

（3）原出口商的发票。

（4）原出口商的包装清单。

（5）损失情况及损失原因与金额的证明文件。

第19条　退、换货处理

通过国际采购方式采购的物资在进行退货或换货处理时，国际采购专员应按照政府规定期限向海关申请。

（续）

第7章 付汇管理

第20条 付汇

银行收到供应商交送的汇票及货运单据后，由采购经理负责协助银行审单并进行付汇，审核的主要单据及内容如下表所示。

付汇审核内容说明表

审核项目	审核内容
汇票	1. 信用证名下汇票，应加列出票条款、开证行、信用证号码及开证日期 2. 金额应与信用证规定相符，且大小写一致 3. 付款人应为开证行或其指定的付款行 4. 付款期限应与信用证规定相符，且出票日期在信用证有效期内，不得早于发票日期
提单	1. 提单应按信用证规定的份数全套提交，并注明承运人或其代理人及签名 2. 提单若以 CFR 或 CIF 方式成交，提单上应注明运费已付 3. 提单日期不得迟于信用证指定的最迟装运日期 4. 提单上所载内容应与发票一致
商业发票	1. 发票应由信用证受益人出具，除信用证另有规定外，无须签字 2. 发票中内容应与信用证严格一致 3. 发票抬头应为开证申请人，且发票必须记载出票条款、合同号码和发票日期
保险单	1. 保险单正本份数应符合信用证要求，应将全套正本提交开证行 2. 保险金额、险种应符合信用证规定 3. 保险单上所列船名、航线、港口、起运日期应与提单一致
原产地证	1. 原产地证应由信用证制定机构签署，且记载的有关商品记录与发票一致 2. 签发日期不迟于装船日期
检验检疫证书	1. 检验检疫证书应由信用证指定机构签发，检验项目及内容应符合信用证要求 2. 检验日期不得迟于装运日期，但也不可比装运日期提前____天

（续）

第 21 条　付汇条件

1. 采购经理会同信用证开证行通过审核并认为单证一致、单单一致后，予以付款。

2. 若单证不符，采购经理应立即向上级反映，经总经理审核确认后，由银行进行付款；否则，可拒绝付款。

第 8 章　附则

第 22 条　本规范由采购部负责制定、修订和解释。

第 23 条　本规范自公布之日起执行。

修订记录	修订标记	修订处数	修订日期	修订执行人	审批签字

《工厂采购精细化管理手册（第 2 版）》
编读互动信息卡

亲爱的读者：

感谢您购买本书。只要您以以下三种方式之一成为普华公司的会员，即可免费获得普华每月新书信息快递，在线订购图书或向我们邮购图书时可获得免付图书邮寄费的优惠：①详细填写本卡并以传真（复印有效）或邮寄返回给我们；②登录普华公司官网注册成为普华会员；③关注微博：@ 普华文化（新浪微博）。会员单笔订购金额满 300 元，可免费获赠普华当月新书一本。

哪些因素促使您购买本书（可多选）

○本书摆放在书店显著位置　　○封面推荐　　　　　　　○书名

○作者及出版社　　　　　　　○封面设计及版式　　　　○媒体书评

○前言　　　　　　　　　　　○内容　　　　　　　　　○价格

○其他（　　　　　　　　　　　　　　　　　　　　　　　　　　　）

您最近三个月购买的其他经济管理类图书有

1.《　　　　　　　　　》　　　2.《　　　　　　　　　》

3.《　　　　　　　　　》　　　4.《　　　　　　　　　》

您还希望我们提供的服务有

1. 作者讲座或培训　　　　　　2. 附赠光盘

3. 新书信息　　　　　　　　　4. 其他（　　　　　　　　　　　）

请附阁下资料，便于我们向您提供图书信息

姓　　名　　　　　　　联系电话　　　　　　　职　　务

电子邮箱　　　　　　　工作单位

地　　址

地　　址：北京市丰台区成寿寺路 11 号邮电出版大厦 1108 室

　　　　　北京普华文化发展有限公司（100164）

传　　真：010 – 81055644

读者热线：010 – 81055656

编辑邮箱：pangweijun@ puhuabook. cn

投稿邮箱：puhua111@ 126. com，或请登录普华官网"作者投稿专区"。

投稿热线：010 – 81055633

购书电话：010 – 81055656

媒体及活动联系电话：010 – 81055656　　　　　　　邮件地址：hanjuan@ puhuabook. cn

普华官网：http://www. puhuabook. cn

博　　客：http://blog. sina. com. cn/u/1812635437

新浪微博：@ 普华文化（关注微博，免费订阅普华每月新书信息速递）